王者的荣耀

女皇

武则天

李根 著

中国铁道出版社有限公司

CHINA RAILWAY PUBLISHING HOUSE CO., LTD.

图书在版编目（CIP）数据

王者的荣耀：女皇武则天 / 李根著 . —北京：中国铁道出版社有限公司，2019.12
ISBN 978-7-113-26025-5

Ⅰ . ①王... Ⅱ . ①李... Ⅲ . ①武则天（624-705）- 传记 Ⅳ . ① K827=421

中国版本图书馆 CIP 数据核字（2019）第 141961 号

书　　名：王者的荣耀：女皇武则天
作　　者：李　根

责任编辑：奚　源　　　　　　　电　　话：010-83545974
装帧设计：MXK DESIGN STUDIO
责任印制：赵星辰

出版发行：中国铁道出版社有限公司（100054，北京市西城区右安门西街 8 号）
印　　刷：三河市兴达印务有限公司
版　　次：2019 年 12 月第 1 版　2019 年 12 月第 1 次印刷
开　　本：700mm×1000mm 1/16　印张：16　字数：259 千
书　　号：ISBN 978-7-113-26025-5
定　　价：46.00 元

历史是什么？"历史就是一面镜子，可以鉴兴亡。"唐太宗李世民如是说。翻开历史，繁华的盛唐让人赞叹不已。而武则天无疑是美轮美奂的盛唐中的一朵奇葩。

武则天从一个宫中才人、昭仪到皇后，再登上皇帝的宝座，这个过程很不简单。按照封建正统，一个后妃无论如何也站不到男人的前面，成为万人敬仰的一国之君，但武则天却做到了，这不得不说是一个奇迹。

在一个千百年来都由男人统治的世界，推翻李唐王朝建立了武周王朝，这需要何等的魄力和勇气。当然，也要经历常人难以承受的曲折和磨难。在权力博弈中，武则天的世界充斥诸如杀子、男宠、酷吏等让人感到惊心动魄的字眼。她在历史上掀起了一场又一场的血雨腥风。

有人说她是白骨精、妲己，更有人说她是杀人狂、东方不败。其实，她只是一个不甘受命运摆布的女人。

因为年代久远，关于武则天的点点滴滴，我们只能从存留下来的史料中解读，所以，为了能全面还原一个真实的武则天，只能从浩如烟海的史料中探寻武则天的方方面面。

武则天既有容人之量，又有识人之智，还有用人之术。她招贤纳士、不拘一格，首创殿试、武举。经济发展了，国家强盛了，百姓才有好日子过，所以，武则天又极为重视农业，轻徭薄赋，减轻人民负担。她在位时期全国人口增长了一倍就是一个很好的例证。另外，国家的发展离不开稳定安宁的环境，要维护国家主权，所以，武则天为了保护边境安宁，曾平定叛乱，屯田边疆，使军事供给充足……

这些统治政策与措施使国家国力不断增长，让武则天成为空前绝后的一代女皇。是时势造就英雄，还是性格决定命运？如果没有武则天，大唐是否仍会出现一个类似的女性呢？这种假设无从回答，历史已经发生，任何假设都显得那么苍白和空洞。

其实，武则天不仅是一代女皇，更是一个女人，一个抑郁难平的女人。红尘一世，她寂寞过，抗争过，成功过，也失败过。虽然她站在了权力的巅峰，但她的失去仍使她痛苦。

像武则天这样的传奇人生，值得我们深究一番。她的心路历程、人生感悟、成大事的心态让我们唏嘘不已，同时也值得我们细细品味和体会。每个人的人生都不可能复制，武则天是男权世界的一抹朱红，在铜墙铁壁中建立了自己的名号。她的历史功过，犹如那块"无字碑"一样，任后人评说。

现在，让我们翻开史册，领略一下武则天雄奇的风姿。看看她究竟是什么样的人物，能让后人在千余年后还对这个奇女子念念不忘！

目录

第一章

功臣之后
武家有奇女子

感孕而生，武则天不叫武则天

中国几千年的封建王朝造就了无数帝王，有的英明神武，有的荒淫无道，有的平庸一生。不管这些帝王们有如何的表现，都在历史上留下了自己的名字。在这些帝王中，有一个人是我们铁定绕不开的，她就是空前绝后的一代女皇——武则天。

一个女人在男权世界左冲右突，最终颠覆了大唐荣登九五，改写了天命，享受全天下男人的顶礼膜拜，她究竟是一个人还是一个神呢？大气磅礴的大唐王朝，再加上谜一样的传奇人物，足以吸引所有人的目光。

武则天的出生很平常，不过，关于她母亲怀孕有这么一个传说：

据传，在利州（今四川广元）有一个龙潭，武则天的母亲曾经在那里游玩。忽然从水中跃出一条金龙，围着她盘旋而上，嬉戏交欢，于是武则天的母亲就怀孕了。后来，便生下了武则天。在这里，不禁想起了刘邦，他也有类似的经历。

这是在告诉我们武则天的父亲不是凡人，而是龙。那么武则天理所当然就是龙种，注定要成为真龙天子。后来，晚唐大诗人李商隐在诗作《利州江潭作》中也有这个传说的记载。

大多数的伟大人物都有类似的传说，有的是巧合，有的干脆就是神话。这些说法都是为了确立当事人在当时的人们心目中的地位。孔子说过，名不正则言不顺。当一个人的名正了，人们追寻他和崇拜他的能量就强了。所以，传说就是传说，这种"感孕而生"是人们编出来的，或是在武则天的授意下流传开来的。实际上是想说明武则天确实不是一般人，是统治天下的皇帝。

武德七年（624年）前后，武则天在长安（一说生于利州）出生了。虽然父亲武士彟期盼能生个儿子，将来好继承家业，但没能如愿，结果添了个千金。不过，他依然非常高兴。毕竟，母女都平平安安，这比什么都强。

在中国，给自己的孩子起乳名是很普遍的。上至帝王将相，下到普通百姓，几乎都有一个属于自己的乳名，武则天在这一点上没有搞特殊，她也有乳名。当然，中国人的名字不仅仅是个代号，还会蕴藏很多信息。

古人的乳名很有特点，类似狗子、铁蛋这样的不雅字眼总被用来做小孩的乳名，这是遵从"名字越贱命越硬"的古训。

那么，武则天的乳名叫什么呢？历史书上对此没有明确的记载，已经湮没无闻了。这样看来，如雷贯耳的女皇武则天居然是一个"无名英雄"。

有人说，因为武则天是母亲杨氏所生的第二个孩子，姐姐叫了"大囡"，她就顺着往下排叫了"二囡"。后面如果还有兄弟姐妹的话，就叫"三囡""四囡"，等等。从武则天后来的发迹来看，这难道正好印证了"名字越贱命越硬"的古训吗？

可武则天出生时，父亲武士彟任工部尚书一职，再怎么说也是唐朝的一名成功人士，怎么可能会给女儿起这么一个拿不出手的老土名字呢？所以这种说法有些牵强。

猜测终归是猜测，就此打住。不过，真有些可惜，否则我们从她的乳名中一定能发现一些更有价值的东西。

既然搞不清乳名，就只能放下了，我们再看看主人公的其他名字。

如今，人们都习惯于叫我们的主人公，这位中国历史上最有影响力的女性为武则天。其实，"则天"不是她的本名，而是她死后的谥号"则天大圣皇后"中的前两个字。

我们知道，谥号是中国古代帝王、诸侯、大臣等具有一定地位的人死去之后，根据他们的生平事迹与品德修养，为评定褒贬，而给予一个寓含善意评价或带有评判性质的称号。

那么，唐朝人对她的评价是什么样的呢？是褒，还是贬呢？答案是褒，而且这个评价非常之高。《论语》说"惟天为大，惟尧则之"。"则天"就是取则于天，取法于天。不过这只是个尊号罢了，并不是名字。

其实，老百姓的眼睛是雪亮的。不管是男是女，只要为老百姓着想，让老百姓吃饱穿暖，那就是一个被认可的好皇帝。

在现代影视剧中，她的名字是"媚娘"，源于入宫之后唐太宗曾赐号为"媚"，这算一个名儿。太宗死后，武则天入感业寺做尼姑，曾有个法名叫"明空"，这也算一个名儿吧。她后来当政后，新创了12个汉字（一说19个），其中"曌"就是她为自己创立的新名，取"日月悬空，普照大地"之义。武则天虽然自我命名为"武曌"，但却没有流传下来。

在漫长的千余年历史中，人们一般习惯于称呼她"武后"，近代才开始流行叫她武则天。在此，我们也采用比较流行的说法，统一称她为武则天。

一个木材商人的华丽转身

魏晋以来，中国政治形成了士族门阀制度。豪强地主控制了国家权柄，世家大族成为中央政权的靠山。所以，世家大族可以凭借门第青云直上位列公侯。而一般士子、商人即使有才有德，也会因为寒门出身而失去步入仕途的机会。即使进入政界，也很难获得升迁，一生只能混在官场底层，做一个让人看不起的小吏。

"龙生龙，凤生凤，老鼠的儿子会打洞。"在那个一切看出身的年代，人的命运似乎从一出生就已经被注定。但有人不信邪，偏要与命运搏一搏。这人就是我们主人公武则天的父亲武士彟。

武士彟原籍并州文水（今山西文水）。文水地处晋中吕梁山的东坡谷野间，这里有山有水，资源丰富。文水毗邻交城、太谷、祁县、平遥。我国历史上的著名商业集团"晋商"，就是凭借这块土地而发达的。这方水土同样也为武士彟的发迹提供了优越优势条件。

当时，文水的武氏只是当地小姓，比上不足比下有余，放到现在就算是中产阶级吧。祖上虽然做过几任官，但是官不大，社会声望也不高。

家中兄弟四人，武士彟是老小，三个哥哥都是老实巴交的农民。

这种面朝黄土背朝天的日子虽然安逸，但不是武士彟想要的。

他是一个有野心的人，鄙视厌恶这种生活方式，不愿意一辈子当个"修理地球"的土财主。他要往上爬，他要挣更多的钱。

在当时的社会，出身寒门就很难在仕途上有所作为。若想出人头地，只能经商，这是赚钱的唯一可行之道。

但中国古代是个身份制社会，人们根据所从事的行业分成四个等级，即士、农、工、商。商人靠流通来赚钱，不生产任何东西，被人们认为是投机取巧，所以处于最末等。虽然有钱，但富而不贵，社会地位并不高。

这没什么可惧的，只要腰包鼓了，事情就好办多了，毕竟"有钱能使鬼推磨"。此刻，武士彟求富的心理比任何时候都要强烈，于是他没有丝毫的犹豫，便一头扎入商人的行列。

既然要经商，就得选个项目。武士彟尝试着挑担子去各村卖豆腐，但利太薄，他不得不另选项目。

隋文帝晚年越来越骄奢，大兴土木。上行下效，官僚地主也求田问舍。这样一来，急需大量的木材，文水周围山峦谷地木材资源丰富，这是个机会。武士彟便伙同友人一起做起了木材生意，不久便成为百里内的知名富户。

后来，继位的隋炀帝好大喜功，到处修建离宫别馆。特别是修建东都洛阳时，急需大量的建筑木材。精明的武士彟便做起长途贩运木材的生意，借此发家，成为暴发户。

如果武士彟一辈子卖豆腐，只能是一个无名的小商人，幸亏他能及时另选项目。可见，小打小闹成不了气候，经商必须要有足够的胆量和气魄。

如今有钱了，但武士彟不会满足于现状，他要设法提高自己的社会地位，因为不断往上爬才是他的终极梦想。于是，他又积极地往官场上钻营。

在科举制实行以前，从军大概是寒门子弟最主要的起家途径了。只要你有两把刷子，多打胜仗，那么就有机会被提拔。不想当将军的士兵不是好士兵，武士彟决定走从军这条路，弄个武官当当。

如果没钱，只能从普通士兵做起，但武士彟不缺钱，有钱好办事，于是他便花钱买了个小小的武官，从木材商人变成了上阵杀敌的军人。放着悠闲富足的日子不过，偏偏要去硝烟弥漫的战场拼杀，让人有些眼晕和摸不着头脑。但武士彟对这个华丽的转身还是比较满意的。

上阵杀敌，博取军功，进而获得升迁，这需要时间，更需要冒险，弄不好就会赔上自己的小命。有没有捷径呢？答案是，有。

贵人相助，这是关键。全球"行销之神"亚伯拉罕说："一个人之所以没成为亿万富翁，只是没把身后的资源兑换出去。"当我们把身边的陌生人都经营成了自己的贵人，离成功就不远了。武士彟就遇到了一位贵人。这位贵人不一般，他就是大名鼎鼎的唐朝开国皇帝李渊。

隋炀帝大业十一年（615年），李渊奉隋炀帝之命讨伐反叛，路过武士彟当官的地方。贵人来了，武士彟不会错过这个巴结的机会，自然要尽地主之谊，用好酒好饭款待贵客。李渊对此很满意，酒足饭饱后便离开了。

又过了两年，天下大乱，群雄蜂起。李渊被任命为太原留守，太原地区的军政大权被他紧紧握在手中。为了实现当皇帝的终极梦想，他开始扩充自己的实力。于是，武士彟被提拔为行军司铠参军，掌管武器兵仗。

乱世风云变幻，当时人们比较看好魏公李密，因为李渊的实力相对来说弱一些。但武士彟死心塌地站在了李渊这一边，不惜将身家性命投入这样一场豪赌中。他不仅把自己精心编写的一本"精装版"的兵书献给李渊，而且还把自己辛辛苦苦积攒的万贯家产都献给了李渊。这种舍弃一切放手一搏的勇气和冒险精神让李渊刮目相看。

只要选对方向，付出就有回报。武士彟的投资得到了丰厚的回报，李渊定鼎长安后，他被列为从龙功臣之一，是名副其实的开国元勋。因为精于经营之术，再加上和李渊的关系不一般，所以在武德三年即做到工部尚书，主管工程水利建设，成为朝中要员。这样，武士彟便由一个小小的木材商人一跃成为当朝新贵。

武士彟的发迹史说明跟对人并舍得下血本是非常重要的。风险越大，收益越高。豪赌总是有输有赢，幸运的是，武士彟是一个赢家。

武士彟当工部尚书时，夫人相里氏得病死了，留下两个儿子，一个叫武元庆，一个叫武元爽。一般来说，中年丧妻是人生的一大不幸，但武士彟有权有钱，这个空缺不愁没人来补。

在唐高祖李渊眼中，武士彟是一个好臣工，即使家里发生了妻子去世这种天大的事情都不请假，坚持在岗位上勤勉工作，这可不多见啊。

所以，唐高祖李渊要亲自做媒，给武士彟物色一个好媳妇。经过千挑万选，最后就选中了杨氏夫人。

杨氏夫人出身高贵，是有身份有背景的人。她是隋朝"四贵"之一观王杨雄的侄女，杨达的女儿。她的伯父和父亲都是隋朝的宗室，也都做过宰相。

虽然是正宗的金枝玉叶，但她却没有大家闺秀的那种文静羞涩，反而精明强干、大胆泼辣，不好针线女红，喜诗书、善属文。

和这样身份背景的人结为连理，自己的社会地位必将得到进一步的提高，武士彟就再也不怕同僚们嘲笑自己的出身，在背后说自己是暴发户了。

有一点让武士彟不爽的是，这位杨氏夫人"芳龄"已经四十有四了，是一个标准的"大龄剩女"。大多数男人都喜欢年轻的，武士彟到底是怎么想的，我们已经无从知晓。不过有一点可以肯定，他无论如何也推不掉这桩婚姻：

一来，这是皇上做媒，臣子不管愿意与否，都得接受；

二来，这次婚姻是强强联手，武士彟有政治地位，杨氏夫人有身份背景，没有拒绝的理由。

杨氏夫人虽然是晚婚，但她的生育能力着实了不得，竟然一连生下三个女儿，其中，二女儿就是我们的主人公武则天。

仕途得意，儿女满堂，武士彟对此颇为得意，觉得自己没有白来这人世间走一回。的确，纵观武士彟的发迹史，他真是一个比较牛的人，了不起啊。如果放到现在，这个几乎是白手起家的人绝对能跻身福布斯富豪排行榜的前列。

武士彟本以为自己的小日子会这么美滋滋地过下去，有朝一日弄个宰相当当，但一场政变终止了他往上爬的势头。

武德九年六月初四庚申日（626年7月2日），秦王李世民发动玄武门事变夺位成功。唐太宗李世民即位后，立即把在外的高祖旧臣召回长安，考察他们对这次政变的态度。

事儿就是这么个事儿，赞成的话，你还做你的官；反对的话，对不起，脑袋搬家吧。

在扬州任职一年的武士彟也在被召回之列。虽然李渊对他不错，但面对大权在握的新皇帝，他又能说什么呢？绝对不能为李渊殉葬，再说，这江山是李家的，不管是父亲还是儿子，谁当皇帝都一样，于是他选择了举双手赞成。

毕竟是新帝登基，维持各派系的平衡至关重要。虽然武士彟与李渊的关系很铁，但李世民也没有给他小鞋穿。

一朝天子一朝臣，随着李渊倒台，武士彟明白，再想挤进朝廷中枢，那不是一般的难。从此，他便离开了京城，陆续担任过豫州都督、利州都督、荆州都督等职。

真是人算不如天算，计划永远赶不上变化。

神奇的预言

关于武则天的童年生活，正史记载不多。但毫无疑问，有了有钱有势的老爹，她的童年生活自然就无忧无虑了。

武士彟也非常喜欢这个女儿，无论到哪里上任都把她带在身边，结果武则天跑遍了小半个中国。大好河山的美景在她的脑海中留下了深刻的印象，陶冶着她的情操，培养了她的气魄。她到过的每一个地方都留下了脍炙人口的传说，至今利州、荆州等地仍有不少武则天庙。

都说父母是孩子的第一任老师，好妈妈胜过好老师。的确，一个好的家庭成长环境对一个人的成长和未来的走向有着很大的作用。

在蜜罐里成长的武则天同其他小孩一样备受父母宠爱。父亲为人忠厚，通晓兵法，懂得为官之道；母亲熟悉经史，能写善画。这些都对武则天产生了潜移默化的影响。

还有一点，武则天没有像同时代的官家小姐那样被养在深闺中学做针线女红。而是在母亲的影响下，醉心于诗赋文学，喜欢宏大壮美的事物。这样就为她的才学奠定了一定的基础。

古人认为，人的面部就好像一块高深莫测的"密码集成板"，上面注明了一个人一生的富贵荣辱。《荀子·非相》中说"形相虽恶，而心术善，无害为君子也"。旧时迷信通常以观察某人的容貌来测定其贵贱安危、吉凶祸福。这一技艺被称作"相术"，而做这一行当的人通常被称作"相士"。

中国有久远的相术历史，最早产生于氏族社会，完善于春秋战国时代。其主要作用就是通过察看一个人脸部的某些特征，来判断对方的命运吉凶及身体状况。

在武则天的童年时期，有一位叫袁天罡的人曾经预言这个小女孩将成为天下之主。

袁天罡，唐初天文学家、星象学家、预测家，益州成都（今四川成都）人。他是当时最著名的大相师，在中国相术史上也是赫赫有名。他在隋大业年间，曾为杜淹、王珪、韦挺等相面，后都一一应验。

这种颇为灵异的事情被记录了下来，《新唐书·袁天罡传》记载：

袁天罡有一次路过武则天家时，正好遇到了杨氏夫人。这看相的人都有一毛病，见人就想唠叨几句。当遇到面生富贵相的人时，更迈不开步。

"夫人您生得骨法不凡，家中必有贵子。"

任何人都喜欢被恭维和赞美，作为一个母亲，更乐意人们夸奖自己的孩子。于是，杨氏夫人便把袁天罡请到家中，让他看看到底哪个孩子是贵子。

杨氏夫人先把两个儿子武元庆和武元爽拉出来，让袁天罡看相。

"这两个郎君长得不错，都是保家之主，将来可官至三品，还不算是大贵。"

接着，杨氏夫人又把大女儿叫出来。

"这位小姐生得也不错，以后肯定是个贵夫人，然而将来对丈夫不利。"

最后，由奶妈抱出了穿着男孩衣裳打扮的武则天。现在一些盼望生儿子的家长也把小女孩打扮成男孩模样，可见杨氏夫人也希望自己能生个男孩，这种心情是可以理解的。

当袁天罡看到这小孩儿后，脸色骤然一变。

"龙睛凤颈，贵人中之最贵者。此子若是女孩，必定为天下之主。"

预言家的预言向来都高深莫测，在这里，历史进程已经被袁天罡提前言中了。

武家有女初长成

快乐的时光总是流逝得很快，往往是还没来得及仔细感受，留给我们的就已经只剩下时光的尾巴了。

在不知不觉中，武则天已经由一个天真无邪的小孩长成为一位亭亭玉立的少女了。如果没有意外，武则天还将继续享受父母的宠爱，一直生活在蜜罐里，然后嫁给一个门户相当的公子生儿育女。她的智慧和勇气会被琐碎的日常生活消磨殆尽，就没有机会载入史册，袁天罡的预言也就成了纯粹的胡说八道。

但这个世界充满了意外灾难。如同今天时不时有飞机掉海里，动不动就有流感来侵袭，当时的世界也少不了各式各样的天灾人祸。武则天遭遇的这个意外是非常不幸的，不幸程度非常之高，伤害力非常之强。

贞观九年（635年），唐高祖李渊因病去世，武士彟得知旧主的死讯后，心里异常悲痛，没多久也呕血而死，享年五十九岁。这一年，武则天十二岁，随着父亲的去世，她的幸福童年也随之戛然而止了。

昨日还带自己游玩，今日便阴阳两隔。每当想起去世的父亲，武则天便伤痛无比，泪水无声地滑落。对一个十来岁的女孩来说，现实真是太残酷了。没有父亲庇护，该如何承受明天的风风雨雨呢？

落叶归根，入土为安。武士彟客死他乡，不能就地刨个坑埋了了事，必须要把遗体运回老家安葬。于是，新寡的杨氏夫人带着三个女儿扶柩回到并州老家。

按照传统，杨氏母子要为武士彟守灵守孝三年。所以，在安葬武士彟后，杨氏母子便带着女儿栖身在文水武氏旧宅，缁衣素食，诵经念佛，寄托自己的哀思。但武士彟的去世让这个家庭变得不再和睦，潜藏着的各种矛盾一下子爆发了，想安心守灵守孝也变成了一种奢望。

按照唐朝的习惯，女儿出嫁要分割财产。所以，武士彟与前妻生的两个儿子武元庆和武元爽，对继母杨氏和她的三个女儿由以往的客气变成了如今的百般刁难。由于杨氏没有生育儿子，在家族纷争中基本上处于下风。

以前是养尊处优的富家女，如今变成了任人欺凌的弱女子。生活一下子从天堂掉进了地狱，这让武则天过早地饱尝了人情冷暖、世态炎凉。

唐代是中国历史上一个包容开放的时代，整个唐代妇女过着比前代更为自由的生活，少了束缚，多了奔放。那个时代的女子就如我们从唐代壁画和陶俑中看到的那样，丰润而鲜活，有着开阔疏朗的眉宇和雍容自信的笑容。

虽然遭到了排挤和责难，但杨氏夫人并没有怨天怨地，觉得自己的天塌了。"此处不留爷，自有留爷处。"惹不起，咱躲得起。

于是，杨氏夫人选择了离开。

贞观十一年（637年），杨氏夫人带着武则天姊妹离开文水，回到了长安。这一年武则天14岁。

武士彟的同僚旧友相继前来探望杨氏母子。在安慰时，大家发现武则天长得太美了。在某种程度上，大家的审美标准是一样的。既然都认为武则天长得美，那就毋庸置疑了。

那么，武则天到底有多美呢？根据史书记载，武则天生得"方额广颐"，即宽阔的额头、丰满的下巴。说明武则天五官端正丰满，这在唐朝本来就是美人的标准之一。另外，唐人崔融说武则天"奇相月偃"，可见她生得眉清目秀。总之，在当时人看来，武则天已经出落成一个标准的美人胚子了。

第二章

宫廷潜规则

涅槃重生不是梦

宫门一入深似海

　　美丽向来是女人的一笔财富，也是改变命运的重要资本。如果不加以利用，岂不可惜了。看着女儿美丽的小脸，想想自己在文水所受的气，杨氏夫人决定用武则天的美貌来重振家声。

　　都说好酒不怕巷子深，但若想让深宫内的皇帝知道武则天的美貌，就离不开宣传，甚至可以来点儿小小的炒作。

　　巧的是，当时杨氏一族至少有两三个姑娘是太宗皇帝的妃嫔，这些人便开始在宫里宣传起武则天的美貌来。一来二去，武则天的才貌就传到了唐太宗的耳朵里。

　　既长得漂亮，又能批史阅图，知书达理，唐太宗岂能错过这样的奇女子？于是，便下了一道诏书，征召武则天进宫当才人。

　　"才人"是宫廷女官的一种，属妃嫔中的一个等级。在唐代，除了皇后外，宫中还有众多妃嫔。这些妃嫔也是分等级的。第一等叫妃，四人，为正一品；第二等叫嫔，九人，为正二品；第三等是婕妤，九人，为正三品；第四等是美人，也是九人，为正四品；第五等是才人，还是九人，为正五品。接下来还有六品的宝林，七品的御女，八品的采女，等等。

　　在众多的妃嫔中，才人中等偏下，职责是记录妃嫔们的饮食起居和蚕桑之事，并向皇帝报告她们一年中的收获情况。

还没有见到武则天的庐山真面目，唐太宗就直接封她为五品的才人，可见唐太宗还是很看重武则天的。

宣传也好，炒作也罢。反正，杨氏夫人的目的达到了，不仅让唐太宗知道有武则天这么一个人，还直接被封为五品的才人。

这无疑是为这场战役打了个开门红。

杨氏夫人可以退场了，接下来该武则天上场了。

虽然14岁的小姑娘进宫就被封为五品才人，这确实很荣耀，但宫门一入深似海，能否在"后宫佳丽三千人"中突围，在唐太宗面前得宠，还要看武则天的本领和造化。

皇帝身边的女人很多，大部分妃嫔都寂寥一生，看不到丝毫出头的希望，所以，得到皇帝宠爱的概率非常之低，不亚于买彩票中大奖。因而大部分父母都舍不得拿女儿一生的幸福做赌注，进宫冒险。

虽然杨氏夫人迫切希望凭女儿改变命运，如今她这个寡妇居然成了皇亲国戚，应该高兴才对，但事到临头心里还是非常纠结，甚至有些后悔。

毕竟，武则天是她身上掉下来的肉，进入皇宫后，前途未卜，而且也不知何时才能相见。虎毒不食子，何况是人。所以，杨氏夫人开始自责，常常以泪洗面。

武则天却认为这是个机会，她非常感谢母亲为自己所做的一切。因为家里的生活前景非常暗淡，她要改变自己的命运，改变被人小瞧的处境，改变这一切，所以，她选择进宫冒险。这大概是她遗传了父亲武士彟喜欢冒险的基因吧。

在启程之日，杨氏夫人哭得更加伤心，好像是生离死别一样。武则天却泰然自若，对母亲说："见天子庸知非福，何儿女悲乎？"

的确，见皇帝不见得就不是一件好事。塞翁失马，焉知非福。任何问题都要辩证地看，任何事情没有做过就没有发言权。一个14岁的小姑娘就有如此不一般的见识和胆量，让人佩服。

贞观十一年（637年），武则天就此辞别母亲，带着改变命运的梦想，走进了宏伟壮丽的大唐宫殿，成为唐太宗后宫花花草草中的一枝，就此步入了她的宫廷生涯。

对于大多数妃嫔来说，长安城的皇宫就好像牢狱一样，一生都被困其中，虽然衣食无忧，却没有了自由，更不敢奢望爱情。如今，武则天也走进了这座大唐宫殿，她也会步这些妃嫔的后尘，做一个花瓶摆设吗？

不。

这不是她的风格，这种生活方式也是她所厌恶的。她暗暗发誓，要打破这种束缚，让这座皇宫成为自己随意发挥表演的舞台。

要敢和别人不一样

入宫不久，武则天便见到了唐太宗。唐太宗看到她如花似玉，妩媚可爱，便赐给她一个称号，叫做"武媚"，人称"武媚娘"。

有人认为，武则天一入宫便被太宗所宠幸，而且得到了专宠。我觉得这只是一种美好的遐想而已。

武则天漂亮，这是公认的事实。但皇帝后宫美女如云，随便拎出一个都美若天仙。所以，在一个皇帝眼中，武则天又能漂亮到哪里去呢？

再说，才人被选入宫后，都要接受严格的教育。等学好了，年龄大一些后，才能去管事。能不能做得了才人，除了长得漂亮外，还要看资质和天赋。

所以，武则天之所以被以才人的身份选入宫中，与其说是美艳动人打动了唐太宗，倒不如说是她的才情吸引了唐太宗。因为历史上的唐太宗是一位渴求人才的明君，他对有才的女性给予了足够的重视。

不管怎么说，武则天入宫了，而且被唐太宗赐予了"武媚"的称号。但不久唐太宗就把她丢到脑后，毕竟一个皇帝有太多的事情要做，怎么能记得住这位小小的才人呢？

武则天不愿意像怨妇那样整日哭天抹泪，博取同情。因为在宫中，即使天天以泪洗面，也不见得能引起皇帝的注意。武则天是有梦想的，她不能容忍皇帝把她遗忘在脑后的现实。她要寻找机会，寻找在皇帝面前表现自己的机会，让皇帝时不时都要想起还有她这么一个才人存在于后宫。

机会总会有的，只要你乐于寻找，就像时间一样，只要你愿意去挤，总会有大把大把的时间。正所谓，时间是挤出来的，机会是找出来的。

这不，机会来了。

这个机会和一匹名叫狮子骢的马有关。由于这匹马的鬃毛像狮子似的，所以得名。这匹马是西域使节不远万里特意向太宗皇帝献上的一匹宝马，个头高大，浑身上下肌肉矫健，毛色油光闪亮，长嘶有如惊雷乍起，名不虚传。

马虽然是好马，但性子也暴烈，没有人能驯得了它。唐太宗非常爱马，为此很是着急。

唐朝的统治者因为有北方游牧民族的血统，对妇女的束缚比较少。妇女不仅不缠足，而且经常参加诸如踏青、打猎、打马球等户外活动。宫廷妇女还经常陪伴皇帝狩猎，所以对马这种动物并不陌生。

这一天，唐太宗在一群妃嫔的簇拥下前去看马，武则天也在其中。唐太宗围着狮子骢转了一圈，不由叹息道："这真是一匹好马，若能驯服，必是一匹千里马，只可惜没人能驯得了。"

这是个难题，若能驯服宝马，为皇上分忧，必定能让皇上另眼相待。但驯马不像写写诗作作画唱唱歌那么简单，难度较大，危险系数较高。

结果，妃嫔们都默不作声，一片寂静。唐太宗不觉得这有什么好奇怪的，毕竟专业驯马官都没办法，还能指望这些女人前去驯马？

此时，武则天挺身而出，向前施礼道："请陛下让小女子一试。"

唐太宗吃了一惊，一个弱女子岂能驯服一匹烈马！这武才人是不是昏头了？

武则天接着说："臣妾能驯服这匹马，不过需要三样东西：第一，铁鞭；第二，铁锤；第三，匕首。"

"你要这些东西干什么啊？"唐太宗问。

武则天笑道："陛下，这马暴烈无比，用通常的手段是无法驯服的。妾先用铁鞭抽它；如果它不服，妾就用铁锤锤它的脑袋；如果它还不服，妾就用刀割断它的喉咙。"

唐太宗打量着眼前的武媚娘，还是不相信这样的话出自她之口。一个女人能有这样的气魄真是了不起。

在影视剧中，接下来就是武则天艰难驯马的过程，最终驯服了这匹烈马，并获得了唐太宗的宠信。但在史料中，这件事却没有了下文，就此戛然而止。武则天也没有得到任何赏赐。

说实话，武则天的表现非常牛，有鹤立鸡群之感，结果却以失败收场。也许武则天的刚烈不合唐太宗的心意，唐太宗只喜欢长孙皇后、徐贤妃那样温柔可人的女子；也许武则天的言论过于激烈，毕竟驯马就是驯马，驯马不成也不能动杀马的念头；也许……

关于猜测，我们就此打住，毕竟一千多年前的古人是怎么想的，我们无从知晓。可以确定并肯定的是，武则天虽然抓住了表现自己的机会，但结果却让她大失所望。

自己尽力了，虽败犹荣，武则天不会因此气馁，就此不前。她积蓄力量，等待时机，寻找机会，准备下一轮的博弈。

等待的过程最为熬人。一些人在等待中磨灭斗志，选择妥协，选择随波逐流；也有一些人矢志不渝，紧抓着自己的梦想不松手。武则天无疑属于后一类人，她相信坚持就是胜利。

就这样，日复一日，年复一年，熬过了十多个春秋。不少妃嫔都有晋升，唯独武则天还是一个再普通不过的才人，她唯一值得炫耀的事情，就是唐太宗赐给她的"武媚"称号。这种寂寥无闻的生活与她的梦想是格格不入的。这段时间她虽然在坚持，却非常失意。

曾经她怀疑过，为何要让自己活得这么累呢？

曾经她也动摇过，难道自己注定就没有出头之日了吗？

不过，这种怀疑，这种动摇，只不过是一闪而过的念头，她坚信自己有能力改变自己的命运。

任何事情都是有失有得，虽然武则天这段日子不好过，但她学到了不少新东西，在学识方面有了较大的长进。

她不仅接受了严格的宫廷教育，还学习礼乐，特别是诗歌和书法，进一步提高了自己的文化素养。唐太宗是个好皇帝，他知人善任，从谏如流，励精图治。在唐太宗的熏陶下，武则天的阅历增长了不少。另外，她也看到了后宫争风邀宠、尔虞我诈的一面，从中得到了许多的经验和教训。

流言猛于虎

时间永远不会停歇，裹挟着所有的人和事滚滚奔流。转眼到了贞观二十二年（648年）七月，太白星多次在白天出现，由太史（研究天文历法）占卜后得出"女主昌"的结论。

起初，唐太宗对此嗤之以鼻，因为他不相信哪位女子能成为取代李氏的一国之君。后来，民间流传的一种《秘记》上也有类似的说法，说唐三代之后，当有女主武王代有天下。这种流言传到宫中后，唐太宗心里相当不爽。想想太史占卜的"女主昌"的结论，他开始认真对待这件事了。

不管这流言是否真实，也不管太史占卜是否准确，只要是威胁到大唐江山的事情，就必须严肃处理。

皇上是谁，是握有生杀予夺大权的人，他一认真，铁定有人要倒霉了。

唐太宗秘密地把太史令李淳风召到宫里，询问相关事宜。

"女主昌，有几成可信度？"

"臣夜观天象，发现有太白经天，这意味着有女主要兴起。经臣推算，这个女人是陛下宫中的眷属。不出三十年，她就要取代陛下掌管大好河山，还要诛杀李唐皇室的子孙。"

这还了得，岂能让一个小女子兴风作浪，我李世民绝对不允许这样的事情发生。

既然流言和天象一致，那就只能大开杀戒了，防患于未然，这是必须的。

"杀，凡是和'武'沾边的人都统统杀掉，宁可错杀，不可放过。"

唐太宗已经动了杀心，难道武则天的性命就要这样被终结了吗？

不会的。李淳风接下来的劝说救了武则天一命，这样才有了后来的女皇。就这样，一个不经意的小插曲把武则天从鬼门关拉了回来。

"这恐怕不大好，天命不可违。俗话说，王者不死。上天既然派这个人下来，就会保护她。乱杀只会殃及众多无辜，上天会怪罪的。再说，这个人已经是个成年人了，三十年之后就老了，老年人心地都比较仁慈，可能不会将陛下的子孙诛杀殆尽；如果陛下把她杀了，上天又生出一个新人来，那这个人三十年之后正当壮年，可能心狠手辣，杀起陛下的子孙恐怕毫不留情，所以陛下还是别杀了。"

既然天意如此，唐太宗只好作罢，但存了一份防范之心，从此就落下了一个毛病——只要听到和"武"有关的事，心里就觉得有问题。这不，有人就因此成了冤死鬼。

这个倒霉的人叫李君羡，他是洺州武安（今河北武安）人，是玄武门的一员守将，职位则是左武卫将军，爵位是武连县公，是唐王朝的功臣。

我们知道，玄武门是唐代长安城的正北门，扼守皇帝居住的大内，位置极其重要，所以它的守将都非常骁勇，李君羡的功夫自然相当了得。

都说伴君如伴虎，一个不经意的细节往往就会终结一个人的性命。这话不假，李君羡就是因为随口说了一句话，结果让自己死翘翘了。

有一天，唐太宗的兴致很高，决定在宫内宴请武将，大家一起乐呵乐呵。既然是皇帝请客，大家便都敞开肚皮喝。在酒酣耳热之际，太宗为了活跃一下气氛，便让各自说出自己的小名，让大家开开心。

这些小名有文雅的，有通俗的，在此不提。只有一个人的小名不仅让大家捧着肚子笑个不停，还引起了唐太宗的高度重视。

这就是李君羡的小名——五娘子。

一个牛高马大、胡子拉碴的将军竟然叫五娘子这样小女人的名字，他爹娘当时难道想要生个女孩，所以才起了这么个小名？这也太搞笑了。

就在大家哈哈大笑时，唐太宗的脸色变得阴沉起来，因为他又想起了"女主武王"的预言。这员武将怎么会有一个这样的小名？难道要谋反的人是他？

不怕贼偷就怕贼惦记，因为被贼惦记往往让你防不胜防。如果是被起了杀心的皇上惦记，那就危险了。

结果，没过多久，唐太宗就找了一个借口把李君羡杀了。在唐太宗心中，他还是有些不信女人会夺了李唐的天下，如今杀了李君羡，他觉得天下应该太平了。武则天因此躲过了一劫。

故事很精彩，但真实性有几分呢？我认为，这只不过是稍后史家为了响应武则天当皇帝捏造的故事而已，根本不可相信。别的不说，单看唐太宗，当他得知武氏会夺取李唐的江山社稷时，会因为李淳风的言论而听天由命吗？这也太小看唐太宗了。要知道，他的皇位是通过玄武门之变得来的，他绝对不是一个听天由命的人。

再说武则天，她从贞观十一年进宫当才人，到贞观二十三年（649年），十二年的时光已经过去了，由14岁的少女长成了26岁的少妇。

人变了，但职位却没有任何改变，这是她所不能容忍的。不管通过什么方法，她要改变这种状态。因为人没有几个十年可以荒废，尤其对女人来说，更是荒废不起。

皇太子是潜力股

唐太宗晚年，猜疑心越来越重，一些大臣因此丧命。史料记载，贞观二十年（646年），宰相张亮因为"有义儿五百"，被太宗以谋反罪杀掉了。到了贞观末年，唐太宗的身体越来越坏，怕是熬不过多少日子了。

万一唐太宗撒手西去，自己该怎么办？宫廷中的政治斗争非常残酷，武则天已经不再是天真稚气的小姑娘了，她开始为自己的前途担忧起来。

就在武则天愁苦之际，一个人引起了她的注意，他就是皇太子李治，对这位未来的皇帝自然要热情有加。在与其他妃嫔轮番入侍得病的唐太宗的这段日子，武则天同经常前来看望唐太宗的李治慢慢混熟了。这是一件好事，正因为有李治的出现，才逐渐改变了武则天的人生轨迹。

接下来，我们简单了解一下皇太子李治。

唐太宗有14个儿子，李治排行第九，小名"雉奴"。从长孙皇后的角度来讲，他是嫡出的第三子。在他前面，除了太宗的长子李承乾外，还有四子李泰，都是一母所生的同胞兄长。在古代皇位继承制度中，嫡长子具有特殊的优越地位。按照常理，李治这辈子是没希望当太子了。结果他却出乎意料地当上了太子，这是为何？

贞观元年，唐太宗刚刚当上皇帝，便立年仅8岁的嫡长子李承乾为太子。因为李承乾小的时候聪明伶俐，人见人爱，很有潜质。

刚开始，李承乾积极上进，能识大体，得到了太宗和朝中大臣的好评。但他长大后就不学好了，沾染了不少坏习气，成了问题少年，生活日益荒唐颓废。看着不争气的儿子，唐太宗很生气，后果很严重。

根据继承的原则，嫡长子不行，就该轮到嫡次子了。于是，唐太宗开始属意第四子，即长孙皇后所生的次子、承乾的胞弟魏王李泰。

李泰生得仪表堂堂，而且喜欢读书。为了迎合父亲，他组织一些文学之士编写了一本叫《括地志》的书。这是一本关于地理方面的大型著作，也叫《魏王泰坤元录》《贞观地记》《贞观地志》《魏王地记》《括地象》。全书正文550卷，序略5卷。按当时的都督府区划和州县建置，博采经传地志，旁求故志旧闻，详载各政区建置沿革及山川、物产、古迹，风俗、人物、掌故等，多为唐宋著作所引用，令人遗憾的是南宋后此书散佚。

能主编出如此宏大的书，足见魏王李泰眼界不凡，称得上是那种胸怀祖国、放眼世界的人，是做皇帝的料。唐太宗便对魏王李泰另眼相待，想废了李承乾，改立李泰为太子。

魏王李泰恃宠骄横、野心勃勃，他一方面想方设法取代太子长兄，另一方面又不知道收敛，这引起了朝廷大臣们的不满。再看太子李承乾，他感觉到了父亲对自己的冷淡，觉得自己的地位已经岌岌可危。为了维护自己既得的利益，他暗中联络政治上失意的叔父李元昌和大臣侯君集等人，阴谋发动政变。结果事情败露，被抓了。

我们知道唐太宗是通过不光彩的手段当上皇帝的。如今他还没死，这两个儿子就开始了争夺皇位继承权的斗争，必须得遏制这种坏苗头的发展。

唐太宗想废掉李承乾，改立李泰，但这就等于告诉儿子们皇位可以竞争得来，以后宫廷里将血腥不断。自己已经老了，没准哪一天两腿一蹬就没气了。稳定是最主要的，于是，他只好把李承乾和李泰双双废黜。

按照继承顺序就轮到嫡三子李治了，这个十六岁的少年便非常意外地做了太子。

李治对父母孝顺，对兄弟友爱，而且聪明感性，当个太平皇帝应该问题不大。但历史和李世民开了个很大的玩笑，李治在他的诸子中是个弱者，弱到不敢与兄弟们争帝位，但帝位却落到了他的肩上。众所周知，性格柔弱是做皇帝非常忌讳的。李世民不想让历史开他的玩笑，他也开不起这样的玩笑。所以，既然选定了这个孩子当自己的接班人，那么就得对他多下一番功夫。

为了让李治尽快成熟起来，成为一个合格的储君，唐太宗对他花了大量心血。每逢临朝，常令在侧，观决庶政，或令参议，让李治在实际锻炼中学得治国的经验。在日常生活中，唐太宗也常常从饮食起居教育他要勤政爱民。另外，唐太宗晚年还亲自撰写《帝范》十二篇赐给李治，要他明晰修身治国、安危兴废的帝王之道。

唐太宗对李治可谓是下足了功夫，能不能扛得起大唐江山，就要看这个孩子的本领了。

病榻偷情为哪般

贞观二十年（646年）三月，唐太宗率大军亲征高句丽返回长安后，身体虚弱，需要静养，政务暂由太子代理。不过，在太宗晚年，皇太子李治的主要工作是照看父亲的身体。

为了更好地尽孝，李治居住在唐太宗寝殿旁边的一处院落陪伴父亲。从此，同样侍奉太宗的武则天进入了他的眼帘。

一般来说，内向的人心眼细腻、敏感，尤其对异性，或许李治就是这样的人。刚开始，他对父亲逼着他做的事情一点也不感兴趣，不久他却像着了魔似的盼着到父亲那里去。这不是因为他对治理国家产生了浓厚的兴趣，而是因为一个女人，父亲身边的一个女人。

李治以前只听说过有西施、王昭君等美人，但他觉得这是无聊人的闲扯。但自从见到父亲的那个才人，他才相信人间真的有美女，而他心目中的美女就是武则天。

有一种爱情叫一见钟情，还有一种爱情叫日久生情，不管是哪一种，反正李治对武则天产生了爱慕之情，并且不能自拔。

《唐会要》记载："时，上在东宫，因入侍，悦之。"这段史料说明李治当太子时期，因为侍奉病中的唐太宗，而与武则天建立了感情。其中的"悦"字足以说明，李治无可救药地爱上武则天了。

这听起来有些雷人，因为李治和武则天是庶子与庶母的关系，这是不伦之恋啊。如果被人发现，后果不堪设想。但李治顾不了那么多，在父亲的病榻前，与比自己大四岁的庶母建立了恋爱关系。他视礼法若耳旁风，企图把武氏据为己有，一切牺牲在所不惜。这种力量足以让人变得疯狂。

其实，李治身边的女人也不少，那么他为何单单就喜欢武则天，甘愿冒天下之大不韪呢？

先从他的性格着手分析。我们知道，李治是个好小伙，但性格柔弱，缺少强悍的一面。《旧唐书》记载：唐太宗曾经对长孙无忌说："公劝我立雉奴，雉奴仁懦，得无为宗社忧，奈何！"雉奴是李治的小名。"仁懦"用到皇帝、太子身上，是说他心地仁厚，只是胆子小一点儿，说白了就是懦弱。偌大的李唐江山，需要有足够的魄力来管理。所以，李治需要一座辉煌的灯塔替他指引方向，把握人生未知的前程。而武则天除了美貌之外，她的健硕、沉着、机敏、坚强、独立深深地吸引着李治，正好弥补了李治这方面的缺陷。

另外，在众多宫中女子之中，武则天的聪慧非常人可及。她为了有一个更好的前程，利用这段时间，尽显自己的妩媚，让李治深陷其中不能自拔。

还有，某些男人不仅渴望征服，在内心深处也是需要被征服的。李治就是如此，在他的灵魂深处，他需要一个征服者，一个替代他承担责任、替他思考的人。

武则天不仅敢于驯服烈马，而且偷男人的心也易如反掌。当李治遇到武则天，便注定是他一个逃不过的劫。

女人都渴望爱情，都希望沉醉在爱河中感受人生的幸福之花。但爱情对于深宫中的女人来说，是遥不可及的奢侈品，从踏入宫门的那天起，她们的爱情就已经死了。

对于武则天来说，心强志远的她对唐太宗的崇拜毋庸置疑。这样一个刚强的女人，能把感情从强人唐太宗身上移到懦弱的李治身上吗？我们无法回答这个问题，但可以肯定的是武则天需要李治。

长生不老是个梦

生老病死，人之常情，任何人最终都要面对死亡这个问题。皇帝虽然对别人有生杀予夺的权力，却没办法控制自己的死亡，长生不老只是他们的一个美好梦想罢了。如今，唐太宗也不得不面对这个问题。

从贞观二十一年（647年）开始，唐太宗就感染了风疾（中风），他觉得在长安城的太极宫住着很不舒服，因为太极宫地势低洼，让人气闷。为了尽快好起来，他便下令在地势较高的终南山修建了翠微宫，作为疗养的行宫。

虽然换了个环境，但这病不但没有养好，反而越来越重了。其中一个很重要的原因是，唐太宗摒弃了传统的正规治疗途径，反而迷上了道士们炼制的一种丹药，希望能够长生不老，甚至还向从印度取经归来的玄奘法师求教长生不老之术。

帝王是最高的统治者，坐拥天下，享受着人间最大的快乐，最大的奢望是生命永留人间。所以普遍有追求长生不老的心理，但这仅仅只是一个梦而已。

所以，唐太宗的自欺欺人加快了他死亡的进程。

不久，唐太宗的病情突然加重。他感觉自己没有多少日子了，就急忙把宰相长孙无忌和褚遂良召到翠微宫交代后事。

长孙无忌，字辅机，河南洛阳人。先世乃鲜卑族拓跋氏，北魏皇族支系，后改为长孙氏。他是唐太宗的内兄，长孙皇后的哥哥。贞观十七年，绘功臣二十四人像于凌烟阁，长孙无忌居第一。他在贞观朝发挥了特殊作用，并且受托辅佐高宗，是唐初政治史上的特殊人物。

褚遂良，字登善，祖籍河南阳翟（今河南禹州），晋末南迁到杭州钱塘（今浙江杭州西）。他博通文史，精于书法，由秘书郎迁起居郎。相继任谏议大夫、黄门侍郎、同州刺史、吏部尚书等职。

有这两位重臣辅佐李治，唐太宗可以瞑目了。

贞观二十三年（649年）五月二十六日，唐太宗病死在终南山的翠微宫，享年52岁。据史料记载，导致唐太宗死亡的直接原因是"痢病"，也就是痢疾，拉肚子肠炎之类的疾病。不过也有史家经考证认为，唐太宗的真正死因是服食丹药所致。还有人认为，唐太宗在贞观十九年征高句丽中因中箭受重伤，久治不愈，加上乱食丹药导致身体更加虚弱，最终驾崩。不管怎么说，唐太宗就此闭上了眼睛，走完了自己传奇的一生。

政局在权力交接时最危险，如今皇帝病死在宫城之外，对政治可能产生非常不利的影响。如果别有用心者乘机动乱，一场动荡就难以避免了。

为了避免宫廷政变的流血事件发生，也为了能让李治顺利登基，长孙无忌和褚遂良遵照唐太宗的遗嘱，一面安排禁军护送太子李治回到长安稳定局势，一面带领大队随行人员护送太宗灵柩急返长安。到达长安后，才昭告天下，宣布皇帝驾崩的消息。

六月一日，李治在太极殿即位，也就是历史上的唐高宗。

万事开头难，做皇帝也是如此。

新帝即位，自然要忙碌一番。李治一方面要办理父亲的丧事，另一方面要处理军国大事。他有很多的东西需要学习，如何让这个大唐继续健康地发展下去，这是他必须要思考的问题。

另外，他必须继承父亲勤政爱民的优良传统，以德治国。所以，除了处理朝政大事外，他还要从深宫中走出来，遍访民情，体察民间疾苦。

总的来说，李治也力图做一名好皇帝。只是因能力有限，想要超越父亲唐太宗的丰功伟绩，他有些力不从心罢了。

潜伏感业寺

放下李治，我们再看武则天。唐太宗的驾崩，对她有影响吗？答案是有，而且这影响非常之大。

唐太宗走了，他的妃嫔们面临着以后的生活该何去何从的问题，当然也包括武则天在内。

按照北朝以来的惯例，死去皇帝的妃嫔一般有三种安置方式：

有子女的妃嫔跟着自己的孩子到宫外居住，安享晚年；

没有子女但有特殊才能的妃嫔继续留在宫中为新皇帝服务，比如把李治养大的薛婕妤，她其实是唐高祖李渊的婕妤，因为有卓越的才智德行，在李渊死后没有入寺为尼，而是被唐太宗李世民留在宫中教育自己的儿子李治；

既没有子女又没有特殊才能的妃嫔只能当尼姑或者道士。

在这三种归宿中，最好的是第一种，能远离深宫，有一个美好的晚年；最差的就是第三种了，从佛念经，孤苦终老；而能得到第二种归宿的妃嫔凤毛麟角，不是祖上积德，就是自己走运。

武则天没有子女，第一条路是走不通了，而第三条路对她来说就像梦魇一般，所以她非常渴望能走第二条路。她这个梦想能实现吗？

才德她是有的，关键要看她有没有这个机会。

此刻，她把希望寄托在李治身上，毕竟他们有过缠绵的一段经历。她对自己的魅力非常自信，她等待着李治对自己的召唤。

但此时的李治非彼时的李治，繁重的国事使他把武则天丢在了脑后，曾经的许诺更被丢在了九霄云外。

在做皇帝的人眼中，事业永远比爱情重要，女人可有可无——需要时把你捧在手心，不需要时就丢在墙角。难道李治也是这样吗？

面对李治的绝情，武则天很痛心，她的自尊被无情地撕裂成两半。

这年八月，眼看着唐太宗就要下葬昭陵了，但武则天还没有等到李治的任何消息。她感觉自己就像一枚被遗弃的棋子，不禁绝望起来。

就这样，伴随着唐太宗的下葬，已经26岁的武则天和唐太宗其他未育妃嫔进入感业寺为尼，开始了一生中最黑暗、最迷茫的岁月。她的人生陷入了最低谷。

关于感业寺的具体位置，这是学术界众说纷纭的一个问题。在此，我们采用大多数人都比较赞同的说法。

感业寺位于长安城朱雀街西崇德坊的西南隅，靠近清明渠。周围地势平坦，树木成荫，环境很不错。但矮小的佛庐无法与高大的皇宫相比，这里不仅生活条件艰苦，而且寺庙里还有各种各样的清规戒律。过惯了优裕生活的妃嫔来到这里，感觉就像下了地狱一样。

由俭入奢易，由奢入俭难。这些曾经生活在宫廷中的女人们需要时间来适应这种清苦的生活。

当尼姑首先要削发，变成光头，这让这些年轻的美人们很难接受。但蝼蚁尚且贪生，何况人乎。为了活下去，她们只能默默接受这一切，眼睁睁地看着自己心爱的乌黑秀发被一缕一缕地削落在地。

削了发，受了戒，才算是尼姑。既然当了尼姑，就没有了妃嫔的架子，要按戒律办事。另外，平时一定要比师傅起得早，听经读经不能有差错。这种生活不是武则天想要的，她要突破这种禁锢，她梦想着有朝一日能重回皇宫。

虽然身处逆境，也不放弃希望。若想改变这种生活，还得依靠一个人，他就是当今皇上李治。所以，潜伏在感业寺中的武则天努力维持着和李治的感情，不管有几成希望，她都必须努力去做，因为这是她唯一的救命稻草。

在这种复杂感情的驱使下，武则天写了一首情诗《如意娘》：

看朱成碧思纷纷，憔悴支离为忆君。

不信比来常下泪，开箱验取石榴裙。

大意是说：我心绪纷乱，精神恍惚，把红的都看成绿的了。我因为整天想着你，才如此憔悴。我每天因为思念你而默默落泪。你如果不相信，就打开箱子看看我的石榴红裙，那上面的斑驳泪迹就是最好的证明。

这首诗是几乎绝望的武则天的真情流露，写得情真意切，读来内心有种酸酸的感觉。据说后来大诗人李白看到这首诗后，竟然觉得自己不如武则天。

出家不能强求，如果尘缘未了，即使剃了光头，也只是徒有其表，没有出家人的内里。武则天就是如此，虽然她幼年受到佛教的影响，但当尼姑是被强迫的，不是出自本愿，所以佛教的清规禁锢不住她对李治的思念，只是不知道今生能否再次和这个男人相见。

有人说过这样一段非常有哲理的话：

你改变不了环境，但你可以改变自己；你改变不了事实，但你可以改变态度；你改变不了过去，但你可以改变现在；你不能控制他人，但你可以掌握自己；你不能预知明天，但你可以把握今天；你不能样样顺利，但你可以事事尽心；你不能左右天气，但你可以改变心情；你不能选择容貌，但你可以展现笑容；你不能延伸生命的长度，但你可以决定生命的宽度。

即使内心有再多不平，日子还得一天一天地过。既然有些事情我们无从把握，未知的将来又让我们有些迷茫，那么我们为何不从做好眼前的事情入手，过好每一天呢？

天资聪慧的武则天认识到了这一点，虽然她急切盼望李治的出现，但也没有荒废在感业寺的每一天。她凭着深厚的佛学功底，在感业寺钻研佛学如鱼得水，融会贯通了佛学经典，为她执政后推行佛学，奠定了坚实的基础。

人生不可能一帆风顺，只有能屈能伸，才能成就大事。处于低谷时也不放弃理想与追求，这就是武则天在感业寺为我们展现出的人生态度。即使在人生最黑暗的时刻，她的精神和意志也不会被摧垮。

涅槃重生不是梦

人心都是肉长的，皇帝也是人。难道李治真的忘记了曾经让他魂牵梦绕、难以入眠的武则天了吗？答案是没有。其实，李治一直对武则天念念不忘，但现实不允许他做出和武则天有牵扯的事情来，他也有难言的苦衷。

首先，他刚刚即位，根基不稳，一直受长孙无忌、褚遂良等顾命大臣的控制，他只有夹着尾巴做皇帝的份儿。虽然也曾想把武则天留下来，但只是想想而已，因为他还不具备这种能力。

其次，他胆小软弱，缺乏父亲的气魄，没有把武则天留下来的勇气。而且父亲把薛婕妤留下来是为了工作，他把武则天留下来却是为了见不得光的私情。名不正言不顺，他不敢这样做。

但把心爱的女人放在感业寺为尼，这是李治的一块心病，他一直在寻找机会要把武则天接回宫中。所以，李治是一个重情重义的男人，只是因为有了皇上这个身份，做起事来就要受到一些掣肘。

当李治看到《如意娘》这首情诗后，几乎控制不住自己了，想马上到感业寺与武则天相会。但冲动是魔鬼，不能就这么贸然前去感业寺，他需要一个理由，需要等待时机。

忌日行香是唐朝社会的风俗，所以，继嗣的皇帝在先帝死后的周年要到寺院上香祈福，同时表达自己的思念之情。

唐太宗也快死一周年了，这是个机会，李治自然抓住不放。再怎么说，他也是皇帝，还是有权力选择到哪个寺庙上香的，他最终拍板决定去感业寺。

其实，长安城里有很多名寺，感业寺并非李世民的陵墓和宗庙。李治为何偏偏选择名不见经传的感业寺呢？大臣们一头雾水，李治却很兴奋，因为终于可以见到让他牵肠挂肚的武则天了。

永徽元年（650年）五月二十六日，唐太宗周年忌这天，李治举行了隆重的祭奠仪式，并到感业寺行香。

李治的到来，让武则天觉得这个男人还没有忘记她。那点点柔情、句句承诺又让她仿佛回到了过去。这根救命稻草，她要死死抓住不放。

在感业寺，这两人能干些什么事呢？《唐会要》这样记载："上因忌日行香见之，武氏泣，上亦潸然。"

相见，流泪，没有过多的言语。

对于武则天来说，度日如年，满肚子的委屈不知从何说起，只好用泪水来表达自己的心情；对于李治来说，何尝不是如此，看到心爱的人这般模样，再想想贞观末年的往事，也不禁潸然泪下。

李治这次给他父亲进香是组团来的，不能有过大的动作。武则天毕竟已经成为尼姑，他还找不到合适的理由将她接回宫，所以武则天只好继续待在感业寺。

见这一面真不容易，下次相逢也不知道是何年何月。不过，通过这件事，武则天明白了李治心中还是有她这个人的，所以，她更加坚信自己不久便会结束这种黑暗的日子，重回宫中。她依稀感到，身后那座熟悉的城市已经在向她频频招手，好日子应该离她不远了。

第二章

勾心斗角

后宫风云起

不懂风情的女人

此时，武则天扮演着李治"情人"的角色，虽然她在宫外，李治在宫内，但二人一直藕断丝连。难道他们要永远这样守望爱情吗？这种分居两地的日子什么时候才是个头啊？

不急，该来的总会来的。

这不，唐高宗李治的后妃大闹矛盾，给武则天回宫创造了大好机会。在这里有两个人不得不提，她们分别是王皇后和萧淑妃。

先来看王皇后。

既然能当上皇后，无论是出身，还是相貌，自然都无可挑剔。

王皇后是唐并州祁（今山西祁县）人，是西魏大将王思政的玄孙女。她的叔祖母是李渊的妹妹、李世民的姑姑同安长公主。父亲王仁祐原为罗山（今河南罗山）县令，后来升为陈州（今河南淮阳）刺史。母亲柳氏也出自高门，后被封为魏国夫人。舅舅柳奭官至中书令（正三品）。可见，王皇后的身份很尊贵，有相当硬的后台。

王皇后不仅出身高贵，而且长相秀美、性格和顺，在同安长公主的推荐下，被选为李治的妃子。李世民对知书达理的王皇后非常满意，逢人便说"她是我的好儿媳"。但王皇后却不是李治喜欢的类型，李治登基后，出于对长孙无忌等辅政大臣的尊重才正氏册封她为皇后。

古时一个女人除了贤惠外，还肩负有一个很大的责任，那就是生儿育女。如果不能生育，将是女人一辈子的遗憾。

巧的是，这位李世民眼中的好儿媳偏偏就不能生育。如果放在现在，这也不是什么大不了的事情，先进的医学会帮她实现当妈妈的心愿。但在当时，这就是大事了。在古代，"不孝有三，无后为大"。如果一个女人不能生育，将为当时的伦理和舆论所不容。

贵为皇后却不能生育，王皇后即使有高贵的出身和沉鱼落雁的美貌也无法征服李治的心。

除了不能生育外，王皇后失宠还有另外一个原因，那就是她不懂风情。史书记载，王皇后"性简重，不曲事上下"。意思是说她不会迎奉讨好别人。贵为皇后，一人之下万人之上，没必要讨好别人，但有一个人必须要讨好，他就是皇上。但王皇后美丽的脸上很少有表情，更别说在老公李治面前撒娇了。李治是个重情之人，注重儿女情长，性格的不和让二人的关系越来越冷淡，距离越来越远。

另外，王皇后是关陇大族的后人，还扮演着监视高宗的角色。在朝堂上，李治要面对那些老臣无休止的劝谏；回到后宫，面对皇后也不能说几句心里话，还得小心谨慎。这让李治感觉很累，便选择了逃避，经常前往萧淑妃所在的淑妃宫。

就这样，王皇后渐渐失宠，这让她心中相当不爽。如果她能安分守己，做好分内的事情，会相安无事，终老宫中。但她偏偏咽不下这口气，要在后宫与萧淑妃争宠。

萧淑妃是何许人也？她是南朝士族兰陵萧氏族人，齐梁皇室后裔。高宗李治做太子时，萧氏为良娣。高宗登基之后，进为淑妃。生育一儿两女，分别为许王李素节和义阳公主、宣城公主。在众多的妃嫔中，风情万种的她是李治比较喜欢的一个。

因为王皇后不能生育，而萧淑妃不仅生有儿女，而且还得到了李治的宠爱，这引起王皇后极大的嫉妒，也让她隐隐感觉到自己的皇后地位受到了威胁。于是，二人勾心斗角，把后宫弄得鸡飞狗跳，这引起了唐高宗李治的极大不满。

人们常说：每个成功男人的背后，都有一个女人。意思是说，在每个成功男人身后，都有一个了解他的女人，她知道这个男人的优势在哪里，这个男人能够做什么，不能做什么。所以，一个女人对身边的男人足够了解，才能对男人的事业起到一定的推进作用。

作为一名普通女人，如果不了解自己的丈夫，也捅不出什么大娄子来，最多不过婚姻破裂，各走各的道。但皇后不同，她是皇后，却不了解自己的丈夫，这就意味着这个女人终将以悲剧收场。

天上掉下的大馅饼

李治冷落皇后专宠偏妃的行为，给本来就勾心斗角的后宫火上浇油，这是要出大乱子的。

因为王皇后不会允许任何人危及自己的地位，而萧淑妃得宠后，地位日趋上升，这恰恰成了最大的危险因素。

事实就摆在眼前。比如，李治即位后，在册封四个儿子为王时，破例把萧淑妃的儿子李素节封为雍王（许王是后来的封号）。这明摆着就是要晋升萧淑妃母子，这可了不得。如果时机成熟，李素节晋升为太子，太子即位后，他的母亲萧淑妃就成了皇太后，属于王皇后的时代就结束了。

这是王皇后所不能容忍的，她要阻止这一切发生，把皇上李治从萧淑妃的怀中抢回来。但李治对她已经失去了兴趣，既然靠自己的姿色无法挽回李治的心，那么就只能找帮手来扳倒萧淑妃了。

让皇上身边的红人萧淑妃失宠，这件事难度系数不小，无异于虎口拔牙。王皇后因此吃不好睡不好，身体消瘦了好几圈。

就在王皇后焦头烂额之际，一个小道消息传入了她的耳中：李治在外面和一个尼姑有染。也就是说，李治在外面找情人。

俗话说，好事不出门，坏事传千里。李治去感业寺行香时，有很多人跟随，这些人肯定看到了李治和武则天激情对泣的场面。于是，人们便开始八卦起来，这皇上和尼姑的事情在后宫流传起来就是很自然的事情了。

说皇帝的闲话，这可是要杀头的。王皇后听到这些传言后，并没有维护皇帝的尊严，而是勃然大怒，因为她认为这个皇帝太不像话了。

都说路边的野花不要采，你虽然是皇上，但也得注意影响啊。这种偷摸的勾当不应该发生在皇帝身上，因为你是一国之君，是天下人的表率。

但转念一想，王皇后觉得这是老天爷给她创造的一个机会。既然李治敢冒天下之大不韪与这个尼姑相会，说明这个尼姑有很强的吸引力。如果把这个尼姑引进宫，让她缠住李治，那么萧淑妃自然就会被冷落在一旁，而皇上肯定会因此对自己多几分热情，一石二鸟。这样一来困扰自己多时的难题就迎刃而解了。

王皇后看到了一丝希望的"曙光"，她一度为自己的"聪明"而沾沾自喜。

为了稳妥起见，王皇后把自己的想法告诉了母亲柳氏，母亲表示赞同。因为事大，又找到舅舅柳奭商量，也认为此法可行。

于是，王皇后悄悄派人让武则天把头发留起来，告诉她以后会接她回宫。这是天上掉馅饼的好事，多年的痛苦悲伤和委屈终于换来了可喜的回报。武则天大喜过望，当然遵旨照办。

王皇后之所以密令武则天留发，是因为她要接一个正常的宫人，而不是一个尼姑。如果把跟皇帝有情的尼姑接回宫，那肯定会被大家的唾沫星子淹死。

其实，王皇后的这种做法有一个大大的隐患，那就是进宫后的武则天很有可能变成第二个萧淑妃。这样的话，王皇后岂不是替别人做嫁衣，她难道就没想到这一点吗？说实话，她也想到了，但她过于高估了自己的能量，小看了武则天，认为一个"小尼姑"翻不了天。

其实，王皇后的这种做法属于病急乱投医，着实是无奈之举。萧淑妃给她造成的威胁太大，她只有先解决燃眉之急后，才有时间去考虑武则天。

再说，武则天仅仅是先皇的侍妾，地位卑下，在朝中没有任何依靠，入宫后也不至于造成什么大的隐患。等取代了萧淑妃后，再着手处理她，或杀或逐都不是什么难事。

另外，还有很重要的一点，如果把武则天从感业寺接回来，是把她从火坑中救出来，武则天应该感恩。滴水之恩当涌泉相报，王皇后不希望什么回报，只要不和自己成为对头就成了。

"没有永远的盟友，只有永远的利益。"为了利益，盟友也会成为敌人。在后宫这个角斗场，盟友只是个幌子，只要对自己有利，就可以踩着同伴往上爬。

王皇后的如意算盘打得啪啪响，但她此举着实是在犯傻——无疑是在主动给情敌让位。凡是为情所困的女人，都容易犯傻。做了"好事"的王皇后怎么也想不到自己是在自掘坟墓，这当然是后话。

东山再起不是梦

时间过得飞快，武则天的头发在一年后已经长到过颈，基本恢复了原貌。这段时间，她每天都满怀希望，等待着宫廷中的那个男人对她的召唤。

人只要有希望，不管处于什么样的困境中，都会活得有滋有味。所以，万事都要学会往前看，这样你的脸上就会挂满笑容。武则天就是如此，只要有一丝希望，她就会抓住不放，让自己在希望中活着。

永徽二年（651年）七月，李治为唐太宗服丧之期已满，他的皇位也坐得越来越稳。是时候把心爱的女人接回宫了，但他还是担心舆论对自己不利。毕竟，武则天是一个尼姑，所以，他还是找不到好的理由和朝臣们说这件事情。

就在李治为此苦恼之际，一个他做梦也想不到的人伸出了援助之手，这个人就是王皇后。

这天，王皇后来到李治面前。

"皇上，我已经知道您的秘密了。"

"寡人能有什么秘密？"

"皇上和先帝的才人武则天情投意合，只是一个在宫内，一个在宫外，这种相思之苦皇上受得了吗？"

"寡人的事用不着你来管，别在这里假惺惺了。"

"皇上莫急，我是来帮您的。既然如此，为了避免流言蜚语在宫中传播，为何不把武则天接回宫呢？"

难道太阳从西边出来了？说实话，同在一个屋檐下生活了这么多年，这是李治听到的第一句动听的话。

在李治心中，身为六宫之主的王皇后一向端庄严正，对这种违背伦常的事情肯定会说不。没想到的是，她竟然主动提出要接武则天回宫，难道是自己戴着有色眼镜看人，一直没有看到王皇后的贤惠？喜出望外的李治都不知道说什么好了，他对王皇后的态度大为改观。

再看王皇后，接武则天回宫只不过是她的一招"妙棋"罢了，用完武则天这个棋子后就会选择遗弃。如今，她不仅得到老公的另眼相待，而且仿佛已经看到萧淑妃和武则天鹬蚌相争，而她坐收渔翁之利。所以，王皇后忍不住笑出了声，然后屁颠屁颠地帮李治忙活起来。

就这样，武则天奉唐高宗之诏，告别了生活两年之久的感业寺，没费什么周折便再一次踏进了皇宫的大门。这是她命运转折的第一步。

人生就是这样充满变数，一会儿把你捧上天堂，一会儿又把你摔入地狱。天堂和地狱的日子，武则天都体验过了，这也太折腾人了。武则天再也经不起这样的折腾了，因为一个女人一辈子最好的年华，她已经浪费得差不多了。如果再这样折腾下去，这辈子就算完了，心中的伟大理想都成了空谈和胡扯。

二进宫的武则天已经28岁了，"奔三"的人了，算是一个大龄女青年了。距离初次进宫，已经过去了整整14年。当初好歹还是一个五品的才人，现在却只能从最底层做起，当一个普通的宫人。这混得未免也太惨了些，难道14年的光阴就这样白白地浪费了吗？

不管是虚度光阴，还是惜时如金，时间都会在每个人的身上留下烙印。经过

14年的生活历练，武则天已经成熟了很多。以前那个什么都不懂的青涩少女已经看不到了，她已经变得足够成熟老练，对后宫的人情世故了然于心。

虽然她只是一个普通的宫人，但她坚信东山再起不是梦。她要出招，她要往上爬，爬到至尊之位。

低调行事是一种进可攻、退可守，看似平淡、实则高深的处世谋略。在风起云涌的李治后宫，只有懂得低调做人的人，才能够扮演好自己的角色，才能够在人生的旅途中走好每一段路，开创出一个广阔的发展空间，成就辉煌事业，演绎精彩人生。经过人生起伏的武则天深谙此道。

虽然进宫了，但武则天的地位还不稳固，她非常珍惜这个机会，要尽最大的努力奠定自己在后宫中的地位。如何才能在后宫站稳脚跟，这成了她首先要考虑的问题。她决定打感情牌，拉拢人心。

首先，武则天不惜委曲求全，用温柔多情俘获李治的心。获得了李治的垂爱，她便成功了一半。

其次，就是王皇后了。如果没有这个女人，武则天不会这么快就重回宫中。对于这种再造之恩，武则天念念不忘。她卑躬屈膝、小心翼翼地侍奉王皇后，和王皇后站在一条线上，摆出可以为这个女人做任何事情的姿态。这一度让王皇后因为有了一个帮手而沾沾自喜。其实，武则天这是缓兵之计，等有朝一日东山再起，她还会屈居于这个女人之下吗？这个问题的答案所有人都知道，唯独王皇后被蒙在鼓里。

最后，就是宫女了。这些人也不能小看，万一暗中踹自己一脚，也够受的。所以，武则天对没什么地位的宫女也尽力拉拢，把她们看成自己的好姐妹。她看到皇后薄待谁，就去跟谁结交。还把皇帝赏赐给她的东西和大家一起分享，广结善缘。

这样一来，武则天换来了极好的口碑，不仅王皇后夸她聪明能干，多次在皇上面前称赞她，就连宫女也没一个不说她好的。

大家的眼睛是雪亮的，看来武则天的好是货真价实的。

不久，武则天便怀上了皇帝的龙种。她欣喜若狂，只要生下她和李治的儿女，她就可以和皇子或公主在一起，永远不会再过感业寺里那种死寂和恐怖的日子了。

武则天得到宫廷上下的一致认可，李治早就想给她个名分了。当得知武则天怀孕的消息后，便决定加封武则天为昭仪（二品，地位仅次于妃）。

在不到一年的时间里，武则天从一个普通宫女一跃升为二品的昭仪，这种上升速度让人咋舌，但也在情理之中，就像优秀员工应该得到高薪酬一样，好宫女也应该得到应有的赏赐和肯定。

萧淑妃有自己的儿子，武则天也怀有身孕。王皇后却不能生育，这是她这辈子最大的遗憾。不过，遗憾归遗憾，为了自己的未来，王皇后打起了太子的主意。武则天生男生女，这个先不说，绝对不能让萧淑妃的儿子当太子，否则自己就没有翻盘的机会了。

只有让皇上先立太子，让萧淑妃和武则天双双落空。王皇后才能保住既得的权势。

陈王李忠的母亲刘氏只是后宫中的一个普通宫女，动摇不了皇后的地位，而且刘氏天性柔弱，没有什么野心。所以，在王皇后眼中，陈王李忠成了皇太子的最合适人选。

李忠虽然是长子，但不是爱子，况且他的母亲出身低微，其实不够资格做皇太子。萧淑妃生的儿子雍王李素节才是唐高宗的爱子。即使不立李素节，他也不会立李忠，要等武则天生下孩子再做定夺。

但在舅父柳奭的运作下，朝中重臣长孙无忌等人一起向唐高宗李治奏请。无奈之下，李治只好颁布了一道诏书："立陈王忠为皇太子，赦天下。"

立李忠为太子后，这对母子对王皇后的鼎力相助不胜感激。至此，王皇后小胜一场，她可以睡个好觉了。

永徽三年（652年）十月，武则天生下了自己的长子，给儿子取名李弘。从此，武则天不仅有了封号，还有了儿子，再加上皇帝对她的宠爱，已经没人能够撼动她的地位了。

夺取后位的野心

司马昭之心，路人皆知。此时的武则天已经不满足在宫中站稳脚跟了。只有儿子当上了皇帝，母亲才会跟着荣光。所以，她的下一个目标是皇后的位子，为儿子当皇帝开路。

"心有多大，舞台就会有多大。"

一个人的理想或野心不是一开始就有的，而是根据所处的环境慢慢培植起来的。我们小时候也许相当医生、教师、科学家，长大后不见得就干了这些职业，而是做了别的。武则天也是如此，她二进宫之初，只想有个立足之地，但后宫的争斗让她逐步有了这样的野心。

武则天的野心虽然在逐渐膨胀，但她很会掩饰自己，在王皇后面前仍然小心谨慎有加，不露丝毫破绽。

不久，李弘被册封为代王。这样一来，武则天在妃嫔中有了较高的地位，但她没有表露出丝毫自大，反而保持了一贯的和善友好，对众人彬彬有礼。特别是对王皇后，更加殷勤，马屁拍得那叫一流。这让王皇后非常舒服，以为自己选对了人，在唐高宗面前多次说武则天的好。

唐高宗本来就非常喜欢武则天，经王皇后这么一说，更加觉得武则天不仅可爱还识大体。如果让他给后宫的妃子们打分，武则天无疑是满分。唐高宗既然对武则天满腔爱意，那萧淑妃自然就被冷落在一边了。

王皇后的目的达到了，这种胜利让她心里有种说不出的高兴。但这种胜利的感觉没有体会多久，一个新的问题便出现了。

萧淑妃虽然被冷落了，但唐高宗并没有把宠爱放在王皇后身上，而是专宠武则天。这是王皇后没有料到的。

倒了一个萧淑妃，又站起一个武则天，这岂不是白忙活一场？更让王皇后受不了的是，武则天是自己亲手送给唐高宗的，这不是引狼入室吗？

王皇后简直要崩溃了。

自己既然能让萧淑妃失宠，同样也能让武则天走上失宠之路，她开始琢磨下一步怎么办。这次她铁定不会再找第二个武则天式的人物进宫了，这种搬起石头砸自己脚的事情只能做一次。

再看萧淑妃，她还不知道武则天之所以能顺利进宫，王皇后起了推波助澜的作用。她只是看到因为武则天的出现，自己被唐高宗冷落了。因此，她对武则天恨得咬牙切齿，恨不能马上拔掉这根眼中钉而后快。

这样一来，曾经敌对的王皇后和萧淑妃间的矛盾缓和了，她们一致把矛头对准了武则天，对武则天发动了一波又一波的攻击。

从当时的情况来看，这三个女人各有优劣：

王皇后出身名门，贵为皇后，又是唐太宗亲自选定的儿媳，而且背后有许多达官贵人撑腰。虽然与唐高宗感情不深，但树大根深，实力比较强。

萧淑妃生有一男二女，与唐高宗的感情较深，但在朝廷中势单力薄，是类似于花瓶一样的人物，在后宫中没有什么威信可言。

武则天虽然出身低微，但她生得美丽聪明，而且与唐高宗的感情很深，在朝廷中有部分支持者，在后宫威望比较高。

这样看来，王皇后虽然有很硬的后台，萧淑妃也不好对付，但武则天有一个无人能比的优势——与唐高宗的感情深厚，是唐高宗的红颜知己。而且此时的武则天非昔日的武则天，经过一番磨砺后，她已经成熟了很多。

所以，这场争宠到底谁是最后的赢家，还要看谁的手段更高明一些。

以不变应万变

既然要发动攻势，就要讲究策略。

要把红得发紫的武则天从唐高宗李治身边弄走，这可不是一件简单的事情。想想当初自己的傻子行为，王皇后的肠子都悔青了。

思来想去，王皇后实在想不出什么好办法，最后只能采用下策——说武则天的坏话，造武则天的谣。

自己一直说武则天好得不得了，现在来个一百八十度的大转弯，说武则天如何如何坏，唐高宗会信吗？

王皇后已经顾不了那么多了，眼下最要紧的就是把已经被捧上天的武则天一把拉下来。于是，她动用所有关系，捏造事实，给武则天脸上抹黑。

一时间，谣言纷起，后宫内关于武则天的流言不断。

虽然谣言不可信，道听途说往往与真实相差太远，但是人言可畏，以讹传讹总能混淆人们的视听，做出错误的判断。王皇后想用舆论的压力压垮或逼疯武则天。

再看萧淑妃，她无论如何也想不到自己竟然会败给一个过时的先帝姬妾。被武则天横刀夺爱后，她异常愤怒，发誓要扳倒"大龄剩妇"武则天，把皇帝抢回来，让自己重新成为被宠爱的女人。

萧淑妃是个头脑简单、性格泼辣的人，她缺少王皇后的冷静，更没有武则天的聪明。她采取的方式非常简单——一哭二闹三上吊，甚至不惜和李治吵架。

一般来说，吃醋可能是女人的通病。吃醋的女人乖张俏皮、活灵活现，尽显女人的风情万种、楚楚动人。吃醋是以柔克刚最好的方法，再坚强的男人也挡不住女人在耳边醋味十足的柔声细语。

吃醋的女人在男人面前闹一闹，有时候也挺可爱的，但如果闹过了头，就会适得其反。所以，爱吃醋的女人不一定幸福，能掌握分寸的女人才能赢得幸福。

萧淑妃无疑就是一个爱吃醋的女人，但她没有掌握吃醋的要领，又哭又闹和撒泼耍赖快把唐高宗逼疯了。唐高宗怎么也想不到，在美丽外表下竟然掩盖了这样一个粗野的灵魂。眼前的这个近乎失去理智的女人，就是曾经和自己同床共枕的人吗？

在婚姻中，当一个男人开始怀疑女人时，两人之间的裂缝就会越来越宽，如果不加补救的话，最终会分道扬镳。

唐高宗是皇上，他有权利去爱很多女人，也有权利冷落很多女人。他对萧淑妃实施了婚姻冷暴力——再也不去淑妃宫了。

对手已经亮剑，自己也不能闲着。

对于王皇后和萧淑妃的用心，武则天洞若观火。若想保住既得利益，就不能有丝毫的让步，必须与这两个女人进行一番你死我活的较量。武则天采取的方式是继续保持低调，以不变应万变：

首先，她继续无微不至地体贴唐高宗，用一个标准的贤妻良母来要求自己，对王皇后的造谣和萧淑妃的挑衅视而不见。

其次，继续在后宫拉拢势力，切断关于自己的负面言论的传播途径，通过耳目掌握王皇后和萧淑妃的言行，然后添油加醋地告诉唐高宗，博取同情。

一个贵为皇后竟然造谣生事，有失体面；一个身为贵妃却没有贵妃的样子，不可理喻。唐高宗对这两个女人非常失望，再看看武则天的成熟内敛和极具涵养，唐高宗就纳闷了，同样是自己的女人，怎么差别就这么大呢？

结果，唐高宗把武则天当成了自己手心里的宝，并独信武则天。（帝终不纳后言，而昭仪宠遇日厚。）

虽然是二打一，但武则天的反击策略玩得相当成功，她暂时小胜一场。但若想从根本上击倒王、萧二人，武则天还是心有余而力不足，因为和王、萧二人比起来，她的势力还很弱，暂时还斗不过她们。

也许你会说，有唐高宗啊，没什么好怕的。但武则天心里想，男人是靠不住的，尤其是身为皇上的男人。李治现在很宠爱她，并不代表会永远宠爱她。当她人老珠黄时，李治还会把她捧在手心吗？所以，李治不可靠，也靠不住。

后宫中的争斗越来越激烈，如果被王、萧二人打倒，自己会死得很惨。与其等死，不如先把她们打倒在地。

对敌人的怜悯就是对自己残忍，生性争强好胜的武则天准备出一记重拳，把敌人彻底打趴在自己脚下。

封后路上的狠招：杀女儿

如果真能把王、萧二人打倒，那么皇后之位就非武则天莫属了。不过，这件事的难度系数颇高，如果搞砸了，就会把自己置于进退维谷的境地。

武则天是个积极进取的人，她从来都不会对困难皱眉头。既然被逼到这个份儿上了，只能殊死一搏。

此时，等待机会也许就永远没有机会了，所以武则天准备制造机会，制造一个足以扳倒王、萧二人的机会。

擒贼先擒王，只要扳倒了王皇后，萧淑妃也就蹦跶不起来了。武则天全力寻找着王皇后的破绽，但这个稳重端庄的女人除了不能生育和说说武则天坏话外，找不到任何致命的过错。这让武则天有些无奈。

不过，人总会犯错，王皇后也不例外。想冤枉一个人，罪名总是可以罗织的。何况被武则天盯上的人，是没路可逃的。

永徽四年（653年）末，武则天生下了一个女儿，这个女儿就是11年后被她追封的安定公主。李治非常喜爱这个女儿，把她视为掌上明珠，对武则天也更加宠爱了。

本想击垮武则天，没想到武则天又因为生了女儿而抬高了身价，这让王皇后非常郁闷，极度不爽。

自己怎么就不能生育呢？老天给了自己母仪天下的名分，却剥夺了自己做母亲的权利。既然不能两全其美，为什么就不能让自己选择呢？如果可以选择，自己宁愿做个母亲。

也许是女人做母亲的天性使然，自从武则天生下女儿后，无儿无女的王皇后就有了一种想去看看的冲动。她虽然知道自己和武则天不是同一个战壕的，自己的一举一动都可能成为武则天发难的借口，但就去串个门还能惹出什么祸端吗？王皇后思前想后，觉得此行不会有问题，最终她还是忍不住要去看看这位新诞生的小公主。

都说冲动是魔鬼，王皇后必将为自己的冲动付出惨重的代价，因为武则天的狠毒是她做梦也想不到的。

在安定公主出生后不久，王皇后便来到武则天的住所，看视胖乎乎的小公主。恰好武则天不在，小孩儿的确很可爱，她忍不住在小公主脸上摸了几下。王皇后走后，武则天就回来了。当她得知王皇后来过后，脸上露出了一丝笑容，一条毒计产生了。

这是一个千载难逢的机会，如果错失了，下一个机会不知道要等到猴年马月。但虎毒不食子，看着活泼的小女儿，武则天犹豫了。不过，她只是犹豫了一下，接着便捂死了小女儿，并给她盖好被子，好像什么事儿都没发生过一样。

过了一会儿，李治来了。武则天满脸堆笑，走到床前去抱小公主，揭开被子后，便惊慌失措地大哭起来。

好好的，哭什么？李治纳闷了，当他发现安定公主已经没有了呼吸后异常愤怒。这下，王皇后就成了唯一的犯罪嫌疑人。武则天见阴谋得逞，抽泣着把王皇后的"罪状"诉说了一遍，声称是王皇后杀死了安定公主。

这是什么人啊！自己不能生育，还要来谋害朕的亲生骨肉，这样恶毒的女子根本就不配当皇后！

从此，王皇后的形象在李治心中大打折扣。他开始憎恨起这个"披着羊皮却有狼一般恶毒心肠"的女人，产生了废她的念头。

其实，安定公主之死是个未解之谜，史书上关于这件事的记载有两个版本：一是武则天为争夺皇后的位置，杀死自己的女儿嫁祸王皇后；二是安定公主暴病而亡，武则天嫁祸说是王皇后杀死幼女。

这两种说法都有可能，至今人们仍争论不休。不过，说安定公主暴病而亡，王皇后恰巧赶上，结果被冤枉陷害，多少有些牵强。因为这也太巧了，王皇后点儿也太背了。

相对来说，第一个版本反倒比较现实。有道是"舍不得孩子套不到狼"，在宫廷政治斗争中，很多人都莫名其妙地成了牺牲品。为铺平通往皇权的道路，可怜的安定公主成了被遗弃的棋子。对一个刚刚出生的孩子来说，这太不公平了，但她没有选择的权利，只怪自己生在了帝王家。如果有来世，只愿她能出生在一个寻常百姓家。

再看王皇后，她的对手是武则天。杀武则天还能说得过去，对一个还在襁褓中的孩子下手，她没有动机。再说，光天化日之下，在守卫森严的皇宫杀人，这无异于自杀。王皇后还没有蠢到这种地步。

这些都不重要了，关键是王皇后嫌疑最大，她百口难辩。李治相信安定公主的死就是王皇后所为。武则天的目的达到了，但她的内心却非常不安，只能用为安定公主祈祷冥福的方式来祈求老天原谅自己这种残忍的行为，慰藉自己永远不得安宁的良心。

靠天靠地不如靠自己

踩着自己幼小女儿的尸体往上爬，不少人怀疑这个故事的真实性，对此各人尽可依自己的理解做判断。不过，有一点可以肯定的是，此事已经拉开了废立皇后之争的序幕。

如今已经和王皇后、萧淑妃彻底闹翻了，继续屈居在这二人之下，这不是武则天的风格。如果想爬到皇后的位置，必须取得朝中重臣的支持。在武则天看来，最关键的是要打通长孙无忌这个关节。因为这个人既是国舅，又是顾命大臣。如果他点头了，就会减少许多阻力。武则天幻想着取得长孙无忌的支持，于是，她拉着唐高宗李治到长孙无忌的府第登门拜访。

虽然贵为皇帝，但既然是求人办事，总得有所表示。唐高宗破格提升长孙无忌的三个儿子为朝散大夫（文散官名，为从五品下，文官第十三阶），另外，还赐给金银宝器各一车、绫锦十车。

皇帝赏赐，这是对臣子的一种肯定和赞赏，长孙无忌非常高兴。

在酒酣耳热之际，唐高宗叹息一声道：

"莫大之罪，无过绝嗣。可惜皇后无子。"

唐高宗的意思很明确，暗示长孙无忌，希望他能同意废王后而立武氏。

长孙无忌也不傻，他自然领会了唐高宗的深层意思，也明白了皇帝这次封官、厚赏的真正用意。但废立皇后是国家大事，牵涉各方的利益，必须慎重再慎重。于是，长孙无忌故意打岔，顾左右而言他。

真是个老油条。

唐高宗和武则天碰了钉子，感到无趣，只得怏怏而归。

面对顽固的长孙无忌，唐高宗非常恼怒，但也奈何不了这个人，只好忍气吞声，把自己的心事暂且搁下。可武则天咽不下这口气，她还不死心，又让生母杨氏出面，到长孙无忌府上求请，也是无功而返。接着，又让许敬宗说事，结果也碰了一鼻子灰。

这下武则天清醒了。除了唐高宗的宠爱，自己没有什么过硬的后台，根本指望不上得到这些望族遗老的支持。

靠天靠地不如靠自己。于是，武则天丢掉幻想，她要用好唐高宗宠爱这张牌，凭自己的机智，实现当皇后的梦想。

再看李治，虽然贵为皇帝，但碍于宫廷中各方势力的掣肘，不能让自己心爱的女人当上皇后，他内心也是极度不爽。

既然直接做皇后名不正言不顺，那么，升一级总可以吧。武则天当时的职位是昭仪，距离皇后近一点的职位有"贵、淑、德、贤"四妃，但这四个职位已经满员了。

为了尽可能减少阻力，唐高宗在四妃之上再加一妃，起名为"宸妃"，也就是皇帝的妃子，意思是只有武氏才配做高宗的妃子。这样一来，武则天距离皇后就只差一步了。

可以说，这是唐高宗的一个创新，既没有损害其他妃子的利益，又提高了武则天的地位，可谓一举两得，但同样引来了不少反对的声音。

宰相韩瑗和来济拼命反对，说后宫内职古有定制，新设宸妃会破坏大唐的礼仪。（妃嫔有数，今立别号，不可。）

唐高宗不想因此惹来更多的麻烦，就取消了宸妃的封号。武则天虽然对韩瑗和来济恨之入骨，但也没办法。就这样，她只能眼睁睁地看着煮熟的鸭子飞了。

笑里藏刀李义府

俗话说：一个篱笆三个桩，一个好汉三个帮。个体的力量毕竟有限，众人拾柴火焰高。为了实现梦想，必须要找一些帮手。

在外廷，因为父亲去世早，武则天没有什么根基，缺少一批朝臣呼应，很难对付顽固坚持保王皇后立场的长孙无忌集团。

即使有皇帝的面子，像长孙无忌这样的重臣也不买武则天的账，还会有人站在武则天这边吗？答案是，有。就在武则天一筹莫展之际，有一个叫李义府的官员主动请缨为她摇旗呐喊。

李义府，唐代瀛州饶阳（今河北饶阳）人，出身寒微，有辞学，善为文。贞观年间，剑南道巡察大使李大亮表荐，义府对策擢第，遂授门下省典仪，从此走上仕途。后又升监察御史，并在晋王府兼职。与《水浒》中的高俅一样，李义府的运气出奇地好，晋王李治升为太子，后来即位为高宗，他也跟着一路加官进爵。

在《新唐书·奸臣传》中，李义府排行第二，说来他也是初唐有名的"白脸奸臣"了。电视剧中的奸臣往往被形容得猥琐不堪。李义府恰恰相反，他生得眉清目秀，温文尔雅，是出了名的美男子。

有个成语叫"笑里藏刀"，说的就是李义府。你千万不要被外表英俊的他所迷惑，如果和他推心置腹地交朋友就大错特错了。因为李义府最擅长的就是不露痕迹地算计人，让人死都不知道是怎么死的。李义府外表柔和，但害起人来却心黑手狠，他的性情行为就和猫相似，所以人们又送他一个外号叫"李猫"。

李义府的人品虽然不好，但他才华出众、诗风清丽，有典型的初唐风范。《大唐新语》指斥张怀庆生吞活剥，举出的证据就是剽窃了李义府的诗。另外，他与太子司议郎来济都以文章翰墨扬名，时号"来李"。虽然他的为人让人嗤之以鼻，但当我们读到"镂月成歌扇，裁云作舞衣；自怜回雪影，好取洛川归"这样柔媚清丽的诗句时，不得不佩服他的文学才华。

初唐时选官讲究德才兼备，李义府虽然颇有才华，但在品德方面差一大截。所以，和他同时扬名的来济都已经做到了中书令（正三品），他还只是区区一个中书舍人（五品），兼修国史，跟许敬宗是同僚。

李义府的才气与来济不相上下，职位却没人家高，内心自然郁郁难平。他不满足现状，做梦都想着往上爬。

也不知是什么原因，李义府得罪了连皇上都让三分的长孙无忌，这铁定是没好果子吃了。果然，长孙无忌有意将他贬出长安，到偏远的剑南做壁州司马（五品官），也就是调到今天的四川省工作。虽然是平级调动，但到远离京城的四川工作，就相当于是降级了。

再说，在唐前期，人们普遍看重京官，看不起地方官。在京城混，接触皇帝的机会多，没准就能中头彩；做地方官，山高皇帝远，即使你文采过人，谁还能记得有你这样一个人啊，升迁的机会几乎为零。

本来梦想着升迁，没想到却要被下放到地方为官。李义府自负才高，野心颇大，打死他也不愿意去地方当官。面对这个巨大的打击，他顿时慌了手脚。

"三个臭皮匠赛过诸葛亮"，李义府实在是没辙了，便去找好朋友中书舍人王德俭想办法。

在了解了事情的前因后果后，王德俭这样说："皇上非常宠爱武昭仪，本想立她为后，只是担心宰相不同意，所以这个提案搁浅了。如果你能挺身而出，上表请立武昭仪为皇后，皇帝肯定龙颜大悦，你说不定可以转祸为福。"（上欲立武昭仪为后，犹豫未决者，直恐宰臣异议耳。君能建策立之，则转祸为福矣。）

在这里，需要了解一下当时的行政程序，任命诏书由中书省起草，然后转送门下省审核。由于职务之便，李义府提前知道了自己的这个任命。必须在任命生效之前搞定这件事，否则说什么都晚了。

和长孙无忌对抗，这需要冒很大的风险，弄不好连壁州司马也没得做了。但高风险才有高回报，如果皇帝李治能站在自己这一边，没准就会因祸得福。

伸头是一刀，缩头也是一刀，一旦出京，想要翻身比登天还难。既然如此，还不如搏上一搏，幸运的话就能争得一个好前程。

为了讨好皇帝，保住官位，李义府立即飞速写好表章，趁王德俭在宫中当值之日，深夜叩阁上书，直达天听，恳请皇上废王皇后而立武则天。

正为立后之事烦恼的李治和武则天因为找到了支持者而大喜过望。看来官员并不是铁板一块，李义府的出现让武则天更加确信自己一定能打赢这场夺后之战。

李治立即传诏李义府，勉励他再接再厉，并赐珍珠一斗，留任原职。长孙无忌对此没什么异议，因为他也不敢违抗圣旨。第二天，武则天也亲自派人慰问李义府。不久，李义府又被提升为中书侍郎（仅次于中书令的副长官）。

真是"山重水复疑无路，柳暗花明又一村"，一次上书便改变了李义府的一生，他的春天就这样来了。

一子落下，满盘皆活。

唐高宗李治和武则天的举动告诉群臣：支持武则天就意味着升官发财。毫不讳言，此时多数为官者都想爬到权力的巅峰，拥有更多的财富。所以，一批官僚很快就集结在武则天周围，比如卫尉卿许敬宗、中书舍人王德俭、御史中丞袁公瑜、御史大夫崔义玄等等。在这些人中，许敬宗因为年龄最大、官阶最高，成为领军人物。

许敬宗，字延族，杭州新城人。少有文名，隋大业中，举秀才。他是王德俭的舅舅，和长孙无忌是一代人。他的经历非常坎坷，仕途起起落落。当年的同僚都已经手握大权，而他只是个卫尉卿（三品官），负责皇帝车马的事务性官员，没什么实权。在这个多事之秋，许敬宗凭着自己半生从政的直觉，决定站在皇帝一方支持立武则天为后，打一个漂亮的翻身仗。

就这样，武则天在外廷拥有了以许敬宗和李义府为核心的势力，她的夺后之旅开始出现转机。

廷上的对决

永徽五年（654年）十二月，武则天又生了一个儿子，取名李贤。李贤的出生让武则天如虎添翼。此时，武则天膝下已经拥有两个儿子，她的底气更足、腰杆更硬，更有资本向后位发起冲击，觉得自己当上皇后是指日可待的事情了。

永徽六年（655年）三月，武则天写了一篇《内训》，俨然以皇后自处。

王皇后受不了了：不把老娘放在眼里，咱走着瞧！

但有皇帝李治做后台，王皇后也拿武则天没办法。被冷落的王皇后心急如焚，嫉妒之火越烧越旺。她想着法儿地要把武则天置于死地，不过她的计谋太小儿科，而且一个比一个烂。

在万般无奈之下，王皇后想出了一个"奇策"，准备耍个阴招。她让母亲柳氏找来一个巫师，施"厌胜"之术。顾名思义，厌胜就是厌而胜之——使用"法术"诅咒或祈祷，以达到制胜所厌恶的人、物或魔怪的目的。这是古人的迷信。

本以为这件事做得非常隐秘，不会出什么岔子，但让王皇后没有料到的是，她身边就有武则天的心腹，把这一情况告诉了武则天。武则天一把鼻涕一把泪，立即添油加醋地向唐高宗做了汇报，说王皇后诅咒圣上，罪不容诛。

唐高宗大怒，他对这个女人彻底失望了，废王立武的决心更加坚定。同时，下令把柳氏赶出宫门，不许再进，并免去柳奭的宰相职位，贬出长安，贬为遂州（今四川遂宁）刺史。

真是家贼难防，本想置武则天于死地，没想到却弄巧成拙，搬起石头砸自己的脚，王皇后后悔不迭。

舅舅降职了，王皇后没了后台，她惶惶不可终日。面对得势的武则天，她有一种喘不过气来的感觉。

虽然柳奭倒台了，但朝中反对废掉王皇后的势力还不小，这些人是贞观老臣，以宰相为主，代表人物是长孙无忌、褚遂良、于志宁、韩瑗和来济。若想让武则天顺利当上皇后，必须迈过这道坎。

如今，皇后的势力大不如前，武则天也有了一些支持者，所以唐高宗又把废立之事提到了议事日程上，准备做一做这帮老家伙的工作。

九月的一天，退朝后，唐高宗召长孙无忌、褚遂良、李勣、于志宁等重臣入内殿商量要事。常年在官场混的人，都是皇上肚子里的蛔虫，不用猜就知道这番召见肯定是关于立后的事。

褚遂良在殿外就这样说："今日召见一定是为立后的事情。皇上的主意已定，但我受先帝顾命，定拼死相争，否则死后无颜去见先帝。"

说褚遂良不识时务也好，说他一根筋也罢，反正他是铁了心要阻止武则天当皇后。如果这些人能自始至终抱团抵制废立皇后，那么唐高宗也没办法，因为他可以罢免或杀死一个重臣，但不能把所有的重臣都踢到朝堂之外。可惜的是，其他人没有褚遂良这种以死相谏的勇气，已经做好了当墙头草的准备。

对于废立皇后的事情，李勣和长孙无忌等人不是同一战壕里的战友。他担心与长孙无忌等人发生正面冲突，便装作生病，不愿意蹚这趟浑水。

结果，进入内殿的只有长孙无忌、褚遂良、于志宁三人。

唐高宗对长孙无忌说："皇后无子，武昭仪有子，朕欲立武昭仪为后，你认为如何？"

面对李治开门见山式的问话，长孙无忌有些犯难了。直接提反对意见，让皇帝没面子，以后的日子肯定不会好过。真希望有人能替自己挡一下。

真是想什么来什么。

长孙无忌还没开口，褚遂良就抢着说："皇后出身名门，是先帝为陛下钦定的媳妇。先帝临终时，曾握着陛下的手对我说：'佳儿佳妇托付于卿。'这句话至今还回荡在臣的耳边，陛下应该没有忘记吧。再说，皇后没有什么大错，岂能说废就废。臣不敢屈从陛下而违背先帝的遗命。"

好家伙，把先帝搬出来压我，我不是被吓大的。

再看其他两人，都低着头不说话。很明显是默认了。

李治很郁闷，他还没找到合适的理由反驳褚遂良的这番话，当天的议论没有结果，只能不欢而散。

唐高宗李治铁了心要把武则天扶上皇后的位置，第二天继续议论这个问题。

于志宁既怕违旨得罪皇上，又惧怕长孙无忌的威望，所以选择了继续当哑巴。而长孙无忌继续需要人做挡箭牌，他说："先帝以褚遂良为顾命大臣，听听他的意见吧。"

褚遂良也不客气，再次出阵，声色俱厉地说："陛下如果一定要易后，可向天下挑选，何必非选武氏。天下人皆知武氏曾经当过先帝的才人，如果立她为皇后，天下人会说陛下的行为算什么啊！愿陛下三思而后行，臣今天违背陛下旨意，罪该万死。但只要不负先帝，死何足惜。"

说完，他便把笏板扔在地上，"把朝笏还陛下！"接着，摘下帽子扑地叩头出血，表示坚决抗旨。

其实，褚遂良已经退了一步，王皇后可以废除，但就是不同意立武则天为皇后。他用辞官和以生命相威胁的方式让唐高宗异常恼火。

先是用先帝压我，接着又用死来威胁我，你不要忘了，我是有生杀予夺大权的皇上。眼见李治要爆发了。

就在此时，长孙无忌见事态越来越严重，赶忙护着褚遂良说："遂良受先帝顾命，有罪也不能加刑！"

先帝，又是先帝，我难道就走不出先帝的影子吗？

李治强压着心中的怒火挥挥手，众人便都退下了。

褚遂良已经没有作用了，如果再让他出头，一定会激怒皇上，反而会弄巧成拙。于是，长孙无忌又把韩瑗和来济推到了前台。

韩瑗对唐高宗说："王皇后是先帝为陛下亲自选定的，没什么过错就要废黜，会有负面影响，愿陛下以社稷为重，三思而后行。"说完后，开始呜咽哭泣，一个大男人一把鼻涕一把泪，不到动情处绝对不会如此。

唐高宗对此采取冷处理，一言不发。本以为韩瑗会很知趣，不再进谏，没想到这人要一条道走到黑。第二天又来了，内容与昨日无异，但感情更加悲切。这还没完，他接着又上了一道奏疏，说皇后是用来母仪万国的，在德而不在色，愿陛下悬崖勒马，不要给后人留下笑柄。他甚至把武则天比作祸国殃民的妲己、褒姒，恫吓唐高宗。

来济也进谏道："王者立后，只能从名家闺秀中选，这才是众望所归。"

虽然唐高宗认为这些言论都是陈词滥调，可以忽略不计，但面对这些反对的声音，他还是有所顾忌的。在七位宰相中，褚遂良、来济、韩瑗都明确表态反对废王立武，长孙无忌和于志宁虽然没说话，但很明显也是持反对意见的。此外还有侍中崔敦礼，年事已高，可以忽略不计。只有始终称病没有露面的李勣没有表态了。皇后废立的事牵动了这么多的宰相，阻力之大超乎他的想象，接下来该怎么办呢？

退朝后，烦闷的唐高宗与武则天商量。

"所有的宰相都反对吗？"

"不，李勣身为宰相却一言不发。"

"他一定有苦衷，也许是我们的突破口。"

于是，唐高宗密召李勣入宫，询问他对废立皇后的意见。

李勣是何许人也？李勣，就是民间传说中大名鼎鼎的徐茂公，瓦岗寨的英雄，唐初的名将。原名徐世勣，字懋功。唐高祖李渊赐其姓李，后避唐太宗李世民讳改名为李勣，曹州离狐（今山东东明）人。民间有"呼风唤雨诸葛亮，神机妙算徐茂公"的说法，他一生历事唐高祖、唐太宗、唐高宗三朝，出将入相，深得朝廷信任，被朝廷倚为长城。

在大殿中，君臣二人开始对话。

"身体可好？"

"托皇上的福，没什么大碍。"

"朕想立武昭仪为皇后，但褚遂良等人极力反对，这事该怎么办呢?"

李勣本不想蹚浑水，最终还是躲不过，只好硬着头皮上了。说心里话，他是支持唐高宗的，但官场上的人说话都是云里雾里的，不会轻易直白地说出自己的立场。再说，如果举起支持唐高宗的旗帜，以后在官场上还怎么和长孙无忌这些反对者相处，必定会受到排挤。

于是，李勣微微一笑，说道："此乃陛下的家事，何必更问外人！"

当局者迷，旁观者清，历来都是如此。李勣的寥寥数语如拨云见日般让李治恍然大悟：我是当今天子，立后是我自己的事，没必要征得这帮老家伙的同意。

唐高宗一下子觉得自己浑身充满了力气，更加坚定了废立皇后的决心。

此时，支持武则天当皇后的许敬宗也在朝中广发议论，内容无非就是，天子立后与臣子何干，不要妄生异议。

于是，唐高宗决定排除一切干扰，快刀斩乱麻，立武则天为皇后。谁惹怒皇帝，谁肯定就没有好下场。不久，最激烈的反对者褚遂良被贬为潭州（今湖南长沙）都督。

反对派一看把皇帝惹毛了，为了保住自己的既得利益，一下子集体沉默了。

老虎不发威以为我是病猫。看到反对派一下子变乖了，唐高宗心里那叫一个爽快。武则天也非常兴奋，因为她知道离自己当皇后的日子已经为时不远了。

新皇后粉墨登场

皇后废立之争已经接近尾声，废谁立谁，大局已定，只等唐高宗下诏了。

永徽六年（655年）十月十二日，唐高宗下诏：

> 王皇后、萧淑妃谋行鸩毒，废为庶人。母及兄弟，并除名，流岭南。

说王皇后和萧淑妃毒害皇上，这种罪名唐高宗都能想得出，真是欲加之罪，何患无辞。王皇后本想让武则天和萧淑妃斗个两败俱伤，自己好从中渔利，没想到却是引狼入室，搬起石头砸自己的脚。当年和她争风吃醋的萧淑妃反倒成了"难姐难妹"。老天和她开了个天大的玩笑，王皇后对此只能默默接受，因为她是失败者，除了忍受屈辱外，她没有任何申辩的权利。

一切都无法挽回了，王、萧二人该退出历史舞台了，新主人武则天将粉墨登场。王皇后和萧淑妃随即被置于别院。

一人得道，鸡犬升天；一人失势，全家遭殃。风水轮流转，这才是大自然平衡的法则。那些曾经跟着沾光的亲属也因为王皇后和萧淑妃的失势开始走霉运了。

中宫不可一日无主，当务之急是要立一个新皇后。

六天之后，十月十八日，由许敬宗牵头，文武百官上表请立武则天为后。这是唐高宗盼望已久的事情，他立即颁布了立武则天为皇后的诏书：

> 武氏门著勋庸，地华缨黻，往以才行，选入后庭，誉重椒闱，德光兰掖。朕昔在储贰，特荷先慈，常得待从，弗离朝夕。宫壶之内，恒自饬躬，嫔嫱之间，未尝迕目，圣情鉴悉，每垂赏叹。遂以武氏赐朕，事同政君，可立为皇后。

这段话的意思是说：武则天出自新贵家庭，是国家的勋臣之后，而且有才有德，所以才被选入后宫，人缘不错，深得众人喜欢。当年我做太子时，在床前日夜侍候父亲，父亲非常满意，高兴之余就把武则天赏赐给我。这事就与汉朝的王政君如出一辙（王政君本是汉宣帝的宫女，后来宣帝把她赏赐给太子。王政君生了一个儿子，等太子即皇位后，就被立为皇后），现在我要让武则天做我的皇后。

在这里，唐高宗有意抬高武则天的门第，还把他们的结合说成是太宗的恩赐，无非是为武则天当皇后找一些理由罢了，以便堵住天下人的嘴。

其实，人们都不是傻子，这种掩耳盗铃的行为蒙蔽得了谁呢？不管怎么说，有唐高宗的支持，武则天当定了这个皇后。

《立武昭仪为皇后诏》颁布以后，太极宫和武氏宅院张灯结彩，唐高宗开始举行隆重的"纳后"仪式。

十一月一日，李治安排李勣送玺绶（皇后专用的印玺）给武则天，正式册立她为皇后。当天，李治还为武则天举办了大唐立国以来最大的盛典。从贞观十一年进宫，历经18年的坎坷，武则天终于实现了自己的梦想，成为大唐的新任皇后。她终于可以对天下人说"见天子庸知非福"这句话了，只是这个天子已经不是当初的唐太宗了。

经过18年的艰辛努力，终于得到了期望中的回报，武则天心中万分感慨。想想随父亲南北奔波的岁月，第一次入宫时母亲的眼泪，还有感业寺的孤冷青灯，这些事情就好像发生在昨天似的，依旧那么清晰可辨。如今，戴上了凤冠，贵为国母，内心自然无比喜悦。

除了喜悦外，武则天内心还充满了感激之情。如果没有失意官僚、寒门士子的支持，单凭唐高宗的宠爱，自己很难当上皇后。经历一番血雨腥风的洗礼后，武则天才登上了皇后宝座，她对此必将格外珍惜，绝不允许任何人损害她既得的利益。

盛大的庆典遮掩不住宫廷斗争的残酷，颂扬之声还没有完全消失，新一轮的宫廷争斗已悄悄拉开了序幕。

第四章

运筹帷幄

布置温柔陷阱

都是皇上惹的祸

新官上任三把火，作为大唐帝国的新晋皇后，武则天也准备点几把火，巩固自己得来不易的皇后之位，让众人都知道自己是有能力的，做皇后当之无愧。

所以，武则天没有得意忘形，对后宫和朝廷中的一些人，特别是太子李忠和长孙无忌对她造成的威胁采取了一贯的招牌动作——进攻。

先看武则天居住的后宫。后宫是皇帝的妃嫔所居住的宫室，唐代的后宫叫做掖庭宫，位于城内太极宫之西。

虽然武则天已经贵为皇后，但她是由才人到昭仪再到皇后，一步一步晋升的。如果其他妃嫔得宠的话，必将威胁自己的地位，她绝对不允许自己的故事发生在别的女人身上。所以，为了保住自己的皇后地位，她采取措施控制后宫，防患于未然。谁可能对她产生不利影响，就收拾谁，后宫任何的风吹草动都逃不过她的眼睛。

慑于武则天的淫威，后宫的妃嫔们都小心谨慎，生怕成为这位强势皇后的刀下之鬼。对于已经被打入冷宫的王、萧二人，武则天觉得她们是秋后的蚂蚱蹦跶不了几天了，所以没急着打这两个已经失势的老情敌的主意。但一件偶然发生的事，改变了武则天的决定，也让这两个女人走上了不归路。

当上皇后的武则天非常敏感，她把唐高宗亲近的任何一个妃嫔都看成自己潜在的对手和敌人。偏偏在这个时候，唐高宗踩了武则天的红线，亲近了另外的异性。这异性不是别人，正是被打入冷宫的王、萧二人。

都是皇上惹的祸，王、萧二人本以为能重见天日，没想到却引来杀身之祸。这件事的来龙去脉是这样的：

王、萧被废后不久，生性仁弱的唐高宗突然感到良心不安：这几年只顾忙着帮武则天当皇后了，冤枉了王、萧二人，这对她们太不公平了。毕竟夫妻一场，如此冷漠和绝情有些忘恩负义，应该去看看她们。

一天，武则天回家省亲，内心无比愧疚的唐高宗就乘机去看被囚禁在别院的王、萧二人。

在别院的一间阴暗、潮湿、密闭的囚室里，时值严冬，石室四壁满缀冰凌，王、萧二人生不如死地苟活着。囚室门上只有碗口大的一个小孔，供奴婢往里送饭之用。

想想以前王皇后和萧淑妃的好，再看看二人现在的生活，唐高宗无比揪心，鼻子一酸，就差放声大哭了。

"皇后，淑妃，你们还好吗？"

"妾等已经失宠，被废为庶人，囚在别院，没想到皇上还叫妾等的旧称。"

王皇后的话中没有丝毫的埋怨之情，反而对唐高宗的探视充满了感激。这让李治心里更加难受，他真希望王皇后能痛骂他几句，这样他心里反而会好受些。

没等李治回话，王皇后接着说：

"求皇上念及昔日的夫妻之情，把我们放出去吧。等我们出去后，就把这个院子改名为回心院。我们也没有别的奢求，只希望能终生念佛，有一个重新做人的机会。"

心肠本来就软的唐高宗岂能经受得住这催泪弹的攻击，于是立即答应："皇后、淑妃大可放心，这事朕会有安排的。"

唐高宗李治给王、萧二人留下一个美好的希望后，拍拍屁股走人了。

都说满怀希望地活着比行尸走肉般混日子要精彩得多，自从李治来过后，王、萧精神了许多。她们梦想着李治能把她们接出囚室，远离这个鬼地方。

但李治食言了，他的许诺不仅成了空头支票，还给王、萧二人带来了灭顶之灾。

此时的武则天虽然是后宫新主，但她在后宫一手遮天，耳目遍地，对王、萧二人更是严加防范。等武则天归来后，李治私会王、萧二人的事很快就传到了她的耳中。

李治的这一举动触犯了武则天的禁忌，也越过了她的底线。结果，武则天暴怒如狂，她恨李治的多情软弱，更恨这两个女人阴魂不散。

惹怒了皇后，后果自然非常严重。武则天准备出重拳，用残忍的手段彻底解决掉这两个对自己有潜在威胁的女人。

若想除去王、萧二人，李治这一关是绕不过去的，不过武则天知道李治是什么样的人，她完全有把握征得李治的同意。

"皇上不是把王、萧二人废了吗，怎么又去和她们私会呢？"

李治想不到武则天如此神通广大，连自己的一言一行也都逃不过她的眼睛，这个女人真是太可怕了。

"朕只是同情她们罢了，毕竟夫妻一场。"

"当初废掉她们，就是为让我当皇后，难道皇上反悔了？若是反悔了，就把我废了吧！"

一哭二闹三上吊，这是女人对付男人的拿手好戏，皇帝也不例外，何况李治是一个怕老婆的皇帝。

自知理亏的李治不会为两个被废的女人搞得后宫鸡犬不宁，无奈就判了王、萧二人死刑。

杀鸡给猴看，为了彰显自己的权威，让后宫的妃嫔们都屈服于自己，武则天决定让王、萧二人死得难看一些。

关于王、萧二人的死有两种记载：

据《资治通鉴》记载，武则天派人把二人拖出，各杖击一百下，然后截去手足，扔进酒缸里，历经数日折磨而死；而《旧唐书》却称她们是被绞死的。

本来指望李治能拉一把，没想到等待她们的却是高悬在头顶的大刀。就这样，两位美少妇带着遗憾和幽怨永远闭上了眼睛。再看李治，怕老婆怕到这种程度，真是少见。其实，他完全可以用自己手中的权力救王、萧二人的命，但他没有这样做。难道仅仅是怕老婆这么简单吗？应该不是，毕竟，王、萧二人已经是明日黄花，已经没有多大的利用价值了。所以，与其费尽力气拯救二人的性命，不如就此让二人从人世间消失，维护后宫的尊严。

王、萧二人死后，武则天慑服了后宫，从此，妃嫔们再也没有人敢与她争风吃醋。可见，这场杀害的最大受益者就是武则天了，她踩着王、萧二人的尸体巩固了自己皇后的地位。

让自己的儿子当太子

太子是皇帝的继承者，这个位置十分重要，武则天自然不会轻易放过。除掉王、萧二人之后，武则天没有停止前进的步伐，她把矛头对准了皇太子李忠。

皇太子李忠是在柳奭、褚遂良、长孙无忌等人的提携下当上皇太子的，这些支持者是武则天的对手，他们扶植的太子自然也是站在长孙无忌一边的。如果李忠当了皇帝，武则天的地位就岌岌可危了。

再说，按照习惯，皇后有子，就不以他人为储。如今，武则天贵为皇后，也有自己的儿子，所以，换易太子是势在必行的事情。只有让自己的儿子当上了太子，武则天的后位才能更加稳固，她的心才能真正放在肚子里。

再看李忠，老实巴交的他当太子已经整整四年了。他明白自己就是王皇后用来对付武则天的一枚棋子。如今，王皇后已经败下阵来，他的太子之位岌岌可危，武则天下面肯定会对他下手，他对于自己的处境心知肚明。既然已经没有继续装傻的机会了，于是，李忠很明智地选择了退让。

当李治接到儿子李忠求废的奏疏后，心里相当纠结。先是失去王皇后和萧淑妃，接着，儿子也要离自己而去。

虽然他知道李忠的太子就是一个摆设，早晚得换，因为他不是嫡子。但当儿子主动提出不当太子后，他又觉得非常愧疚，看着自己的骨肉任人摆布，他这个做父亲的也太不称职了。

李治突然想为这个儿子做些什么，但他又感觉什么也做不了。因为如果力挺李忠，就过不了武则天这一关，甚至会引来她恶意报复，这无疑是把李忠推入火坑；如果批准李忠的奏疏，无疑是落井下石，也太薄情寡义了。

李治陷入左右为难的境地，不知该如何是好。他突然想起了礼部尚书许敬宗的一个关于废立太子的奏折。

那是在永徽六年（655年）十一月初三，即武则天立后第三天，许敬宗便向唐高宗上了一道奏文。大意如下：太子是国家之本，皇后的儿子才是正统的太子。现任太子是宫人所生，是庶子，当初立他为太子是因为皇后没有儿子，但这不符合立嫡以贵的原则。如今，新皇后有自己的儿子，应该让李弘当太子才能服众。

官场中总有一些善于察言观色、溜须拍马的人物。礼部尚书许敬宗见自己的主子武则天已经当上皇后，他揣摩接下来肯定要解决太子的问题，于是为武则天摇旗呐喊，向太子发难。

当初，李治对这个奏折采取了冷处理，如今是时候谈一谈了。

毫无疑问，许敬宗为大唐的接班人问题着想，他的言论符合封建礼法，没什么毛病可挑。唐高宗于是召见了他。其实，更深的原因是，许敬宗解除了唐高宗的烦恼，唐高宗有台阶可以下了。

"立李弘为太子如何？"

"皇上圣明，太子是国家之本，如果不立正嫡为太子，人心不稳，整个国家就危险了。再说，李忠做太子不是正嫡，他心中不会安宁，可能有窃位之心，这不是宗庙之福啊。"

许敬宗的这些话虽然在理，不过也有些危言耸听，唐高宗不相信李忠会犯上作乱。一来，他没这个胆；二来，他没有资本这样做。

唐高宗明白，许敬宗的背后有武则天撑腰，易立太子是武则天的意思。都走到了这一步，已经不可能回头了。也许对李忠来说，不当太子是一个更好的归宿。于是，唐高宗批准了李忠的请求。

此时，武则天的势头正猛，而拥立李忠的柳奭、韩瑗、长孙无忌等人已经一蹶不振，没有能力与武则天对抗了。所以，对于废黜李忠太子的决定没有什么异议。

显庆元年（656年）正月初六，唐高宗李治降诏废李忠太子之位，改封他为梁王，担任梁州（今陕西汉中一带）都督，即日离京赴任。

就这样，14岁的李忠在残酷的政治博弈中被淘汰出局。没有强硬的后台，即使爬到了太子之位，也会被拉下来。他不怪自己的母亲不是皇后，也不怪当初拥立自己当太子的那帮大臣此刻的冷酷无情，只怪自己生在了帝王之家。他希望对自己的迫害能到此为止，让自己过安定的生活，但这只是他的一厢情愿而已，对他的打击才刚刚开始。

在李忠被废的当天，唐高宗下诏册立李弘为太子，年仅4岁的代王李弘就这样名正言顺地当上了皇太子。

让儿子当太子的愿望终于实现了，武则天的皇后之位更加牢固。她对此还是比较满意的，但她不会就此止步，因为她在朝中的势力还很薄弱，她要继续放开手脚大干一场。

清洗文武旧臣

封建统治者在取得政权和巩固地位的过程中，早晚都要清除异己，这是常事。排除异己，培养亲信，这样才能巩固自己的地位，实现自己的政治意图，武则天也不例外。虽然情敌王、萧二人死了，自己的儿子也当上了太子，但这还不够，因为她还有一大块硬骨头要啃，就是那些手握大权的反对者们。接着，武则天把矛头指向了当初反对她的文武旧臣们。

也许你会说，知足才能常乐。作为一个女人，不仅坐上了皇后的宝座，而且自己的儿子又当了太子，普天之下再也没有第二个女人能够相比。凡事都要适可而止，何必非要把文武旧臣赶尽杀绝呢？

其实，武则天何尝不想过几天太平安心的日子，但当时双方斗争形势十分严峻，不允许她绷紧的神经有丝毫松懈。那些反对者也对她虎视眈眈，一有机会就会把她从台上拉下来。

虽然武则天有李勣、许敬宗、李义府等人的支持。但许敬宗和李义府资历浅职位低，这些人的力量还比较薄弱，不足以与长孙无忌等一帮老臣相抗衡。李勣是个处事圆滑的家伙，关键时刻就脚底抹油，靠不住。

所以，武则天若想打倒长孙无忌等人，从根本上确保后位稳定，就不得不对这些文武旧臣来一次大清洗。

再看反对派，在经历换易太子的事件后，他们隐隐感觉到危险在步步逼近，好在他们还有资本与武则天对抗。这就是除了被贬到潭州当都督的褚遂良外，他们的官职基本未动，依旧身居要职。比如，长孙无忌仍然是太尉，韩瑗为侍中，来济为中书令。这些官职是反对者的底牌，也是他们最后的防线，必须死守，否则他们将死无葬身之地。

一口吃不成胖子，这些老家伙在朝中根深蒂固，一下子扳倒他们是不现实的，必须一步一个脚印，一个接一个让他们慢慢消失。

显庆元年（656年）正月，武则天让唐高宗为自己的儿子找几个好老师，以便培养治国之才。在武则天的怂恿下，唐高宗任命于志宁兼太子太傅，特设太子宾客，由韩瑗、来济、许敬宗兼任，让他们一同辅佐太子。

明眼人都看得出，把许敬宗摆到和韩瑗、来济一样高的地位，是提高支持者的地位、限制反对派的行动。

也许你会说，只要搞掉长孙无忌，其他的人就蹦跶不起来了。的确，擒贼先擒王，这不假，但长孙无忌是皇帝的股肱之臣，也是朝中威望最高的大臣，想扳倒这种重量级的人物，难度较大。而且如果贸然对长孙无忌下手，会引来朝中众大臣的反对，这种不得人心的事情还是不做为妙。

所以，武则天准备绕开这堵墙，对其他反对者下手，把长孙无忌彻底孤立起来。

武则天准备亮剑，以长孙无忌为首的反对派也不能闲着，必须接招，伺机反扑，否则连反扑的机会也没有了。

若想搞垮武则天，自然是反对的人越多越好，但朝中的臣子们见皇帝和武则天穿一条裤子，所以都不愿意蹚浑水，不敢拍着胸脯表态反对武则天。

官场中的人都习惯于自保，他们既不敢得罪武则天，也不敢得罪手握大权的长孙无忌等人，于是选择了在夹缝中求生存，更多的人做了骑墙派。

对于官场中的老油条们，反对派没辙，只好另觅他人。这时，被贬在外的褚遂良进入了反对派的视野，如果把褚遂良调回朝中，那么反对派的实力就会增加不少。于是，褚遂良的好朋友韩瑗被推出来，做了急先锋。

在韩瑗看来，褚遂良是被冤枉的，于公于私他都有责任为这位老兄弟奏请矫正，申雪冤屈。太宗时代的政风有些依然存在，贤良之臣对于国事喜欢固执己见。即使冒犯君主，也要坚持己见。但此时是唐高宗的天下，而且身边还有个武则天，死谏能行得通吗？这还得画个问号。

韩瑗已经顾不了这么多了，为了大唐江山的稳固，他必须站出来做第一个呐喊的人。

显庆元年（656年）十二月，韩瑗上疏，为褚遂良叫苦喊冤，内容大体是：贬褚遂良到潭州当都督是一个错误，是政风败坏的征兆。褚遂良廉洁自律，为国事操碎了心，被先帝视为知己兄弟，先帝在临终时选他为顾命大臣。国家的衰亡，政治的腐败，都是因为疏远贤臣的缘故。褚遂良虽然有忤君之罪，但已经被贬一年，希望陛下能赦免他。

好家伙，这长篇大论既有诚恳的说理，又有实例论证，摆出了不改正誓不罢休的架势。

在韩瑗的奏疏中，褚遂良是罕见的功臣、良臣，之所以被贬完全是因为蒙受了不白之冤，昭雪平反是必须的。韩瑗貌似为皇上着想，其实他是希望唐高宗能把褚遂良调回京城，再握相权，增加和武则天对抗的砝码。

唐高宗不是傻子，长孙无忌这些老臣像大山一样压得他有些喘不过气来，好不容易挤走一个，岂能再调回京城给自己添堵？再说，如果调褚遂良回京，武则天那里也不好交代。他虽然不想让挺武的势力过快发展，但也不愿意看到反对派的势力过于强大。

等韩瑗奏完后，唐高宗毫不客气地说："你说的话也有一定的道理，但把事情看得太严重了。褚遂良的为人，朕不是不知道，但他对朕大不敬，朕贬他有错吗？"

这次上疏已经惹得皇上很不高兴了，一般的大臣都会知难而退，不会自讨没趣。但韩瑗不是一般人，只要是他认准的事情就要做到底。

"褚遂良是大唐的栋梁之材，一直忠心耿耿，皇上不要被阿谀奉承之辈蒙蔽了眼睛，损陷忠良。"

唐高宗已经很不耐烦了，但他还是耐着性子等韩瑗把话说完。

"国家的兴亡，在于选用的是忠良之臣，还是奸诈小人。一蝇之微也会玷污白布，臣担心小人得势，大唐江山就危险了。"

好你个老小子，把我说得一无是处。别忘了，我是皇上，至高无上的皇上。

最终，韩瑗过于激烈的言辞彻底惹怒了唐高宗。

"你下去吧。"一句话便堵住了韩瑗的嘴。

朝议时，武则天也在帘后，但始终没说一句话。她观察得非常仔细，就此，韩瑗的命运已经注定了。

虽然碰了一鼻子灰，但韩瑗还是不死心，便以辞职相要挟，希望唐高宗能迷途知返，采纳自己的意见。

炒老板鱿鱼需要一定的勇气，尤其当老板还是有生杀予夺大权的皇上，这更需要足够的勇气和魄力。

想㧒蹶子不干，没那么容易。这里，我说了算。结果，唐高宗送了韩瑗两个字：不准。

无语了，韩瑗不得不承认自己败了，调褚遂良回京的梦想也只能是个梦想而已。想实现它，就得从唐高宗和武则天的身上跨过去，这无疑比登天还难。

连环重拳出击

敢和我武则天作对，让你们吃不了兜着走。

面对这帮老臣的挑战，武则天给予了有力的回击。

你们不是想调褚遂良回京吗？对不起，我不仅要打破你们的如意算盘，还要再补上一刀。

武则天准备使出连环掌，把这些反对派彻底打趴下，永远不得翻身。

显庆二年（657年）闰正月，唐高宗带着武则天行幸洛阳宫并住了下来，还在当年底宣布将洛阳定为东都。有史家说，武则天在长安宫中常被王皇后、萧淑妃的鬼魂纠缠，所以才跑到洛阳。其实，当时唐朝的疆土有所扩大，为了便于统治，才选择了政治中心东移。

调褚遂良回京的计划破产后，反对派恢复声势基本无望了，他们等待着武则天的最后一击。

虽然调褚遂良回京无望，但韩瑗还是要尽自己所能为褚遂良做些事情。在与来济等人商议后，决定利用自己手中的权力，改善一下褚遂良的处境。

同年三月，改褚遂良为桂州（今广西桂林）都督。把一条战壕的弟兄调到离京城越来越远的地方，真琢磨不透韩瑗这些人是怎么想的，难道是为了保护褚遂良而向武则天摇尾乞怜？还是在使缓兵之计？这不好推断，但可以肯定的是，韩瑗的举动让武则天抓住了把柄。

不久，拥武派代表李义府被提升为中书令。中书省是国家的政务中枢，中书令是中书省的主官，正二品，是辅佐皇帝的国家重臣。

让自己的心腹位居高官，武则天开始进攻了。

对反对派来说，这绝对不是一个好消息。山雨欲来风满楼，他们默默等待着暴风骤雨的到来。

对皇帝来说，最痛恨的事情就是臣子谋反。即使是捕风捉影，只要和"谋反"二字沾边，皇帝都会非常害怕并严加处理。

武则天便利用皇帝的这种心理，准备给反对派狠狠地插上一刀。

有道是，欲加之罪，何患无辞。如今，武则天有资本和能力来做这样的事情了。于是，就借褚遂良当桂州都督这件事大做文章。

七月，许敬宗、李义府在武则天的授意下诬奏："韩瑗、来济与褚遂良朋比为奸，密谋叛乱。因为桂州是用武之地，所以改授遂良桂州都督，意在引为外援。"

里应外合，谋权篡位，这看似没什么漏洞，但细一分析，便漏洞百出。首先，广西桂林远离东都洛阳，若想里应外合这也太扯了。大军还没到洛阳边上，就很可能被歼灭了。其次，谋反者一般都手握兵权，韩瑗、来济虽然是宰相，但没有兵权，拿什么来反？再次，即使要谋反，也会找京城手握兵权的将领，大老远扯上褚遂良，这宰相也太弱智、太荒唐了。

这明显是诬告，但偏偏有人就相信了，这人就是唐高宗。他听不得"谋反"二字，尤其是宰相抱成团谋反，这更了不得。于是，也顾不上有没有确凿的证据，立刻做出了决断：贬韩瑗为振州（今海南三亚）刺史，贬来济为台州（今浙江临海）刺史，并终身不许入朝；问题人物褚遂良被再贬到爱州（今越南清化）做刺史，王皇后的舅舅柳奭被贬到象州（今广西象州）做刺史。

一向比较软弱的唐高宗这次做得异常果断，这让满朝文武大跌眼镜。不过，大家对此都心知肚明，如果没有武则天从中挑拨，这两位宰相不会被贬到大唐南疆的荒僻之地。

不管怎么说，武则天的这记重拳使反对派元气大伤，极其被动，处于崩溃瓦解的边缘。

在这些被贬的大臣中，褚遂良最惨了。想想曾经的辉煌荣耀，再看看如今的落魄，这一落千丈的悬殊差距让人很难接受。本想着凭借朝中老朋友们的帮忙能重返朝堂，没想到却受到牵连被一贬再贬，心情自然是差到了极点。

反对派的势力遭到了武则天空前的打击，已经没有了反败为胜的机会。好汉不吃眼前亏，能屈能伸才是大丈夫。到了爱州后，褚遂良经过深思熟虑，决定上表乞怜，希望能够取得唐高宗的谅解和宽容。

"陛下，老臣是有功的，曾反对李泰为太子，与无忌等四人拥立陛下当太子。先帝临终时，臣独与无忌二人受遗诏。陛下抱着臣的脖子痛哭，臣曾加以宽慰。臣还与无忌奉陛下还京，使内外安宁。臣力小任重，多次忤逆圣意，今成蝼蚁微贱之躯，望陛下哀怜，让臣安度晚年。"

句句情真意切，字字饱含感情，这是一个失势老臣的肺腑之言。残酷的政治斗争已经磨灭了他的锋芒，只希望能得到皇帝的肯定，能有一个美好安宁的晚年。

表章递上去之后，却是石沉大海，杳无音信。

人都是有感情的。按理说，褚遂良曾是唐高宗的左膀右臂，唐高宗看到这字字血泪的表章后不可能无动于衷，一定会拨动他心底那根感情的弦。

但唐高宗为什么就没反应呢？《新唐书》推断，是被老婆武则天管住了。其实，唐高宗从一开始决定抛弃褚遂良时，就没想着让他好过。如今走回头路不仅得罪武则天，而且也是对自己言行的一种否定。皇上永远都是对的，尊严更加重要。为了面子，他不会承认自己错了，更不会因为怜悯一个老臣而让自己颜面无光。

既然选择了这条路，就得咬牙走下去。

唐高宗只能把对这名老臣的所有感激之情深藏在心底，表面依旧是冷漠无比。

自己曾为大唐的兴盛立过大功，没想到却换不来皇上丝毫的肯定和怜悯，这给褚遂良的身心造成很大的打击。

哀莫大于心死，褚遂良一下子找不到活下去的理由了。

显庆三年（658年）冬，褚遂良在爱州郁郁而终，时年63岁。

人无完人，褚遂良也是如此。他历经太宗高宗二朝，是个避不开的重要人物。虽然有些政治见解并不高明，甚至诬陷过宰相刘洎，导致刘洎被太宗冤杀。但他为大唐立过汗马功劳，这一点是不容否认的。另外，他还是著名的书法家，博闻广记，是个实打实的人才。

可惜，褚遂良最终成了权力斗争的牺牲品。刚毅忠贞的他竟然落个如此凄惨的下场，可悲，可叹！

砍掉最后一棵老树

清除了枝蔓之后，武则天需要面对的就是一棵光秃秃的老树——长孙无忌了。砍掉最后这棵老树已经没有任何悬念可言，只是个时间问题。武则天想什么时候砍，就什么时候砍，只需高举起斧头而已。

再看长孙无忌，从太宗高宗两朝叱咤风云的人物败落到砧板上任人宰割的肉，何以会有如此之大的落差呢？

若想解释这个问题，就得了解一下长孙无忌这几年的心态。自武则天当了皇后以后，这位反对派的核心人物就很少抛头露面，而是沉迷于埋头著书了。

人只要专注于一件事，总会出成果的。这不，对朝廷争斗失去兴趣的长孙无忌在著书立说方面取得了不小的成绩。

从显庆元年（656年）起，长孙无忌与史官、国子监祭酒令狐德棻陆续编出了武德、贞观两朝《国史》80卷。成书后，唐高宗赏赐绸两千匹。

另外，他还组织史官编撰了梁、陈、齐、周、隋《五代史志》30卷，组织礼官修成了《显庆新礼》130卷。

在著书方面，长孙无忌可谓是硕果累累。当时外面已经厮杀得天昏地暗，他却稳坐书斋，气定神闲，游走于文字间，不亦乐乎。

后世史学家对长孙无忌的表现说法不一。有的史学家认为，反对派在后期的绝望反抗都是幕后的长孙无忌一手策划的；也有的史学家认为，长孙无忌预感到有皇帝撑腰的武则天不好对付，为了避祸，选择了隐身后退；也有的史学家认为，长孙无忌心灰意懒，无能为力，只能眼睁睁看着武则天在朝堂上得势。

我觉得长孙无忌是从大局出发，为了大唐江山的稳定，不得已而选择了著书立说。因为以长孙无忌为首的反对派虽然处于劣势，但百足之虫，死而不僵。如果使出全力与武则天对抗，一大批既得利益者为了维护自己的利益，会选择与武则天为代表的势力死磕到底。这样，只会让大唐陷入无休止的政治纷争中，这是长孙无忌不愿意看到的。因为他对大唐有着非同一般的感情。

我们知道，大唐虽然是李渊缔造的，但在贞观时期，长孙无忌作为灵魂人物再造了这个国家。对他来说，大唐就像他的孩子一样，他不能把皇帝李治怎么着，只能看着一个女人渐渐坐大，控制了皇帝和朝政。这虽然是他不愿意看到的，但却能够避免一场无谓的纷争甚至叛乱。为了不损耗大唐的元气，他只能选择放弃反抗，承受着让他痛心的改变。

如今，在韩瑷、来济、褚遂良等相继被贬逐后，长孙无忌明白，他注定躲不过这个劫数，必须要面对对手的攻击了。不过，当面对这些官场小丑们举起的大刀时，他无惧，也无悔。因为他早已把生死荣辱置之度外。

对于长孙无忌的改变，武则天也看在眼里。不过，她不相信这位老臣是主动放弃了反抗，而认定这位老臣是真正的谋后主使。对于异己，她从来都不手软，她即将发起攻击，彻底扑灭反对者的火焰，不留丝毫火星。

显庆四年（659年）四月，距褚遂良死已经有半年时间了，一件偶然发生的事情成了武则天集团发力的突破口，也成为长孙无忌人生的转折点。

有一个叫李奉节的洛阳人告发太子洗马（东宫掌图书的官员）韦季方与监察御史李巢勾结朝中权贵，结党营私。朝中权贵所指何人？不言自明。所以，不得不怀疑这件事是许敬宗事先策划好的，是为扳倒长孙无忌找的由头。

当初，在废立皇后之际，许敬守为武则天当说客，结果被长孙无忌臭骂一顿，他一直在寻找机会出这口恶气。如今时机成熟了，他要与这个"老家伙"好好算算这笔账。

再看武则天，她在谋取后位时，也遭遇了这个"老家伙"的冷遇，相当没面子。现在，她要把丢失的面子找回来，让这个"老家伙"付出应有的代价。

新皇后和新宰相的联手，已经判定了长孙无忌的死刑，他注定逃不脱已经为他布下的天罗地网。

当时人人都想当大官，都想握有更大的权力。因为拥有权力后，就可以实现自己的欲望，谋取更多的利益。如今，爬到宰相位置的许敬宗要发力了，不仅仅是为了巩固主子武则天的地位，还为给自己谋取更多的利益。

许敬宗此时也已官居中书令，并兼大理寺卿。大理寺的官员全是他的党羽，他想制造个冤假错案，再简单不过了。于是，他准备从韦季方下手，把长孙无忌拉下马。

被许敬宗盯上的人，注定是无路可逃，韦季方跑不了啦。

让韦季方自告与长孙无忌有勾结，这件事就妥了。本以为会顺顺当当，没想到却遇到了一块儿硬石头。

任凭大理寺官员软硬兼施，许诺了一大堆好处，但韦季方就是不买账。他的良心告诉他，人不能无耻到这种地步，让他陷害长孙无忌，还不如让他去死。

牢狱之苦不是随便一个人就能忍受得了的，没几天工夫，严刑逼供已经使韦季方没了人样。他预感到自己很难活着离开，便寻机自杀，虽然自杀没有成功，但也危在旦夕，随时都会两腿一蹬，一命呜呼。

碰到这种认死理的人，再继续审下去也不会得到口供。趁还有一口气在，许敬宗决定造假，上奏诬告：韦季方与长孙无忌欲陷忠良，勾结谋反。

本以为是韦季方与李巢不怀好意，没想到背后还"隐藏"着长孙无忌这样的大人物。这让唐高宗一时难以接受，毕竟长孙无忌是他的舅舅。抛开亲戚这层关系不说，长孙无忌是大唐无人能比的功臣，如果连这样的人都谋反，那大唐岂不危险了？

唐高宗虽然不相信长孙无忌会站在自己的对立面，但也推翻不了许敬宗的"确凿证据"，于是命许敬宗的心腹侍中辛茂将再次核实证词。

在这里，唐高宗的心态值得琢磨一番。如果他真心想搞明白这件事，就不应该再派许敬宗的心腹核查这件事，这明摆着就是走走过场，所以有作秀之嫌。

历代帝王都对功高震主的臣子心存忌惮，总想着法子要把这些重臣踩在自己脚下，这样才能睡个安稳觉。

唐高宗虽然对长孙无忌心存感激，但他不愿意永远活在这位老臣的阴影之下。他内心非常渴望把这位老臣赶下台，如今机会来了，他自然不会错过。

辛茂将复查的结果再次"证明"长孙无忌犯罪无疑。当真正要对这位拥立自己当太子并受遗诏辅政的舅舅下手时，唐高宗又有些于心不忍。

"辛茂将所奏不可信，舅舅不是这样的人。"

许敬宗明白，必须趁热打铁，否则将前功尽弃。

"臣详细推究，长孙无忌反状已露，陛下若再犹豫的话，大唐的江山社稷就危险了。"

一个失势的老臣能有这么大的能量？许敬宗这话太危言耸听了。不过，这正好切中了唐高宗的脉搏，只要是对他的帝位有威胁，不管是谁，都不可活。于是，他狠狠心决定对长孙无忌下手了。

许敬宗第一时间把这个好消息报告给武则天，武则天自然非常兴奋。看着与自己作对多年的最强悍对手将要倒台，她心里那个美呀，好像中了500万大奖，用一个字形容那就是爽。

再看长孙无忌，虽然他听到了许敬宗陷害自己的风声，但他依然那么自信，没把这当回事儿。因为他打心眼里就没把野心勃勃的武则天放在眼里，对跳梁小丑许敬宗更是嗤之以鼻，还有一个更重要的原因就是他不相信唐高宗会对他下手，毕竟是自己亲手把他扶上帝位的。他把宝押在了唐高宗身上，他不相信他的这个外甥是个无情无义的人。

有时候自信过头就会变成自负，长孙无忌即将为他的自信和清高付出代价。

其实，宫廷政治掺不得半点儿人情，否则失败的人必定是你，长孙无忌犯了大忌，这注定他必败无疑。

果然，唐高宗的圣旨不久便摆在了他的面前：

削无忌太尉官爵及封邑，以扬州都督的身份安置到黔州（今重庆彭水），仍按一品官员的待遇供给饮食。

对长孙无忌来说，这无疑是一个晴天霹雳。虽然他内心做好了最坏的打算，大不了就是不做官了，在京城终老应该是没问题的，但如今却要被贬到黔州，这让他太失望了。皇上为何如此狠心，一点儿旧情也不念呢？

问题越来越严重了，长孙无忌隐隐感觉到那把头顶上悬着的大刀正慢慢落下来，他已经无路可逃了。在官场摸爬滚打多年的他明白，这次的劫数是躲不过去了。

在《唐六典》中有一段关于一品官员供给标准的描述：每日细白米二升，粳米、粱米各一斗五升，粉一升，油五升，盐一升半，醋三斤，蜜三合（十合为一升），梨七颗，酥一合，干枣一升，木撞十根，炭十斤，葱、韭、豉、蒜、姜、椒之类各有差。每月给羊二十口、猪肉六十斤、鱼三十尾、酒九斗。

如此丰富的物质供给一个有谋反之心的罪臣，这真有些荒唐。不过这也从侧面反映了唐高宗心虚，毕竟，他要贬的臣子曾扶他当上皇帝，并竭力辅佐他治理江山。拿舅舅开刀，他于心不忍。

人都是有感情的，皇帝也是如此，但在其位谋其政，皇帝有时候会做一些常人看来是不讲情面甚至冷血无情的事情。这就是权谋。如果身在这条大船上，就不能让人情世故成为前进路上的绊脚石。

总之，长孙无忌就这样远离了权力中枢，他败得很彻底，不过好歹捡了一条命。他以为不会再有比这更坏的结果了，不过他想错了。斩草除根历来是武则天奉行的行为准则，既然举起了刀，就没准备放下。她绝对不会留下一个活口，让自己睡不着觉。

长堤既然被冲开了一个口子，就难免决堤，更大的打击汹涌而至。

长孙无忌离开京城不久，许敬宗再次上奏："无忌谋逆，由褚遂良、柳奭、韩瑗构扇而成。柳奭仍潜通宫掖，谋行鸩毒。于志宁亦党附无忌。"

这明显是落井下石，一不做二不休，要把反对武则天的几大人物统统置于死地。一个曾经官位显赫的大臣一旦失宠，命运就由不得自己把握了，连随波逐流的机会也没有。

接下来，新一轮的打击便开始了。

唐高宗下诏：追削长孙无忌的官爵，除去柳奭、韩瑗名籍，免掉于志宁的官职。不仅这些大佬们被贬逐免官，连他们的子孙也没能幸免。比如，褚遂良的儿子彦甫、彦冲等被流放爱州，不幸在半途中被杀；长孙无忌的儿子，秘书监、驸马都尉长孙冲等也被除名，流放岭南。

这些老臣们都已经失势，再也掀不起什么风浪了。其实，完全可以给他们一个平淡安静的晚年，但对唐高宗和武则天来说，不管这些人是否得势，活着就是一种威胁。

历代朝堂上的政治斗争都异常残酷，不是你死就是我亡。如果失败了，就没有了任何权力，想活命都是一种奢望。

长孙无忌离京的三个月间到底发生了什么事，我们不得而知。不过，武则天的枕边风肯定是少不了的。

也许过程并不重要，结果才是大家最关注的。在这一百天左右的时间里，形势发生了极大的变化，唐高宗变脸了，长孙无忌即将面对扑面而来的终极挑战。

七月，唐高宗命李勣、许敬宗、辛茂将、任雅相（兵部尚书）、卢承庆（户部尚书）五位大员，共同复查长孙无忌一案。

其实，这个案子早已定性，为何还要复查？唐高宗是要把此案升级，还是有意要放长孙无忌一马？模棱两可的唐高宗让人琢磨不透。

替皇上办差，最可怕的事情就是摸不准主子的态度，很可能就会把自己也搭进去。不过，许敬宗却不这么认为，他拿着鸡毛当令箭，觉得这是彻底搞垮长孙无忌的绝佳时机。他选择了武则天的忠实粉丝中书舍人袁公瑜，冒着酷热的天气赶赴黔州再审长孙无忌"谋反"一事。

袁公瑜明白只要长孙无忌这个"老家伙"活着，自己的主子就睡不了安稳觉，必须借此机会了了主子的这桩心事。

长孙无忌在位时，袁公瑜还比较惧怕这位老臣。如今不同了，落毛的凤凰不如鸡，他完全可以把这个"老家伙"玩弄于股掌之间。

为了取得株连别人的供词，袁公瑜软硬兼施，逼长孙无忌就范，结果被长孙无忌严词拒绝了。

真是茅坑里的石头又臭又硬，架子都倒了，还硬撑着死要面子。袁公瑜准备亮出他的底牌了。

"你为何不自缢谢罪呢？你死后，我总会想办法在你的供词上替你签名的。"

这是赤裸裸的威胁和恐吓。既然到了山穷水尽的地步，再硬扛下去也不会有什么希望可言，而且还会连累更多的亲属和朋友。好歹自己还有选择如何了断自己的权力，于是长孙无忌选择了自缢身死。

很遗憾，曾经显赫一时的一代名臣就这样被活活逼死了。

袁公瑜的阴谋得逞后，马上具状上奏，说"铁证如山"，完全属实。

于是对这些"有谋反之心"的臣子，唐高宗准备痛下杀手，再次下诏：斩柳奭、韩瑗，籍没三家，近亲流放到岭南做奴婢。

结果，柳奭被杀于象州。虽然韩瑗已经死在振州的天涯海角了，但还是被疯狂的袁公瑜开棺验尸，验明正身后，才返回复命。而长孙氏、柳氏被贬降的有13人，于氏9人。

就这样，武则天当上皇后以后，长孙无忌、褚遂良、韩瑗都死了。被贬为台州刺史的来济在和进犯的突厥战斗时冲入敌阵，最终死于乱军之中。除了于志宁和李勣，太宗皇帝当年开国的元老大臣们都死在了冤狱之下。朝堂上的大臣为了活命，只好对武则天奴颜婢膝。

在这场斗争中，以长孙无忌为首的反对派彻底失败了。而幕后主使武则天虽然手上没沾一点儿血，却是一个真正的胜利者，她已经把大唐江山牢牢地控制在自己手中。

小人得志便猖狂

在对这些文武旧臣进行清洗的过程中，武则天所依靠的力量依然是支持她争夺皇后之位的那些人，即丈夫唐高宗和一些职位较低不得志的官吏。唐高宗支持她，不仅是因为与她感情深厚，唐高宗自己也想借此挣脱那种有形无形的束缚，摆脱元老旧臣们挥之不去的阴影，真正独立起来。而这些官吏支持她，无非就是想通过政治斗争获得更多的政治经济利益。如果剥去表皮，实质就是互相利用，各取所需。

的确，武则天通过这些人打倒了反对者，巩固了自己的地位，而这些人也得到了重用，获得了享用不尽的荣华富贵。

都说小人得志便猖狂，如今在武则天扶植起的新贵中，就有这样的得志小人，最突出的代表人物就是李义府和许敬宗。

先看李义府，由一个无名小卒直线飙升为二品大员（中书令），如同坐火箭一般。他不但得到了高官厚禄，而且得到了让人羡慕的宠信。

仗着有武则天庇护，李义府狂傲起来，想干啥就干啥，简直无法无天。最有代表性的一件事是这样的：

显庆元年（656年）八月，好色的李义府看上了一位颇有姿色的女犯人，心里便开始痒痒。于是便买通了大理寺丞毕正义，释放了这位女犯人，准备将她纳为妾。

其色胆包天由此可见一斑。

李义府置国法于不顾，他的行为严重损害了大唐官员的形象。没有不透风的墙，当大理寺卿段宝玄得知这件事后，立即上书揭发了李义府的可耻勾当。

大唐的官员竟然龌龊到这种地步，必须要彻查，于是唐高宗立即安排给事中刘仁轨等调查此案。

刘仁轨是一个正直而无私的人，在他身上做不了文章，于是李义府便一不做二不休，设法逼死了那个被他收买的毕正义。这样就死无对证，谁也奈何不了他李义府了。

的确，虽然秉公办案的刘仁轨知道李义府是杀人灭口，但苦于抓不到他的把柄。唐太宗对此事也睁一只眼闭一只眼，并没有深究李义府的罪责。结果，只能不了了之了。

李义府的报复心相当强烈，虽然刘仁轨没给他造成什么麻烦，但却得罪了他。显庆四年（659年），李义府借故调刘仁轨任青州（今山东青州）刺史，算是出了心头的那口恶气。

在《旧唐书》中还有这样的记载：李义府仗着武则天的宠信，还干一些卖官鬻爵的勾当。这件事传到了唐高宗的耳朵里。眼见自己的臣子如此不作为，唐高宗决定敲打一下这个狂傲的人。

"听说你的儿子和女婿很不谨慎，干了一些违法的事情，让他们不要这样干了。"

皇帝都这么说了，做臣子的应该说皇上教训得对等能让人下得了台的话。没想到李义府的脸色突然变了，说出的话更是让人瞠目结舌。

"谁告诉陛下的？"

这种带着质问口气说出的话，就是要从皇上嘴里掏出打小报告的人。真是不知天高地厚！

"我就是这样说的，何必要问我从哪里听来的？"

李义府竟然还不认错，缓步离开了。唐高宗虽然不高兴，但还是容忍了他的行为。

唐高宗之所以如此放纵李义府，并不是因为他德高望重，有了不起的政绩，只是因为李义府是拥立武则天为皇后的重要人物而已。虽然李义府才思精密，他的文章也有一定的文采，但这不足以让他狂傲到这种地步，他终将为自己的狂傲付出代价。

再看许敬宗，虽然他是一个学识渊博、文采出众的人，总揽修撰《五代史志》《晋书》《西域图志》等书，对中国文化的发展作出了很大的贡献。但同时，他又是一个歪曲历史、陷害异己毫不留情的人。关于这一点，前面已经提到很多了，在此就不展开说了。

李义府和许敬宗这些人得志后的猖狂让人不屑，他们在这场宫廷斗争中因为站对了队伍、选对了主子，在武则天与长孙集团博弈的这盘大棋中获得了完胜。但历史对他们自有评断。

一夫一妻制生活

在这场大清洗中，唐高宗扮演了一个下发圣旨的角色，表面看没有什么立场，而且懦弱的他忠奸不辨，这种行为在千年之后被人所不齿。其实，他借此也达到了自己的目的，那就是他脱离了长孙无忌等老臣的阴影，第一次有了真正做皇帝的感觉。再没有人能左右他的言行了，他有一种从笼子中被放飞的自由感。但他真的获得自由了吗？其实，他突破一副枷锁后，又有一副新的枷锁悄悄套在了他的脖子上，这就是唐高宗遭遇了大权旁落的尴尬局面。

在武则天面前，唐高宗好像一个长不大的孩子，什么事情都要这位皇后关心照顾。在朝议时，唐高宗遇事犹豫不决，而武则天很有魄力，能就事做出正确合适的决断。因为没有了诸如长孙无忌、来济等的反对，武则天渐渐参与朝政，和群臣议事，而群臣对她的指示都唯命是从，没有一个人敢说个"不"字。朝政上虽然因没有了异议的声音而顺利无比，但这不见得就是一件好事。腐败的出现在所难免了，关于这一点我们后面再说。

从永徽五年，唐高宗就时患头晕，并有关节炎。两年后，两臂麻木，经常不能上朝，即使坐朝，精神也不能集中。就这样，朝政之事就慢慢落到了武则天身上。

在朝堂上，唐高宗感觉自己几乎成了摆设，这也怪不得别人，毕竟是自己身体不行。可在家里，他也郁郁寡欢，因为日子过得那叫一个憋屈。

依照唐朝皇室的规矩，皇帝有一后、四妃、九昭仪、九婕妤、四美人、五才人、八十一御妻。皇帝可以对任何一个后宫佳丽施与恩泽。在别人眼中，皇帝是生活在美人堆里，有享受不尽的艳福，唐高宗精力亏损严重就是一个很好的证明。

其实，唐高宗虽然贵为皇帝，却过着一夫一妻制的生活，真是心中有万分苦，却没地方去说。在武则天的雌威之下，没有哪个妃嫔敢接近皇帝。唐高宗也没这个机会，摊上武则天这么一个强悍的皇后，真是悲哀。

武则天这样做自有她的一番道理，她认为女人太多对皇帝的身体健康不利。为了减少妃嫔的数目，就改革了后宫制度，创立了一个新制度：比如将皇妃改成二人，名叫"襄德"，官居一品；二品有四人，名叫"劝义"；其他宫女也各有所司。这样一来，后宫的仁义道德之风极盛，而唐高宗内心的苦就只有他一个人知道。

虽然后宫佳丽无数，却只能面对武则天这一张面孔，所以自从武则天得势后，唐高宗的孩子都是由武氏所生。

这样的生活让唐高宗感觉无比乏味，本以为这日子就只能这么过了，但一个人的出现让他的激情又燃烧起来。

这个人就是武则天的姐姐武顺，也就是唐高宗的大姨子。这个女人本来嫁给了越王府法曹贺兰越石，岂料丈夫病死，她只好孀居在家。武则天当皇后以后，她被封为韩国夫人。因为是武则天的姐姐，所以能自由出入宫廷，在宫中还有居室。

这样一来二去，韩国夫人就和唐高宗混熟了。一个是寡居多年的女人，一个是被限制和女人交往的皇帝，二人不觉对对方钟情起来。

姐姐忽然间容光焕发起来，唐高宗连走路都哼着小曲儿，武则天的直觉告诉她这不正常。当她发现自己的姐姐和自己的丈夫之间的秘密后，她的心都凉了。

姐姐怎么能干这种事呢？她把我这个妹妹往哪里摆？

武则天不仅无比寒心，而且内心也充满了怒火。

对任何一个威胁到自己利益的人都毫不手软，这是武则天的原则。所以从这一刻起，韩国夫人便被判了死刑。

一天，韩国夫人中毒了，倒地后抽搐几下便死了。

皇后的姐姐被毒死，这还了得。后宫的人都噤若寒蝉，生怕自己被拉下水背黑锅。奇怪的是，武则天对此无动于衷，好像韩国夫人的死和她一点儿关系都没有。

要知道，在御膳房里，皇家设有专门的官员监视烹调，任何人都没有搞阴谋的余地。只要下令彻查，一定能揪出杀人凶手。

既然一手遮天的武则天没有调查的意思，唐高宗也不好说什么，只能认为韩国夫人是自己吃错了东西或者是不想活了自寻短见。不过，唐高宗骗不了自己，他明白韩国夫人中毒暴毙和武则天脱不了干系。他不能接受的是，这个每天和自己同床共枕的女人怎么能狠下心对自己的亲姐姐下毒手！

太可怕了，太残忍了。

韩国夫人的离世，让唐高宗再次陷入孤独之中。那种心中有万千郁闷却无人可以倾吐的感觉快把他逼疯了。有韩国夫人的例子摆在那里，宫中的女人见了唐高宗就像碰到瘟疫一样，能躲多远就躲多远。

自己可是大唐的天子啊，怎么混到这种地步了呢？

一个人的心情好坏对身体的健康与否影响很大。如果你天天有一个好心情，身体就会越来越健康。唐太宗的心情却怎么也好不起来，所以他的身体也越来越差，不断头晕，骨头疼痛，筋肉麻木。有时候，他甚至怀疑自己将不久于人世了。

一个皇帝活到这个份儿上，真是一个悲剧。

虽然唐高宗有想为韩国夫人讨回公道的冲动，但一见到武则天就蔫了。毕竟，他与韩国夫人是私情，他羞愧张不开嘴，而且他也胆怯，害怕武则天的责问。

为了纪念韩国夫人，唐高宗把韩国夫人的女儿封为魏国夫人，算是对天上的韩国夫人的一种告慰吧。

对门阀制度下手

我们暂且放下唐高宗的婚姻生活不谈，看看武则天还有什么作为。接下来，她要变革门阀制度，维护已经取得的成果。

我们先来了解一下门阀制度。

所谓门阀制度，就是魏晋南北朝时期朝廷通过法律的形式对门阀士族的政治经济特权和优越的社会地位予以确认的制度。此制度形成于东汉，魏晋南北朝时盛行。

从汉武帝时候开始，由于当局非常崇尚儒学，所以当官的多以读经起家。他们喜欢授徒讲学，门生故吏遍天下，渐成势力。到了东汉中期，就有了世代为官的"大姓"。东汉后期，农民大量破产，土地兼并严重，出现了一大批大地主。三国时期，由于战乱，农民大量破产，土地兼并进一步加剧。

东汉末年和三国时期是门阀制度发展时期。这个时期门阀制度发展的另一个体现，就是魏的人才选拔制度——九品中正制。这个选官的办法后来被诟病是典型的暗箱操作，即由各郡推选出有声望的人做"中正"，再将人才按照才干分为九等，以备朝廷分配职务。选谁不选谁全由主持选拔的"大中正"说了算，因此推举上去的人都是豪门子弟。这样一来统治阶级完全被大地主、大豪强所控制。

南北朝时期，门阀制度发展到顶峰。大地主、大豪强控制了一个国家的大部分。豪门士族，上欺皇帝，下压寒门，成了谁也碰不得的"精英阶层"。他们在国家的经济、政治上都占据着统治地位，这就造成了"上品无寒门，下品无士族"的森严等级制度。

门阀制度圈起来的是最肥的一块特权，而特权是腐败滋生的温床，所以特殊的地位造就了一大批骄奢淫逸之徒，也就为门阀制度的没落埋下了伏笔。

总的来看，僵化的门阀制度严重阻碍了社会的流动，大地主、大贵族、大官僚为了维护本阶级的利益，彻底固化下层，使得底层百姓无法通过自身的奋斗实现自己的梦想。隋唐开科举，彻底终结了魏晋南北朝时期流行的门阀制度，弱势群体可以通过科举考试这一相对公平的途径获得进入上层的机会，这就促使了门阀制度的没落。

百足之虫，死而不僵。任何一种过时的旧制度都不会主动退出历史舞台，若想彻底终结，当局者需要有足够大的魄力和相当强的能力。

隋文帝时实行科举制，算是向门阀制度发起的第一轮攻击。但万事开头难，直到唐初，科举制取官的人数还是非常少。一科只有几十人，晋升速度也非常缓慢。当官的主要渠道还是靠门第、荫庇，或者靠大树、抱粗腿。

大唐帝国建立依靠的基本力量是关陇集团，唐太宗非常重视这群人，但一向对传统意义上的"真正的贵族"山东士族不太感冒。为了抑制这些人的臭架子，拔高以皇族为首的关陇士族的地位，太宗特意指派吏部尚书高士廉领衔编撰《氏族志》。

高士廉，名俭，字士廉，渤海蓚（今河北景县）人，是典型的山东士族。

他是长孙皇后和长孙无忌的亲舅舅，本人身世显赫。他长于行政，精于文学。在"玄武门之变"中，他和外甥长孙无忌一块儿参与了密谋，为李世民当皇帝立下了汗马功劳。因而在贞观年间，他官运亨通，历任侍中、安州都督、益州大都督府长史、吏部尚书、尚书右仆射、同中书门下三品，封申国公。

他接到命令后，广搜各地豪门家谱，依据史书辨别真伪、考证世系，按"门第高下"把全国各大姓分为九等。

高士廉太实在了，他把山东望族崔民干列为一等，其余山东卢、李、郑等大姓也都列为高等，排名在皇族的关陇李姓之前。

因为没有领会皇帝的真实意图，自然避免不了挨训。

这次，唐太宗把话说白了，"不论数世以前，只取今日官爵高下作等级。"但高士廉有自己的原则，也比较倔强，他认为既然是编撰《氏族志》，就不能太离谱。结果，一本比较折中的《氏族志》出炉了。

皇族李姓被列为一等，外戚被列为二等，崔民干被列为第三等，绝大部分有军功而非士族的人都未列入。可见，他骨子里仍旧以门第为标准。

显而易见，唐太宗编修《氏族志》就是为了打击那些不利于自己统治的旧门阀，扶植在唐朝建立和统一过程中立有战功的谋臣猛将，以便巩固大唐王朝的统治。

虽然《氏族志》的问世在一定程度上起了作用，但随着时间的推移，《氏族志》成了旧士族的护身符和社会不安定的因素之一，成了阻碍"寒庶"晋升的一大障碍。

其实，长孙无忌、褚遂良与李义府、许敬宗之间的矛盾斗争不是简单的个人恩怨，而是不同阶层利益冲突的集中体现。武则天若想保住来之不易的地位和利益，就必须从门第等级上对这两个派别的地位进行调整。

此时，武氏家族的势力不容小觑，但门第却没什么改变，还是一个地方富商，不在《氏族志》里。于是，武则天加快了改革的步伐。

如果说唐太宗颁布《氏族志》对山东士族只是一个小地震的话，武则天要做的就绝对是让山东士族感到胆战心惊的大地震。因为这个女人做得直接又彻底，那就是打击士族，抬高寒门庶族，把门阀制度这一页完完全全地翻过去。

　　显庆四年（659年）三月，在即将对长孙无忌进行最后打击的同时，武则天奏请修改《氏族志》。李义府也觉得自己家族榜上无名是一种无法忍受的耻辱，于是也予以附和。所以，唐高宗便下令"废除祖宗之成规"，命礼部郎中孔志约等十二人主持修订，不让任何士族人士介入，改《氏族志》为《姓氏录》。

　　《姓氏录》的编写原则是，不问你是豪门还是寒门，只按官职的高低来取舍。目的是提高皇后武则天和现任重要官员的门第。

　　《姓氏录》共有二百卷，比《氏族志》多出一百卷，但是士族却少了48姓、1364家。另有一批人进入了新士族的行列。姓氏共分为九等，武氏作为皇后一族进入了第一等的前茅，与长孙皇后家族并列。其他的就不一一列举了。此举一出，天下寒士看到了向上爬的希望，个个都欢欣鼓舞。

　　可见，《姓氏录》彻底打破了士庶界限，只按官阶排等级，甚至由军卒起家的五品官也可以获得与昔日士族同等的地位。这对旧士族包括贞观士族打击力度之大是前所未有的。士族们对此极度鄙视，又奈何不得武则天，便给这个新名录起了个新名"勋格"，即官阶表，来出一出心中的那口恶气。

　　虽然一些"士大夫"对此极度不满，但这些新鲜血液的融入为大唐政治带来了活力，而且广大庶族也有了跻身仕途的希望。武则天因而获得了更加广泛、雄厚的支持，所以这一改革取得了巨大的成功。武则天通过唐高宗手中的权柄实现了自己的愿望，她会就此止步吗？事态的发展远远超出了武则天的预估，甚至连她自己也想不到她会做到古人未做之事。

第五章

女人搞政治

辅政的一把好手

回老家秀一把

排除异己和扶植新贵行动的成功让武则天在朝中稳如泰山，再也没有人能够撼动她这棵大树了。没有了后顾之忧的武则天突然有了一种要衣锦还乡的强烈冲动。

自古以来，中国人衣锦还乡的心理非常普遍。许多人都选择用衣锦还乡的方式来满足自己的成就感和虚荣心。楚霸王项羽说："富贵不归故乡，如衣锦夜行，谁知之者！"他是这么说的，也是这么做的，硬是把国都定在自己的故乡。虽然很酷，结果也成了他战败的一个因素。如今武则天不一样，她不用担心后院起火，可以放心地到老家炫耀一番了。

真是想什么来什么。

显庆五年（660年）正月，因为在朝鲜半岛用兵，唐高宗率领百官离开东都洛阳，去北方就近指挥，初步拟定在山西并州驻驾。

并州是当时的四大都督府之一，是唐初北部的重镇。我们知道，并州也是武则天的祖籍之地。贞观九年，武则天的父亲在荆州都督府病故，她随母扶灵柩回并州祖籍葬父，在这里度过了苦不堪言的一年。

有道是：天将降大任于斯人也，必先苦其心志，劳其筋骨，饿其体肤，空乏其身，行拂乱其所为，所以动心忍性，增益其所不能。可见，一个人遭受苦难并不一定是件坏事，因为苦难更能磨砺人、锻炼人。苦难是人生的一剂良药，是人生的一种催化剂，是人生的一个加油站。想想自己在并州遭受的苦难，武则天没什么怨言。因为如果没有这段孤苦伶仃的日子，也许她就不会走入后宫，更不会有如今母仪天下的身份和地位。

洛阳到并州大约是八百多里，从洛阳出发北上，一个月时间就能到达并州。武则天便借唐高宗这次驻驾并州的机会回老家看看。

在仪卫的簇拥下，武则天回到了阔别二十多年的故乡。当踏上故乡的土地时，武则天感慨万千，那个曾经被人欺负的黄毛丫头已经成为历史，武则天已经今非昔比，再没有人能够对自己指手画脚了。看着跪拜在自己脚下的官员和百姓，武则天很得意，她非常享受这种高高在上的感觉。

衣锦还乡、荣归故里的人都不吝啬，他们都非常享受那种被家乡众人膜拜的感觉。武则天是一国之母，自然更不会吝啬。

在并州，唐高宗和武则天举行了盛大的赏赐和祭奠。据史料记载，唐高宗设宴招待从官及诸亲、并州官属和父老，免费吃喝三天，还分别赏赐了功臣子弟。

武则天还以一国之母的身份在并州行宫的朝堂上宴请亲戚故旧和邻里乡亲。大家喝酒狂欢，各种奉承话不绝于耳，场面热闹无比。因为武则天没少受这些人的照顾，所以对他们都分别进行了赏赐。还以高宗的名义宣诏：并州妇女年八十以上，皆版授郡君（四品到五品的官衔），仍赐物等。

如此隆重的场面非常少见，可见唐高宗给足了武则天面子。这是众人都欢天喜地的日子，文水县的人们特别高兴，武氏家族更加神气。凡是有女孩的家长都以武则天为榜样，都这样教育自己的女儿：看到没？当皇后多威风，你以后也要向人家学习。

只可惜普天之下只有一位皇后，注定许多女孩子都没有这种福气，当然父母望女成凤的心情是可以理解的。

武则天和唐高宗在并州待了两个多月，直到百花竞艳的四月才双双从并州返驾洛阳。

女人也能搞政治

做贤妻良母是古代女子的终极奋斗目标，武则天虽然贵为皇后，但也应该效法"先贤"，老老实实地母仪天下。都说女人不可搞政治，但武则天不信这个邪，偏偏不走寻常路，她觉得政治舞台才更适合施展自己的才华。

在武则天之前，历史上表现强悍的女人要数汉高祖的皇后吕雉。她开启后宫问政、外戚把持朝政的先河，垂帘十五年。武则天能超越这位女强人吗？她不确定，不过历史的发展把她推到了连她自己也想象不到的最前沿。

关于武则天参与朝政的时间，有永徽六年、显庆四年等多种说法。虽然武则天从争夺皇后之位起，就卷入了政治漩涡中，但自古女子不得干政，有唐高宗挡在前面，参政范围有限。而有人又说长孙无忌被诛之日便是武则天参政之时，这也不通。因为当时唐高宗稳坐朝堂，武则天没有发挥的余地。所以，对于武则天辅政的具体时间，我们采用下面的说法：

显庆五年（660年）十月，高宗的病情加重。此时，朝鲜半岛的战事正处在紧张阶段，必须有人来处理朝纲政事、战争军务。但唐高宗身体条件太差了，已经难以亲理朝政，而武则天生性明敏、涉猎文史，是唐高宗的贤内助。于是唐高宗就把军国大政都委托给武则天裁决了。

关于武则天参与朝政的原因，历来众说纷纭。除了唐高宗因病不能理政外，还有以下几种说法：

唐高宗昏庸导致大权旁落，理由是他被武则天所控制，贬杀了大臣褚遂良和长孙无忌等人。其实，与其说是武则天控制了唐高宗，还不如说是唐高宗借武则天之手贬杀了这些前朝大臣。因为长孙无忌仗着国舅的身份，小看高宗；褚遂良也以顾命大臣的身份多次犯上。这些人拉帮结派，权大震主。唐高宗血气方刚，岂能忍受被人挟制的局面，所以，他也有心要除掉这些在自己面前指手画脚的大臣。再者，唐高宗也不是昏庸之辈。据史料记载，他在即位之初曾参与朝政，得到太宗的高度赞扬。即位后，勤于国政，孜孜不倦，得到大臣们的肯定。

唐高宗惧内，也就是怕老婆。在唐代，确实有怕老婆的人，但说唐高宗怕老婆就没有什么根据了。我们知道，王皇后和萧淑妃不是温柔善良的女性，面对这种强悍的老婆，唐高宗都敢把她们废为庶人，怕老婆从何谈起？再看武则天，正因为有了唐高宗的力挺，她才最终坐上了皇后的宝座。可见，说唐高宗因为怕老婆而让武则天参与朝政是站不住脚的。

唐代是一个开放的朝代，宗法之礼比较松弛。既然皇后有处理朝政的能力，有人才不用，岂不浪费？唐高宗便让她去做。在这里需要说明的一点是，唐高宗还没有前朝和后世那种"皇后干政"的想法。所以，在唐高宗风眩头晕、目不能视，太子李弘又年幼的情况下，武则天才帮他临朝处理国家事务。

武则天的能力、权谋和手段让唐高宗非常敬服。就这样，有了可以信赖、有能力的妻子武则天，唐高宗正好可以放下担子、放下架子，落个清静，悠然自得。朝中大计，他懒得决断，由妻子裁决便好，坐朝而不决政慢慢成了唐高宗的习惯。

花木兰代父从军，留下了一段千古佳话。武则天代夫理政，也会让人拍手称赞吗？这个问题我们后面会回答。

谁说女子不如男，女人也能撑起半边天。可以肯定的是，大唐在武则天的手中没有偏离方向，反而在高速运转，百姓安居乐业，国家繁荣昌盛。

让百官自己奔跑起来

对武则天来说，辅政是临时性的，她此刻还没想着要长期把持政权发号施令。等唐高宗病体安康后，她便可以卸下重担，深居后宫了。但天不遂人愿，自从显庆五年后，唐高宗"头重目眩"的病经常复发，而且又患上了让人闻之色变的"虐疾"（暴疾）。每次患病，都要被折磨一个月左右。

当病情有所缓和后，唐高宗虽然想勤于朝政，但精力有限，心有余而力不足，慢慢对朝政失去了兴趣。再说有武则天顶着，这大唐的天塌不了，所以他抓住这难得的大好时光去享受生活，用打猎和游幸来缓解疾病给他带来的痛苦和紧张心理。

既然唐高宗当起了甩手掌柜，武则天就得挺下去，处理朝中大小事务。老子指望不上了，本可以指望儿子，太子李弘在渐渐长大，他本应该成为得力助手，但计划没有变化快，李弘自从被立为太子后，便疾病缠身，得了严重的结核病，观决朝事仅有为数不多的几次。

老子身体不行，怎么儿子身体也这么差劲，真是无语了。

为了能让丈夫安心养病，更为了给儿子留下一个稳定的大唐帝国，武则天必须使出全力来完成辅政的使命。

我们知道，国家机器若想正常运转，只有一个勤奋的皇帝是不行的，必须有一个高效的团队配合，也就是说离不开百官的协助，否则就成了光杆司令，什么事也做不了。

国家的治理关键之一在于吏治。吏治严不严，古往今来都是治国昌明不昌明、百姓幸福不幸福的试金石。如果吏治腐败，社会就会动荡，最终丢了江山也不足为怪。所以，武则天从严肃吏治入手，逐步驾驭百官，让百官自己奔跑起来。

当初，为了能扳倒长孙无忌等大臣，为自己的皇后之位铺平道路，武则天重用了一些被排挤的庶族官员，比如李义府、许敬宗等人。

这些人鱼龙混杂，如果说许敬宗还算是武则天手下一个忠心的干臣，那么李义府就抬不到桌面上了。他是一个十足的贪婪、奸诈小人。

在一些人的脑海里，武则天就是一个爱听阿谀奉承、专用奸邪的小人。其实这是不对的，武则天的聪明睿智无人能比，她对朝中官员了如指掌，知道何人能用，何人不能用。她之所以重用许敬宗和李义府等人，是因为她离不开这些棋子。这些人在有些地方能为她所用，这是一种需要，一种政治上的权术罢了。一旦站稳脚跟，她就可以舍弃这些棋子了。

我们知道，李义府是第一个站出来支持立武则天为皇后的大臣，他打响了废王立武的第一枪。另外，在处理元老重臣的过程中，他也出力不少。所以，武则天对这个人一直都另眼相待。不过，武则天对李义府的品质非常清楚，这个人到底几斤几两，她拿捏得很准。

虽然说人无完人，但如果一个人过于猖狂，只会自己走上绝路。对于这种失德的小人，没有什么可留恋的。

李义府觉得自己是拥立功臣，无论捅多大的娄子，有皇帝和皇后罩着，都会化险为夷。在这种心理作用下，他犯过的案子举不胜举。比如前面提到的为了纳女犯为妾，逼死六品大理寺丞。还有，他恃宠骄恣，对唐高宗的警告不加理会，让高宗甚为恼火。

月盈则亏，水满则溢，凡事盛极必衰，物极必反，谁也逃不脱这种自然规律。一个连皇帝都不放在眼里的嚣张臣子注定不能善终。

很快，霉运便降到了李义府的头上。

大多数人都会患得患失，李义府也是这样。虽然身居高位，有享不尽的荣华富贵，但他同样担心眼前所拥有的一切转眼便会烟消云散。他是个很迷信的人，想占卜一下，便请了个阴阳术士为自己望气，看自己还能享受多久的富贵。

这位术士看后，便说："贵府宅第之上有不祥之气，屋主将遭受牢狱之灾。"

李义府慌了，这可如何是好，急忙讨教对策。

术士不慌不忙地继续说："只要积聚二十万缗（成串的铜钱，每串一千文）便可消灾免祸。"

还好有办法消灾，李义府的心总算落地了。

钱不是问题，咱手里有权，自然能弄到钱，于是李义府抓紧时间贪污受贿。为了弄到二十万缗消灾，他把触角伸到了长孙家。毕竟，瘦死的骆驼比马大，虽然长孙无忌倒台了，但他家还是有油水可榨的。

长孙无忌自杀后，他的儿子也死了，孙子都被流放到岭南。有一个叫长孙延的孙子好不容易回到长安，但没有官职。李义府便以长孙延为突破口，索要七百缗，帮他谋取一个从六品的司津监之职。

没想到，李义府因为这件事被人弹劾了。

公开卖官鬻爵，这已经不是李义府第一次干这种事了。不过，这次不同，长孙延是长孙无忌的孙子，和罪人家的子弟勾结，这种事可说大也可说小，关键看唐高宗的态度了。

一波未平一波又起。自李义府的母亲去世后，高宗根据规定给他守丧的假，初一、十五让他去为母亲祭祀。李义府便利用祭祀的机会，带上术士到城东爬到高高的古墓上望气。结果，又被人状告图谋不轨，说他之所以去古坟上占望天象，是为了等改朝换代的凶兆好乘机谋反。

大祸即将临头，都是迷信惹的祸。

与罪人家后代勾结，还存有谋反之心，岂能让这种人活着喘气？唐高宗怒了。

龙朔三年（663年）四月，唐高宗下令拘捕李义府并把他投进监狱，派有司审查此案，并命李勣监审。

结果，数罪并罚，李义府被除名，流放巂州（今四川西昌）。其子李津除名，流放振州；其他诸子女婿也全被除名，流放庭州。就这样，一家人天南海北再也不能相见，曾红极一时的人物李义府最终死在了流放地。

再怎么说，李义府也是武则天的人，虽然人品不怎么样，但一直忠心耿耿。唐高宗这样大动干戈，武则天难道就没什么反应吗？

其实，武则天也想保李义府的小命，但李义府劣迹斑斑，官怒民怨。她如果再罩着这个人的话，只会引火烧身，所以武则天最终选择了丢卒保车。

再看朝野，人们对唐高宗和武则天"内惩所亲"的行为举双手赞扬。武则天虽然失去了一名帮手，但却换来了好名声，这很划算。

武则天对自己的亲信都能痛下杀手，对百官更是如此。谁好谁坏，她心中有数。只有赏罚分明，才能治理好国家。对于忠心办事的官员，她就赏；对于那些犯法的奸诈官员，她绝不轻饶。

幽州范阳（今河北涿郡）人卢承庆相貌英俊，仪态大方，博学有才。年幼时，父亲去世，他继承了范阳郡公的爵位。唐太宗继位初期，卢承庆任秦州参军，一次入朝奏报河西军情，说得有条有理。太宗认为他是个可造之才，便升他为考功员外郎，后又数次升迁至户部侍郎。太宗向他询问历代户口的数目，他从有国家以后，历朝历代户口多少，滚瓜烂熟地背了下来，都有其依据。太宗称他为奇人。后来，卢承庆又历任雍州别驾、尚书左丞。

唐太宗驾崩后，唐高宗继位。因为被褚遂良排挤，被贬为简州司马，郁郁不得志。

显庆四年（659年），武则天听说他有才干，便提拔他为度支尚书，再提为宰相。终于有了发挥才干的平台，卢承庆本该恪尽职守，报答武则天的知遇之恩，没想到的是，在显庆五年（660年）七月，他竟然在度支上出了问题，被御史台官员弹劾。

当唐高宗看到劾表后左右为难，因为这个人是武则天提拔上来的，几乎是坐着火箭一步登天。结果任职不到一年就出了问题，若想处理卢承庆，必须和武则天通气。

武则天知道这件事后，请求唐高宗按章处理，结果卢承庆当即被免了官，贬为润州（今江苏镇江）刺史。

安州安陆（今湖北安陆）人许圉师，是左相，进士出身，博学多才且位高品重，高宗和武则天都很器重他。这位走霉运的大员没有败在自己身上，而是败在了儿子身上。

许圉师的儿子许自然是一个七品奉辇直长。一次出外游猎践踏了别人的庄稼，愤怒的田主要同他理论。许自然仗着父亲是宰相，不仅不向人家赔礼道歉，还放响箭相威胁。

许圉师虽然很生气，却没有秉公处理，反而遮掩了事。谁知田主也不是省油的灯，一再上告，竟然使皇帝知道了这件事。

上梁不正下梁歪，身居要职的高官更要做百官的表率，所以，武则天建议唐高宗下旨治他的罪。

唐高宗便召见许圉师，责问道："身为宰相，欺凌百姓，还匿而不报，怎能如此作威作福？"

许圉师回答道："臣身为宰相，忠心于陛下，难免得罪众人，所以有人背后攻击臣。至于作威作福，是那些手握兵权或身居重镇的人。臣只是一个文吏，哪里敢作威作福啊。"

也许许圉师护子心切，竟然不承认儿子犯的罪，还拿作威作福说事，这岂不是把自己往火坑里推吗？

果然，唐高宗生气地说："没看出来，你还想要兵权啊！"

许敬宗也在一边帮腔："这样的官员罪不容诛。"

结果，许圉师被免了宰相之职，贬为虔州（今江西赣州）刺史，他的两个儿子也都被免了官。

不管你是朝堂之上让人羡慕的高官，还是红极一时的心腹人物，一旦犯错，就立马治罪。前车之鉴，后事之师。这样一来，百官谨小慎微，都不敢轻易去踩武则天划定的那条红线。

组建自己的智囊团

武则天辅政期间不仅政治比较清明，经济和文化都有一定的发展。

先看经济方面，继续推行均田制（中国北魏至唐中叶的一种土地制度），物价比较便宜。在城市建设方面，完善长安外郭城，特别是扩建和重修了大明宫含元殿。另外，还严格禁用"恶钱（质料低劣的钱币）"。遇到自然灾害时，便放粮赈灾。

在文化方面，武则天准备著书立说，弘扬传统文化。单靠她个人的力量，很难完成这件事情，必须得找帮手。说到底，她只是个总策划，具体的编书工作还得靠满腹经纶的学子们去做。

再说，武则天参政十几年，自己一个人的能力毕竟有限，迫切需要一批帮手。而且当时的宰相以刘仁轨为主，另外几位宰相戴至德、张文瓘为太子宾客，郝处俊为铁杆反武派，没有一个人是武则天的心腹。既然暂时无法在宰相中安插人手，便只能另辟蹊径了。

武则天想了一个一石二鸟的好办法。她通过唐高宗召集了一批"文学之士"，一来让他们著书立说，二来帮她处理朝政，以分宰相之权。

于是，武则天从左、右史和著作郎中，物色了一批才学俱佳的文人学士，比如弘文馆直学士刘祎之、著作郎元万顷等。这批文人学士以编纂书籍为名步入了政坛，被特许从玄武门（皇宫北门）出入禁中，时人称为"北门学士"。

这些人都是大唐著书立说的高手，据记载，他们撰写了《古今内范》100卷，《维城典训》《凤楼新诫》《孝子传》《孝女传》各20卷，《青宫纪要》《少阳政范》各30卷，《紫枢要录》10卷，《列女传》100卷，《玄览》100卷，《字海》100卷，《乐书要录》10卷等书籍。遗憾的是，这些书绝大部分都已经失传了。

著书立说是"北门学士"的重要任务之一，另一项重要任务就是"参决朝政"。所以，这批文人学士名义上是修撰著作，实际上是武则天的智囊班子。武则天密令他们参决朝政，"以分宰相之权"。可见，唐高宗和武则天对一些宰相还是放心不下。

"北门学士"不仅帮助武则天分减皇权和相权，而且在国家的政治、经济、军事、文化等方面都献言献策。这个智囊班子为武则天造舆论、拿主意出了很大的力。在此后的20多年中，武则天的皇后位置能坐得稳稳当当，高宗死后她又临朝称制（所谓临朝，就是上朝处理政事；所谓称制，就是自称为"朕"，以皇帝制诏的名义发号施令），这些都与"北门学士"的贡献分不开。

滴水之恩当涌泉相报，武则天向来是赏罚分明，所以她对这些功臣大加恩赏。他们多数被擢升为三、四品高官，范履冰、刘祎之还做到宰相，长期受到重用。武则天称帝后，总揽朝纲，广招天下俊杰，这些"北门学士"才慢慢地衰落下去了。

东征西讨定四方

这是一个多事之秋，朝堂之上在争权夺利，朝堂之外也不得安宁。

从高宗显庆初年开始，安定多年的唐朝边境变得不再安定。周边的游牧民族集团和政权开始蠢蠢欲动，对大唐虎视眈眈。比如，西部突厥侵扰唐朝西域，使当地百姓无法得到安宁的生活。东部与唐朝关系密切的新罗，因为受到高句丽和百济的包围多次向唐朝发出求救信号。

面对挑衅，选择默默忍受不是武则天的风格。兵来将挡水来土掩，既然对方已经亮剑，咱也不能当孬种。于是，武则天和唐高宗决定对突厥和高句丽用兵。从显庆元年（656年）到麟德元年（664年），武则天用近十年时间东征西讨，使唐朝国势达到极点。

先看与高句丽、百济的战争。

高句丽自中国东北已发展至朝鲜半岛南部，与百济、新罗接壤。公元七世纪初，随着高句丽政权的强大，与中原王朝的关系变得紧张起来。隋炀帝曾征讨高句丽，唐太宗也曾出兵辽东，但都没有从根本上解决问题。唐高宗即位后，高句丽曾派人向大唐进贡，但仍然不想有实质性的变化，不臣之心非常明显。比如当时唐朝和新罗的关系比较铁，与百济则不怎么样，高句丽便玩阴的，背后支持百济多次侵犯新罗。新罗吃不消，便向唐朝求救。

打狗还得看主人，公然侵犯新罗就意味着没有把大唐放在眼里。小弟被欺负了，做大哥的岂能袖手旁观。

显庆五年（660年），唐高宗派遣左武卫大将军苏定方等率水陆10万大军前去援救新罗。百济毕竟是小国，无法抵挡10万大军的攻击，最终被攻破城池，以失败收场。

如果说攻城略地容易，那么守卫城池并安抚民众就是个细致活儿了。

唐高宗在百济分置熊津、马韩、东明、金连、德安五都督府。让郎将刘仁愿镇守百济城，任左卫中郎将王文度为熊津都督。

本以为如此安排就能让百济平安无事，但不久就发生了变故。

这要从熊津都督王文度渡海身亡说起。大唐守将王文度渡海时不幸遇难，百济的反抗势力觉得这是个机会。于是百济僧人道琛和故将福信从日本接回原王子扶余丰，起兵围攻刘仁愿镇守的百济城。唐高宗一面命新罗出兵援救刘仁愿，一面派苏定方率大军水陆并进围攻平壤，以便钳制高句丽支援百济。这样一来，形势才有所缓和。

此时，百济内部也出现了矛盾，道琛被专横跋扈的福信所杀。福信很快又与王子扶余丰互相猜忌，结果也被杀害了。单靠百济军很难打败唐军，于是王子扶余丰从高句丽、倭国（日本）借兵攻击唐军。经过白江之战后，唐军彻底打败了百、倭联军。百济最终臣服于唐朝。

这样一来，新罗和百济两国都臣服于唐朝，把高句丽完全孤立起来了。

乾封元年（666年），铁腕军事独裁者泉盖苏文死了，诸子争权，高句丽陷入内乱之中。十二月，唐朝趁机出兵，以李勣为辽东道行军大总管，以郝处俊为副总管，统率水陆大军逼近高句丽。战争进行了一年，唐军逐步占了上风，高句丽的败局已定。

总章元年（668年）九月，唐军最终攻克了高句丽。十二月，朝廷举行了隆重的受降仪式，随后，分高句丽5部、176城、69万余户为9都督府、42州、100县，并在平壤置安东都护府。派大将军薛仁贵检校安东都护，总兵两万人镇守。

再看与突厥的战争。

突厥是匈奴的别支，在北方沙漠和草原一带活动。隋朝时分成东西二支，东突厥占据东起兴安岭，西到阿尔泰山的广大地区；西突厥控制了阿尔泰山以西、里海以东的许多国家。

这时的突厥仍像北朝时代一样，试图对中原各势力恩威并施，抑强扶弱，不时直接出手，借以保持、提高自己的优势地位。唐朝重新统一后，突厥统治者明白如果唐朝越来越强，就不可能像以往那样从群雄割据中获利了，因此把唐朝定为自己的主要对手。趁唐朝国力还不十分强大，连年进扰，掠夺人口和财富。

在隋末唐初，东西突厥特别是东突厥非常强大。东突厥颉利可汗曾在唐太宗李世民刚刚即位之时率兵20万直逼唐都长安城外渭水便桥，距长安城仅40里，京师震动。唐太宗被迫用疑兵之计和金帛财物才使东突厥退兵。

被人打到了家门口，真是丢人丢到家了，这种奇耻大辱一定要报。为了解除突厥的威胁，唐太宗卧薪尝胆，做了长期的准备，在贞观四年消灭了东突厥。贞观至高宗初年在塞内塞外分置六都督府和两都护府进行管辖。但西突厥仍然在西域称霸，东突厥残部车鼻可汗也开始兴风作浪，这些都给唐朝的西部安宁带来了不小的威胁。

唐高宗即位后，与突厥作战是免不了的。永徽元年（650年），右骁卫郎将高侃率军出击车鼻部。车鼻欲召集各部负隅顽抗，但所部皆不赴战，车鼻只好率领数百骑逃走。高侃果断地率精骑追击，最终擒获车鼻可汗。

车鼻可汗虽然罪责不小，但唐高宗采用怀柔政策，不仅赦免了他，还拜为右武卫将军。另外，把降唐的车鼻部众都安置在郁督军山（今蒙古杭爱山支脉），设置狼山都督府统领。

唐在原东突厥故地设置单于、瀚海两个都护府。单于都护府领狼山、云中、桑乾三都督及苏农等14州；瀚海领瀚海、金徽、新黎等七都督及仙萼、贺兰等八州。由突厥首领充任刺史、都督。

东突厥的问题解决了，接下来该解决西突厥了。

永徽二年（651年），西突厥首领阿史那贺鲁（后自立为西突厥沙钵罗可汗）侵扰大唐西部，向唐朝示威。显庆元年（656年），任葱山道行军总管的老将程知节受命讨伐西突厥，取得了一定的胜利。同年十二月，程知节率部继续进攻西突厥，但副大总管王文度（就前面说的王文度）畏敌如虎力主防守，竟然矫诏篡夺了兵权。接着又杀死前来投降的突厥人，分其财物，结果将士离心，只能无功而返。高宗、武后查得实情后，把王文度治罪除名（后又被起用，才有渡海而死），而程知节也被免官了。

西突厥尚未平定，必须找一位得力干将担此重任。于是，武则天与唐高宗大胆起用苏定方为伊丽道行军总管，再率燕然都护府任雅相等将领，征讨西突厥。

苏定方，名烈，定方为其字。冀州武邑（今河北武邑）人，从十五岁起便随父亲行武，意志坚定又骁勇善战。贞观初年就参加了征讨突厥的战斗，屡立战功。永徽年间晋升中郎将。前次出兵突厥，他为前军总管，曾劝说王文度不要杀降取物，并积极进攻，但他的意见没有被采纳。

杀降只会激起西突厥更强的战斗意志，而防守策略不能从根本上解决问题，西突厥不会送上门来找死，消灭西突厥更是天方夜谭。苏定方主张发动攻势，彻底消灭西突厥，这与武则天和唐高宗不谋而合，所以他被定为主帅，再度出师征讨西突厥。

武则天和唐高宗没有看错人，苏定方果然有两把刷子，凭着他的勇气、谋略和智慧，取得了重大的军事胜利。

面对唐军如潮的攻势，各部突厥乱了阵脚，迫使其中一部共万余人来降。苏定方一面安抚降众，一面继续挥军深入。当他率领大军进逼西突厥时，西突厥首领阿史那贺鲁率十万人马来与唐军对抗，而此时苏定方手下仅万余人。

兵力相差悬殊，如果死拼的话，很可能被围歼，全军覆没。

情形十分险恶，但苏定方却没有乱了阵脚，沉着指挥，他命步兵列阵据守中央开阔地，集中所有长兵器向外据守南原。他亲率精锐骑兵，在北面高坡列阵候敌。

这种十比一的战斗，"闭着眼也应该能打赢"，阿史那贺鲁便长驱直入，企图围歼唐军。突厥大军先冲击唐步兵阵地，但几次冲击下来，也撼不动苏定方布置的坚如磐石的步兵阵地。

这是唐军吗？阿史那贺鲁有些困惑，因为在他的印象中，唐军没有如此硬朗。

眼见敌军已经气馁，苏定方便率骑兵向敌阵冲锋。唐军人人奋勇争先，突厥大军挡不住唐军的攻势，大溃而逃。苏定方指挥全军全力追击，赶了三十里，斩获数万人。

在这次战斗中，沉着冷静的苏定方发挥了高超的战术指挥水平，扭转了局面，使唐军在气势上压倒了对方，从而创造了以少胜多的成功战例。

第二天，苏定方率军继续进攻，迫使阿史那贺鲁手下众将纷纷来降，只有阿史那贺鲁带着亲兵数百骑逃脱。

虽然西突厥大势已去，但没有捉住阿史那贺鲁，就不能说是一个完美的胜利，所以，苏定方下令大军继续追击。对阿史那贺鲁一定要活要见人死要见尸。

唐军所过之处，各部纷纷归附。当追到伊犁河西部的邪罗斯川时，北风吹在脸上如刀割一般，大雪纷纷飘落，很快便平地积雪二尺。天气如此恶劣，在风雪中行军对士气不利，诸将请求等雪晴后再追击敌人，军营中也是一片哀怨之声。

一般来说，面对恶劣的天气和将士的抱怨，主将都会选择原地休息。但苏定方认为，敌人以为大雪相阻，唐军不能前进，一定会在附近休整。这正是擒拿敌首的好机会。于是他命令唐军继续踏雪兼程追敌，这种决断无疑是正确的。

拿破仑曾说："绝对不要做你的敌人希望你做的事情，原因很简单，因为敌人希望你这样做。"所以，决胜的时机往往就在出其不意之间。

果然，当唐军到了双河时，发现了阿史那贺鲁部的踪迹。在离阿史那贺鲁的牙帐二百里时，苏定方命令部队列阵推进。

面对从天而降的唐军，阿史那贺鲁再次发挥他跑路的强项逃跑了，而他的残军几乎遭到全歼。后来，阿史那贺鲁逃到石国（今塔什干一带）一带被生擒活捉。

西突厥就此宣告灭亡。阿史那贺鲁被押送长安，唐高宗免其死并封官，最后病死在长安。

这次击败西突厥，苏定方功不可没，唐高宗为此在长安举行了盛大的仪式庆祝唐军的胜利。八面威风的苏定方也因功升迁为左骁卫大将军，封邢国公，其子苏庆节也被封为武邑县公。

平定西突厥后，高宗、武则天命令在西突厥故地天山北麓建立北庭都护府，统辖昆陵、濛池二都护和23个都督府。龙朔二年（662年）在天山南麓分置16个都督府，及80州、110个县、126个军府，这些都隶属于安西都护府管辖。

经过这次对西突厥的成功用兵后，解除了西突厥在唐朝西境的威胁，恢复了唐朝对西域的管辖，在经济发展和文化交流等方面都起到了积极作用。

放下突厥不谈，与吐蕃的战争也说上一两句。大非川之战虽然是惨败，但也一度让吐蕃军队不敢进犯河源军。这些我们后面会详细介绍。

　　总之，武则天在辅佐唐高宗的那些日子里，在军事上取得了很大的胜利，扩展了大唐的疆域，大唐声威高涨，边疆得以保卫，百姓生活得以安定。

　　在辅佐唐高宗的日子里，武则天的所为对唐王朝的巩固和发展作出了不小的贡献。正如她所说："朕辅先帝逾三十年，忧劳天下。"这不是自我吹嘘，就连对武则天怀有敌意的人也不得不承认武则天的聪明睿智，她处理朝政治理国家有独到的天赋和能力。所以对于武则天辅政期间的表现，用"忧劳天下"四个字来概括和总结毫不为过。

上官仪伏诛

　　武则天辅政以来，从幕后走到前台，用她凌厉的手段担负起维护皇权的重责。只有皇权强盛，才会有大唐的强盛，所以，凡是于此不利或相抵触的，她都要毫不留情地扫荡。

　　按说武则天的强势众人皆知，站在她的对立面，只有死路一条。蝼蚁尚且贪生，何况人乎。但还真有人敢和武则天作对，掀起了"废后"风波。

　　麟德元年（664年）十二月，有一个叫王伏胜的宦官向唐高宗举报武则天，说她常召道士郭行真进入宫禁，行厌胜之术。当年王皇后被废就是因为厌胜这个罪名，风水轮流转，如今武则天要品尝一下被人告发厌胜的滋味了。

　　高宗一听便来气了：当初王皇后就因为干此勾当，才下决心废掉她。如今武后又行此事，成何体统？再说让郭行真一个男人自由出入后宫，有违宫禁，这不是暗地里给我戴绿帽子吗？

　　这些年来，武则天这个女人得志后不可一世，什么事都想插上一杠子，自己想做什么事都要被她牵制，就连自己爱的女人韩国夫人也惨遭毒手。自己还算一个好皇帝吗？再也不能让这种女人母仪天下了。

于是，盛怒之下的唐高宗也来了蛮劲，有了废后之心。但武则天此时揽权过多，如果直接宣布废后，会不会造成意想不到的后果呢？为了稳妥起见，唐高宗决定找个可靠的大臣商议一下，他选中了宰相上官仪。

上官仪，字游韶，陕州陕县（今河南陕县）人，后来全家移居江都（今江苏扬州）。隋大业末，天下大乱，其父被仇人追杀，上官仪逃到他乡，私度为僧，潜心佛学，尤精《三论》。他的诗歌清秀，尤善五言，人多仿之，称"上官体"，一时蔚为风气。有一首诗流传很广，叫做《入朝洛堤步月》：

脉脉广川流，驱马历长洲。

鹊飞山月曙，蝉噪野风秋。

这首诗写得仙风道骨，配上骑在高头大马上的上官仪，真是美妙绝伦。

唐贞观初，天下渐定，他便弃佛家出世之想，走仕途进取之路，遂举进士，得授弘文馆直学士。因为他广泛涉猎经史，有学问，擅笔墨，受到唐太宗的赏识，成为宫廷文胆，堪称一步登天。上官仪累迁秘书郎，后转起居郎，与太宗的距离越来越近。他常参与宫中宴集，奉和作诗。后又被授权预修《晋书》，他已经拥有文学泰斗的身份了。

唐高宗即位后，上官仪迁秘书少监，相当于朝廷的副秘书长，更拜西台侍郎。龙朔二年（662年）十月，同东西台三品，位至宰相。（东、西台就是原来的门下省和中书省。）

由一个御用文胆升到最高领导中枢，主持国政，这种成功让满腹牢骚的同代唐朝文人既羡慕又嫉妒。

据史料记载，他为人口碑不错，备受东都士人尊重，他为文也被洛阳黎庶所敬仰。如果上官仪只做一个纯粹的文人，不涉足政治，一定会在文学上取得更大的成就，也会有一个好的归宿。但他偏偏跻身于争权夺利的官场，这样一来，结局就难说了。

上官仪当宰相一年多的工夫，就形成了"独持国政"的局面，武则天便对上官仪加以限制。上官仪为了维护既得利益，把武则天看成了眼中钉。

面对唐高宗的询问，这个有着书呆子气的宰相觉得机会来了。他张口就道："皇后专恣，人所共知，失四海之望。莫如将其废去，以安民心。"

上官仪的回答干脆利落，直接把这个婆娘休了了事。正在气头上的唐高宗找到了知音非常兴奋，他拍着御案说："朕也是这个意思，由你起草废后诏书，送她回山西文水去。"

上官仪不愧是御用文胆，文思奇快，再加上一直对武后不满，因此很快就拟好诏书，列举了武则天十多条罪状。皇帝诏书只要一颁发下去，就是铁板钉钉的事实，到那时武则天就不好翻身了。

就在上官仪得意忘形时，武则天非常神速地出现在了他的面前。这也没什么好奇怪的，武则天在宫内外都插满了自己的耳目，这种事情岂能瞒得过她？

面对来势汹汹的武则天，上官仪腰杆挺得直直的。毕竟这是李唐的天下，他和唐高宗李治站在一条战线上，只要当众宣读了废后诏书，看你还如何嚣张。

上官仪本以为胜券在握，但他怎么也想不到，皇上在这种关键时刻竟然反水了。

桌子上草诏的墨迹还未干，按照唐代制度，诏书由中书省官员或皇帝指定的人起草，再由门下省审核，而后誊抄一份，盖印生效。

现在这个草诏还没有任何法律效力，幸亏自己及时赶到。如果晚来半步，自己还真的要步王皇后的后尘了。

武则天和唐高宗毕竟是十几年的夫妻，唐高宗是一个多情而又懦弱的人，武则天知道怎么对付自己的夫君。所以，知唐高宗者，非武则天莫属。

武则天软硬兼施，先是一把鼻涕一把泪地哭诉自己为这个国家所作的贡献，然后声色俱厉地质问唐高宗："不知臣妾有何大逆不道的过错，皇上要如此对待臣妾呢？"

经过武则天这么一搅和，唐高宗心软了，连他自己都不知道为什么要废掉武则天了。这么多年来，他一直依赖这位强势的贤内助。如果没有了武则天，他还真没有过多的精力来处理繁重的国事。

看着跪在自己面前满脸泪痕的妻子，唐太宗为了推卸责任，说了这样一句话："我初无此心，皆上官仪教我。"

俗话说好汉做事好汉当，拿别人当替罪羊是最卑鄙的损招。身为一国之君竟然在关键时刻撒谎，真让人寒心。上官仪无论如何也想不到，尚未交锋，皇帝就先竖起白旗投降了，而且把自己当作大礼送给了武则天。

其实，两口子闹矛盾，床头吵架床尾和，上官仪太把自己当根葱了。本来想把武则天搞下台，没想到却把自己饶了进去。

上官仪是个作诗的好料子，不好好做五言诗，偏偏要从政，还做了宰相。朝廷官场的争斗不亚于战场的刀剑，也会要人命的，稍不留神，就会发生悲剧。

如果上官仪规规矩矩做官，也就没那么多是非了。要命的是，他不小心卷入了皇帝两口子的矛盾中，犯了"疏不间亲"的大忌。既然得罪了武则天，自然会大祸临头。

不久，许敬宗奉武则天之命上奏，声称上官仪、王伏胜曾侍奉废太子忠，三人暗中勾结谋逆作乱，应按律处斩。

这年十二月，上官仪被捕下狱，和他的儿子上官庭芝及王伏胜都被处斩，家产也被籍没。两天后高宗又下诏：赐废太子李忠自尽。

这是一箭双雕之举，不仅上官仪被除掉了，也彻底解除了废太子李忠的威胁。

想和我斗，你们差远了。

胜利的武则天用血淋淋的例子再一次告诉朝臣们，和她作对的下场只有死路一条。所以，上官仪被杀后，很长一段时间，没有人再敢对武则天参政公开表示异议了。

最可笑的是，当年废李忠为庶人的诏书就是上官仪起草的。现在，两个人怎么就成了同党呢？真是欲加之罪，何患无辞。

上官仪死后，他家的女眷被没入后宫成为奴婢，其中有个小女婴就是日后名满天下的才女上官婉儿。武则天为何要把仇人的孙女培养为自己的心腹呢？也许是因为上官婉儿的才气，也许是因为上官婉儿的唯命是从，也许……总之，武则天重用了仇人的后代，足见她有宽广的胸襟。

上官仪被满门抄斩的悲剧发生后，朝臣对当下的局势心知肚明，再也不敢指望唐高宗能发威了，都变得乖了起来，而唐高宗基本上就成了一个近似植物人的废物摆设。

就这样，一场危机有惊无险地解决了。但武则天对唐高宗已经不再放心，她辛辛苦苦为李唐江山拼搏，却换来唐高宗如此大恨，她感到很失望。

自己虽然已经达到了一个女人毕生追求的最高点，但这个皇后的尊贵身份仍然不是完全保险的，皇帝的一念之间，就能把她打入谷底。

每当想到这些，武则天就不寒而栗。她开始思考这样一个问题：如何才能不受任何人的摆布？

二圣临朝

对武则天来说，上官仪事件是一个转折点，皇帝皇后的势力此消彼长。为了不再给反对派可乘之机，她毅然从幕后走上前台，开始垂帘听政。

垂帘听政始于汉朝，汉惠帝不理政事，吕后临朝。南北朝时期北魏冯太后也曾经临朝称制。隋文帝时期，每次上朝，独孤皇后都同辇相随，对大事小情都要了如指掌；文帝退朝后，皇后再车驾同返，当时就有"二圣"之称。

另外，从北朝以来，受鲜卑等北方游牧民族影响，家庭主妇的地位空前高涨，主内也主外。因为有这样的时代背景和社会风气，所以当武则天提出要和唐高宗共同上朝的要求后，唐高宗便答应了。

据《资治通鉴》记载：自是上每视事，则后垂帘于后，政无大小，皆与闻之。天下大权，悉归中宫，黜陟生杀，决于其口，天子拱手而已，中外谓之二圣。

这段记载虽然有点夸张，但从此以后，朝廷的一举一动都被武则天死死地掌握在自己手中。每次上朝，皇上坐在前面，武则天垂帘在后，政无大小，都要由二人一起裁决。从此，群臣上朝都称武后、高宗为"二圣"。

其实，出现这种"二圣"局面完全在意料之中。还记得在永徽六年（655年）废后之战白热化阶段，武后就曾偷听唐高宗和元老大臣的交谈。当褚遂良用辞官要挟唐高宗时，武则天的一句"何不扑杀此獠？"震惊了全场。如今只不过是把这种偷听的行为光明正大地摆到了桌面上并形成了制度。

武则天从幕后公然走到前台垂帘听政，说明唐高宗向天下臣民认可了武则天参政议政的合法性，大臣们也就没法再说三道四了。可见，经过夫妻俩的这番较量，唐高宗彻底败下阵来，把大权拱手让出。这样一来，群臣上奏都必须要看武则天的脸色行事了。

武则天垂帘听政，不仅提升了自己的地位，而且也获得了不少好处。首先，大臣们无法再和皇帝谋划对她不利的行动。帘子后面就是虎视眈眈的武皇后，谁还敢再对皇帝提废后的话题呢，除非这个臣子活够了。其次，即使皇帝不生病，武则天也能参与朝政，她的权力更大了，这无疑增加了她个人的影响力。再次，虽然她的身份是皇后，实际上已经成了真正的皇帝了。只不过，和她一起执掌李唐江山的还有一个摆设帝王罢了。

在中国古代，皇帝年幼无法理政时，太后垂帘听政这没什么稀奇的。但皇帝还没死，皇后就开始垂帘，仅此一例。此刻的武则天比真皇帝说话还管用，她只差一个帝号，就成了名副其实的女皇帝了。

从此，在大唐的政坛中，真正多了一个姓武的女子。不管大臣们愿意与否，都再也不能忽视武后的作用了，他们开始对这个女人俯首称臣，任由她在权力的巅峰上涂抹着属于她自己的独特色彩。

封禅大典上的女人

"二圣"临朝让武则天在大臣面前确立了和唐高宗并尊的地位，她通过此举赚尽了天下人的眼球。一个女人能有如此殊荣，按理来说，她应该满足了。但人是一种不容易满足的动物，内心的欲望会一浪高过一浪。

此时的武则天可谓踌躇满志，普天之下再也没有人是她的对手了，她的自信到了要爆棚的地步。她继续树立自己的威信，继续进行属于她自己的精彩表演。这一次，她瞄上了最隆重的祭祀大典——封禅。

何为封禅？封是"祭天"，禅是"祭地"，是中国古代帝王在太平盛世或天降祥瑞之时祭祀天地的大型典礼。古人认为群山中泰山最高，为"天下第一山"，因此人间的帝王应到最高的泰山去祭过天帝，才算受命于天。

举行泰山封禅大典的目的：一是"受命于天"的帝王向天帝祭祀，感谢、报告功绩；二是向四方宣示声威，让他们服服帖帖；三是借助神权来强化皇权，加强中央集权。

关于封禅最早的说法，起源于春秋战国时代。当时齐、鲁的一些儒生看到诸侯争霸有趋于统一的趋势，就提出了这种设想：告功于天地，同时祈求天地进一步的保佑。《史记·封禅书》中给出了帝王封禅所必需的条件：即太平盛世或天降祥瑞。帝王在当政期间，只要具备二者中任何一个条件即可进行封禅。

据《史记·封禅书》所引《管子》的说法：古代封泰山、禅梁父的帝王，共有七十二位。管仲本人记得的只有十二位，都是"受天命"以后举行封禅典礼的。不过先秦时代如何举行封禅之礼，由于缺乏史料，其具体情况已不得而知。

封禅虽然是第一级的典礼，但历史上真正封禅的皇帝却寥寥无几。据记载，舜、禹以后举行过泰山封禅的只有两个人，即秦始皇和汉武帝。

唐太宗取得贞观之治的成就后想到泰山封禅，最终因为国力不足而打消了这个念头。如今，大唐在唐高宗和武则天的治理下，经济飞速发展，国势也达到极盛，百姓丰衣足食，普天之下都是一派歌舞升平的太平景象。这不是吹。史书记载："是时频岁丰稔，米斗至五钱，豆麦不列于市。"一斗米才卖几文钱，而且老百姓只吃大米，杂粮都上不了台面。可见，老百姓的确是富裕了，国家自然也就有钱了。

条件已经具备，时机已经成熟，武则天岂能错过这种在天下人面前露脸的好机会。

麟德二年（665年）五月，武则天上表高宗请封泰山：本朝繁荣富庶，何不继承父皇的遗愿，去泰山封禅啊？

其实，唐高宗即位后就有大臣不断上表提议封禅，唐高宗做梦都想超越自己的老爹，只是当时还不具备封禅的条件。如今武则天的提议得到了大家一齐响应，唐高宗岂有不同意的道理。于是立即应允，下诏让李勣、许敬宗、陆敦信、窦德玄等为检校封禅使，先去做筹备工作。

做什么事都要和唐高宗成双成对，武则天已经习惯了受万人瞩目的荣耀。本以为泰山封禅这件事已经十拿九稳，她又能炫一把，但就在她志得意满时，一个尴尬的问题出现了。

封禅作为国家最高典礼，按照旧制，祭天：以皇帝为首献（率先主持告天，献上祭品），亲王为亚献（接着献祭），德高望重之臣为终献；祭地：以皇帝首献，皇太后亚献。不过，让皇太后上泰山，岂不要了她的老命，所以一般都由公卿替代。

可见，在传统的仪式程序中，没有武则天的位置，虽然她是"二圣"之一的皇后，这也白搭。

女人也是人，皇后能母仪天下，怎么就不能上泰山封禅？

"这是什么狗屁仪式"，武则天认为这不公平，也不像话。她决定向这种旧制挑战，向男权挑战。

于是，武则天表称："祭地之仪，皇太后为亚献，彰显后土之德。皇太后是先皇的贤内助，这样的典礼让公卿替代非常不妥。请允许臣妾率内外有身份的妇女亚献，且一定要亲自登山致祭。"

武则天的要求有理有据，唐高宗找不到理由反对，再说他也没有胆量反对武则天的决定。于是下诏表示同意。就这样，女人不能参与的封禅大典在武则天这里被破例了。

在全国最高的典礼盛会上，有女人的身影出现，享有同男人平等的地位，这是古代妇女解放史上最光辉的一页。虽然武则天参加封禅的初衷是在全天下树立和皇帝并尊的地位，但她事实上向旧礼教、向男权挑战的行为却是中国女性的骄傲。

同年十月，仪式安排妥当后，唐高宗和武则天率领大队人马出发了。关于这人马阵容浩大到什么程度，在《资治通鉴》中有详尽的描述，由于文字不多，现摘录如下：

丙寅，上发东都，从驾文武仪仗，数百里不绝。列营置幕，弥亘原野。东自高丽（即高句丽），西至波斯、乌长诸国朝会者，各帅其属扈从，穹庐毳幕，牛羊驼马，填咽道路。

如此阵势，现代人几乎无法想象。仅仅是随行的仪仗、妃嫔、百官就绵延好几百里。再加上从东方高句丽到西方波斯的各方使臣、各部酋长，还有他们的部属，毫不夸张地说，这是牵动整个亚洲的大游行。大唐的赫赫声威在这里得到了最充分的体现。

这几万人的队伍，一直走了两个月，才到达泰山脚下。

一切准备妥当后，封禅典礼便如期举行了：

麟德三年（666年）正月初一，唐高宗祭祀昊天上帝，连搞了两天。初三，祭祀皇地祇就热闹多了，因为以武则天为首的女人们要登场了。唐高宗初献完毕之后，捧着各项执事的随员立即退下，由宦官手执帷帐，武则天便率娘子军上山登坛行礼了。

在仪式中，所有的歌舞人员都由后宫组成，到处莺歌燕舞，整个泰山花团锦簇。本来是庄严的大典，结果办得如同走秀，这颇为另类的场面，让远远观望的群臣窃笑不已。

武则天不在乎这些人无聊的说笑，她在乎的是自己也在泰山顶上站了站，更在乎的是男尊女卑的规矩从此将不再是规矩。

封禅大典举行完毕，武则天提议：天下治理得好，离不开文武百官的努力，所以应该给每个官员加阶。

既然国家富裕了，给官员们升级加薪，这是无可厚非的事情。

于是，唐高宗接受百官和使臣的朝贺，宣布当年改元为乾封元年，大赦天下，百官统统加爵进阶。这样一来，成百上千的官僚因此受惠，他们对武则天自然是感恩戴德。

就这样热热闹闹一直到正月十九，唐高宗的车驾才离开泰山返回京师。途经曲阜，拜祭孔子家祠，追赠孔子为“太师”。又路过亳州（今河南鹿邑），拜谒老君庙，尊老子为“太上玄元皇帝”。直到当年四月，才回到京师。这趟历时一年多的大游行，行程数千里，终于画上了一个圆满的句号。

干掉情敌不手软

封禅活动虽然把大唐上下闹了个鸡犬不宁，但武则天在全天下人面前露了脸，出尽了风头。她不仅实现了树威的目的，还通过加阶进爵笼络了不少官员的心。除了这些看得见的好处之外，她还借机干掉了自己的情敌——魏国夫人贺兰氏。

魏国夫人贺兰氏是被毒死的韩国夫人的女儿，也是武则天的外甥女。

当初，风流的韩国夫人不守规矩和唐高宗勾搭，而她的女儿贺兰氏也娇艳可人，得到唐高宗李治的宠爱，与其母韩国夫人一同侍奉李治。因为侍奉的对象是至高无上的皇帝，她们忽视了一个人的存在。就在她们与唐高宗谈笑嬉戏时，武则天的眼睛里已经存满了杀气，接着韩国夫人便被毒死在后宫。

在利益面前，亲情变得一文不值。

母亲的惨死说明后宫的争斗凶险万分，贺兰氏一个弱女子本应知难而退。但她偏偏不信，自恃美貌聪慧，以为可以在政治斗争中凭借自己的天赋存活并获利，甚至还妄图把唐高宗俘虏到自己的石榴裙下，并通过唐高宗之手搞垮武则天。

贺兰氏毕竟太过年轻，她怎能是经历过诸多风雨的武则天的对手。

唐高宗虽然对眼前的这个小美人也很怜爱，甚至打算正式封她做妃子，但一见到武则天就张不开嘴了。

卧榻之侧，岂容他人酣睡。

看着自己的丈夫把心思都放在了贺兰氏身上，武则天非常恼怒，这是她所不能容忍的。这样一来，外甥女贺兰氏就成了她的眼中钉。由于没有合适的机会只能一再容忍，封禅泰山的活动给武则天带来了机会，她欲借他人之手除掉这个让她难堪的小情敌。

武则天找了两个替死鬼，她的两个堂哥——现任始州（今四川剑阁）刺史的武惟良和任淄州（今山东邹平）刺史的武怀运。之所以选这两个姓武的，是因为当年他们欺负孤儿寡母，得罪了杨氏夫人和武则天。这老账不是武则天忘了，而是要找个合适的机会让他们一并来偿还。

也许你会说，皇后干政要依靠外戚的势力，武则天怎么傻到要灭自家兄弟呢？虽然这两个堂哥当年欺负过她，但毕竟是自家人。

的确，自古皇后干政，大多数任用外戚，也就是娘家人做靠山。但外戚介入过多的话，容易导致政权易手。所以，武则天对自家的外戚（武氏兄弟子侄）的态度有些摇摆，不允许外戚势力坐大，所以她在当皇后的第二年就写了《外戚诫》一文，警告娘家人不要胡来。

长孙无忌被彻底清除后，武则天为了大局把武氏兄弟从低级官员提拔成地方大员或中央部门官员。比如，武惟良是司卫寺（掌宫门屯兵）少卿，武怀运是淄州刺史，同父异母兄武元庆是司宗寺（掌皇族事务）少卿，武元爽是内府（掌管宫中用品）少监，都是连升三级以上，成为朝中大员。

再怎么说，这些人与武则天有血缘关系，胳膊肘总不会向外拐，说到底还是用自己人比较放心。

让人想不到的是，这些武家兄弟根本就不领武则天的情。在他们眼中，武则天仍然是当年被任意欺凌的小姑娘。

热脸贴了冷屁股，这让武则天非常恼怒，她又想起了当年所受的欺辱。

这些狼心狗肺的东西，你们既然不领情，那就给我统统滚蛋！

结果，武元庆被外放为龙州（今广西龙州）刺史，武元爽为濠州（今安徽凤阳）刺史，武惟良则被一脚踢到剑阁的大山里，武怀运被放到了黄海边。

这还没完，只是迫害的开始。武元庆到任不久便忧愤而死，而武元爽后来被改为流放振州（今海南三亚），不久也死了。剩下的两个堂哥武惟良和武怀运整日惶恐不已，胆战心惊地活着。早知如此，何必当初。

武则天对外戚的态度说明，她此时干预朝政只是想让大唐的国家机器正常地运转起来，为儿子将来接班打好基础，她并没有想着要做皇帝。

我们接着往下看武则天是如何一箭双雕的。

皇帝东封泰山，各地刺史都要先到京师集中，再从驾出发。因为武惟良和武怀运都是刺史，所以也在此列。封禅完毕后，又和高宗一起回到京师。

俗话说，吃一堑长一智。人不能在同一个地方跌倒两次。几年折腾下来，这哥俩明白这个妹妹皇后是惹不起的，所以对武则天谄媚有加，希望能缓和一下关系。

唐时官场习俗，官员有向皇帝献食的做法，就是准备一些土特产、山珍海味，送进宫里，请皇帝皇后品尝。这是和皇帝皇后套近乎的绝好时机，万一把皇帝皇后吃乐了，就给自己的前程又加了一个砝码。两位武兄自然不会错过这种好时机，也分别带了任职地的土特产进献宫内。

这是上天给武则天送来的两个替死鬼，她不会放过这个机会，决定还是采用下毒的老办法，把贺兰氏送到极乐世界。

心动就要行动，武则天向来都雷厉风行。她先派人在武氏兄弟送来的土特产中下了药，然后马上邀请魏国夫人贺兰氏前来品尝。

盛情难却，何况是皇后的邀请，贺兰氏找不到拒绝的理由。再说，她根本就想不到武则天会对她下毒手，结果就踏上了一条不归路。

武则天非常和蔼地说：

"自从韩国夫人去世后，你一心侍奉皇上，劳苦功高。这些土特产的味道不错，是亲戚送来的，你就先尝尝吧，算是姨妈的一点儿心意。"

贺兰氏最多不过二十五六岁的年纪，没有什么心计，以为武则天和她和平共处了。姨妈都伸出橄榄枝了，毕竟是一家人，什么深仇大恨都有化解的一天。

既然是自家人送的，就吃吧。

结果，没吃几口，突然口鼻流血，倒地抽搐几下后便不动了。

这不是在拍电影，贺兰氏中毒身亡是铁板钉钉的事实。

这下苦了唐高宗，鲜活的小情人再也站不起来了，留给他的只是一具冰冷僵硬的尸体。他扑在魏国夫人身上大哭不止。

土特产怎么会有毒呢？怎么会这样，送点土特产怎么就酿出了一场大命案呢？

武家哥俩已经六神无主，跪在地上等待着发落。他们知道这次就算跳进黄河也洗不清了。

宫里发生食品中毒案，性质非常严重。武则天拍案而起："好大的胆子，这分明是想毒死皇上啊。"随即请高宗下旨，拿下这两个逆贼。

当夜经过突击审讯，两人都招了：因为贬官一直心怀嫉恨，想要毒死皇上，却误杀了魏国夫人。

谋害皇上，虽然这个理由非常牵强，没有什么逻辑可言，但足以让武家哥俩死一万次。这就够了，要的就是这个效果。

第二天，两人便被处死，妻女没入宫中为奴。可怜这兄弟俩，虽然小心避祸，最终还是没能逃脱自家妹妹的手掌心。

武家兄弟俩死后，武则天还不解气。她认为武惟良、武怀运兄弟有蛇蝎心肠，不配姓武，于是将他们改姓为"蝮"氏，蝮蛇的蝮，寓意他们就是毒蛇猛兽。

不仅要消灭肉体，还要摧残精神，"最毒莫过妇人心"。闲着没事，千万不要惹这样的女人，否则有你受的。

另外，有一个女人也得提一下，她就是武怀运的哥哥武怀亮的妻子善氏，虽然武怀亮得到善终，但他的妻子就没这么好的运气了，因这个案子被没入后宫为奴。这个女人虽然姓善，但心地并不善良，当年对杨夫人母女最坏。

杨老夫人想到当年这个女人对她的非难，便要找碴儿发泄一下心头之恨。结果，善氏被用成束带刺的树枝狠狠鞭打，直到打得肉烂见骨而死。

三十年河东，三十年河西，人世间的事情太过玄妙。乞丐朱元璋都能开国立业，建立大明王朝，所以对落魄之人我们要尽力相助，千万不能落井下石。

武则天的一箭双雕之计非常成功，现在宫里没有了情敌，外廷的大臣们对她参政也不再有公开的异议，她进一步站稳了脚跟。而大唐在她的辅政下经济繁荣，百姓安居乐业，盛极一时。她可以自豪地对天下人说：看，这就是我，武则天，是我给大家带来了富足的生活。

虽然有些狂傲，但武则天自有她狂傲的资本。

都是风流惹的祸

　　"一计除三亲"让世人领教了武则天的毒辣，武氏兄弟从此相继消殒没落。那么，武则天真的不考虑继续援引外戚了吗？靠单打独斗能挑起李唐江山吗？

　　仅仅满足于当皇后可能不需要外戚的支持，但是如果想要进一步掌权呢？打仗亲兄弟，上阵父子兵，最能帮助武则天的恐怕还是外戚。所以，早在两位亲哥哥因忧惧而死后，她就开始思考这个问题了。

　　从父亲武士彟那里承袭下来的周国公一爵，必须要找人来继承。武则天已经没有平辈的外戚，按理来说，让哥哥的儿子继承这一爵位再合适不过了，但武则天没这么做。也许是出于对哥哥们的表现太过伤心，也许是对毒死共患难的韩国夫人太过内疚，也许还有其他原因，我们不好妄加猜测，武则天最后决定让姐姐的儿子、外甥贺兰敏之来继承周国公一爵。于是，她把贺兰敏之叫到寝宫，让贺兰敏之改为母姓，也就是改叫武敏之，袭周国公爵，加弘文馆学士、散骑常侍。

　　升官受爵这是人们做梦都在想的美事，面对天上掉下的大馅饼，贺兰敏之自然欣喜万分，跪拜谢恩。

　　我们接着看看这贺兰敏之为人如何。

　　贺兰敏之秉承了母亲的美貌，也秉承了母亲的轻佻，是初唐的绝佳人物，长安城里有名的花花公子。他恃宠而骄，以风流闻名于世。

　　贺兰敏之为人虽然轻佻，但他的文才着实不错。

　　据出土的《贺兰敏之墓志》描述，此人"风情外朗，神采内融……飞文染翰，为伯为雄"。虽然有夸耀的成分在里面，但也不会太过于虚夸。他偏重于做文字工作，曾奉命召集学士刊定经史、编写人物传记。他在弘文馆的时候，曾经编《三十国春秋》一百卷，现今此书只剩下辑本一卷。

贺兰敏之在弱冠之年当官，二十几岁就当了三品大员，如果没两把刷子的话，这大官是做不了的。

任何人都有自己的长处，武则天对这位文采斐然的俊美少年非常看好，想把他培养成政治新秀，早日成为自己的得力助手。

别人费九牛二虎之力熬到白头才能爬到三品大员的位置上，眼前这位年轻小伙不仅官运亨通，而且受到上面独宠，仿佛天下的好运气都集中到他一个人身上。

俗话说，木秀于林，风必摧之。一个人过于得意，不见得是一件好事。走大运后，接下来就可能走背运，正所谓否极泰来。

本来，贺兰敏之与武则天的关系还算不错，但自从武则天毒死了贺兰敏之的亲妹妹魏国夫人后，两个人的关系就出现了裂痕。

据《资治通鉴》记载，贺兰氏死后，唐高宗哭着问贺兰敏之："朕上朝时魏国夫人还好好的，怎么下朝后就不在人世了？"

我们知道，武则天已经宣布：贺兰氏是被武惟良和武怀运他们送来的食品给毒死的。面对唐高宗的发问，贺兰敏之应该告诉唐高宗，都是武惟良和武怀运的错，他们本想毒死皇后，没想到被我妹妹误食了。

奇怪的是，贺兰敏之面对唐高宗的发问，只是一味痛哭，一句话也不说。

不说话也是一种表态，说明贺兰敏之认为妹妹的暴亡另有冤情。

当眼线把这个情况密报武则天后，心思缜密的武则天怒道："此儿疑我！"从此，贺兰敏之就在武则天那里失宠了。尽管如此，武则天并没有亏待贺兰敏之，也没给他小鞋穿。

如果这样相处下去，你好，我好，大家都好，但偏偏贺兰敏之不是个省油的灯，弄出了不小的动静。这也在情理之中，毕竟，显贵子弟没有经受过什么大的磨难，一旦骤登高位，就再也把握不住自己了。

司卫少卿杨思俭有一个女儿，貌美无比，已经由武则天选定为太子妃，不日即将成婚。贺兰敏之垂涎其美貌，竟将她给强暴了。武则天又气又急，只好临时取消了婚礼。

对准太子妃施暴，这已经很严重了。更不像话的是，贺兰敏之居然把魔爪伸到了武则天女儿身上。太平公主是武则天最小的孩子，武则天对她非常宠爱，视为掌上明珠。太平公主幼时常到外婆家居住，所带宫女尽被贺兰敏之淫弄。

俗话说打狗看主人，贺兰敏之的做法让武则天大为恼火，她本想法办了这个禽兽不如的家伙，但杨氏夫人对外孙子疼爱无比。因为有这位老人家护着，武则天只好暂时咽下这口恶气。

咸亨元年（670年），荣国夫人杨老太太死了。咸亨二年（671年），武则天便开始动手，她正式上表了贺兰敏之违法乱纪的五大罪状：

第一，和外祖母荣国夫人杨氏通奸。这真是天大的爆料。杨老太太是贺兰敏之的亲姥姥，一大把年纪了，还能这样乱来吗？是真有其事，还是武则天的诬陷？虽然《旧唐书》和《资治通鉴》都有记载，但这种说法太玄，是史上未解的疑案之一。

第二，贪污为荣国夫人造佛像追福的瑞锦。杨夫人死后，国家拨了一些锦缎为她做佛事，贺兰敏之给挪作他用了。

第三，诱奸准太子妃。

第四，强奸太平公主的随行宫人。

第五，居丧期间换下丧服，招妓奏乐享乐，不遵礼制。

按理说，因为贺兰氏的缘故，唐高宗应该对贺兰敏之还有着一份顾念之情。但这样的罪行，实在是骇人听闻。如果对这样的禽兽都网开一面的话，就忒说不过去了。所以，诏书很快就下来了。

贺兰敏之被流放到雷州（今广东雷州），恢复其本姓贺兰氏。另外，朝中与贺兰敏之一起交往的纨绔子弟多被牵连，流放到岭南一大批人。

当走到韶州（今广东韶关），贺兰敏之便死在当地官府里了。史籍上有说是"以马缰自缢而死"，还有说是被武后派人用马缰绞死的。

要么不做，要做就做绝，这是武则天一贯的风格。所以说贺兰敏之自杀有些牵强，被武则天派人杀死反倒更加可信。

都是骄淫惹的祸，没有了杨老夫人这把保护伞，对于得意忘形的贺兰敏之来说，死是他最好的归宿。

贺兰敏之死后，周国公这顶帽子就暂时没人戴了。虽然外戚的种种不良表现让武则天非常伤心，但三年之后她又想用自己家的人了。

异母哥哥武元爽的儿子武承嗣在几个侄子之中年纪最大，所以武则天奏请将武承嗣召回，袭周国公，任五品的尚衣奉御，很快又被任命为三品的宗正卿（掌管皇族事务）。

可见，武则天再强悍，毕竟也是一己之力，她最终还是离不开外戚的支持。

光荣晋升天后

俗话说：月满则亏，水满则溢。万事万物都遵循这一规律，在武则天辅政下的大唐也逃脱不了这条规律的束缚。

咸亨元年（670年），大唐的内政和外交都出现了非常被动的局面。

先看外交：

这一年，常胜将军薛仁贵讨伐吐蕃全军覆没，结果吐蕃的势力范围一度扩张至今天的青海，唐朝西线的军事压力陡增。而朝鲜半岛的形势也不容乐观，本来已经依附唐朝的新罗政权大力发展，想要统一半岛。

再看内政：

这一年，天下大旱，朝廷只好下诏让百姓前往各州逐食。为了解决吃饭问题，政府也准备东迁洛阳。必须得让老百姓吃饱穿暖，这是头等大事，所以"二圣"每天都在祈祷老天爷普降甘露，缓解旱情。在饥荒面前，武则天也一度有焦头烂额之感。

人们都说"祸不单行"，的确，当第一个灾祸降临到头上时，就得做好继续遭受打击的准备。

在内外都陷入困境之际，武则天个人也遇到了困难。先是她的死党许敬宗退休了，这是继李义府被贬死之后对她的又一个重大打击。随着许敬宗的退休，朝廷中反武派势力呈现重新抬头的趋势。接着，她的母亲杨夫人也去世了，这让武则天又失去了一个重要的依靠。在废王立武的关键时刻，在"二圣"临朝的复杂局面下，杨氏夫人出谋划策并沟通内外，起了非常大的作用。如今这位至亲兼帮手离世，让武则天遭遇了人生最大的痛楚。

古代官场历来都习惯于落井下石或找替罪羊。如今，天下大旱，大唐面临困境，这就给一些不满武则天参政的人提供了机会。不少人把矛头直指武则天，说天下之所以会出现百年一遇的大旱灾是因为皇后专权造成的。

面对议论纷纷的外廷，武则天有些迷茫了。她怎么也搞不懂，自己兢兢业业打理朝政十年之久，没有功劳也有苦劳，怎么偏偏到头来却要遭人非议。

武则天接下来做出了一个惊人之举——撂挑子不干了。这皇后谁爱干谁干，我不受这个窝囊气了。

高明的政治权谋都懂得"以退为进"的策略。在貌似走进死胡同时，选择适当地退让，有时候便会柳暗花明，最终成为真正的赢家。

武则天从一个进宫时十四岁的小女孩，一步一步走到今天，谈何容易。虽然她的招牌动作是进攻，但有时她也采取以退为进的策略。

这一次也不例外，她已经算准自己的老公唐高宗离不开她。所以，她暴露出"软弱"的一面，摆出一副小鸟依人的样子，让唐高宗再一次为自己加重砝码。

果然，武则天妩媚的一面再一次让唐高宗英雄气短，那些朝廷内外的议论之声已经入不了这位皇帝的耳朵了。再说，自从显庆五年唐高宗生病武则天辅政后，她参政的时间已经有十年之久。唐高宗已经习惯自己身边有这个女人出谋划策，他无法想象自己离开武则天后如何处理朝政。简单说，虽然有时候他觉得武则天碍手碍脚，但最终还是离不开武则天。所以，唐高宗拒绝了武则天避位的请求。

为了安慰一下受伤的武则天，唐高宗下令把杨夫人的葬礼办得无比风光，亲手给杨夫人书写墓碑，还让文武百官和内外命妇都到杨夫人的宅子里去吊丧。接着，又封杨夫人为鲁国太夫人，谥号忠烈。

唐高宗用实际行动支持了武则天，并为她化解了危机。武则天也通过母亲高规格的葬礼进一步提高了自己的威望。

天下人也看明白了，只要唐高宗活着一天，这"二圣"政治就将存在一天。

想动武则天，那简直是白日做梦。

上元元年（674年）秋，唐高宗的病情加重。为了驱除所谓的邪祟，化凶为吉，唐高宗李治自封天皇，尊武则天为天后，同时将其先祖也一律追封。"二圣"变成"天皇"和"天后"。

表面上是名分的变化，实质是为自己升级换代。高宗是万乘之尊，再加上"天皇"也没什么大的意义，所以，这很有可能是武则天的主意，她要进一步确立自己参政的合法性。就这样，武则天便晋升为天后了，这一步对她来说非常重要，她从此便站到一个新起点上了。

"建言十二事"是个好国策

对老百姓而言，谁在台上做皇帝都行，只要让他们吃饱穿暖就没什么问题。而对于臣子而言，高高在上的帝王不仅要得民心，还必须得有那么两把刷子，带领着他们往前奔。所以，武则天仅仅有"天后"的名分还不够，她必须得让天下人信服她有能力领导这个国家。

武则天最崇拜唐太宗，对太宗制定的纲领政策如数家珍。唐太宗曾制定过一个文件，叫《帝范》，共说了十二件治国的大事，故称《帝范》十二章。其内容为君体、建亲、求贤、审官、纳谏、去谗、诫盈、崇俭、赏罚、务农、阅武、崇文等，这十二条内容都是治国的根本大计。武则天以唐太宗为榜样，开动脑筋，她要按照自己的意志改造这个国家，制定一个治国的施政纲领并向全天下公布。

上元元年（674年）年底，著名的"建言十二事"出炉了。具体内容如下：

1.劝农桑，薄徭赋；

2.免除三辅一带百姓的徭役；

3.息兵，以道德教化天下；

4.禁浮华；

5.节省功费、力役；

6.广开言路；

7.杜绝谗言；

8.王公以下皆习《老子》；

9.父在为母服缞三年；

10.五年以上有功官员不再考核；

11.八品以上京官增加俸禄；

12.任事已久又有才德的官员可晋升。

这十二条是治国之本，是一份十分全面的施政纲领，对普通百姓和各级官员都有好处。大致分为三个主要方面内容：

第一，施惠百姓，切实减轻农民的负担，以道德教化天下。民不堪赋役索取之累是历代所有皇朝灭亡的原因或导火索。所以，武则天不仅重视农桑发展，还减轻百姓的赋税徭役，实行轻徭薄赋，让老百姓不再为生计发愁。

第二，净化政治空气，实现国家政治开明、道德净化。要让官员们敢说话，向朝廷建言和批评，皇帝要有纳谏的雅量。但也不能造谣生事，搬弄是非，混淆视听。要求各王公要按照老子提倡的无为而治的思想，来指导校正自己的行为，学会无为而治。另外，按古礼，父丧母在，孝子要为亡父着丧服三年；若母丧父在，则孝子只为亡母着丧服一年。武则天认为要一视同仁，从而提高妇女的社会地位。

第三，笼络百官。首先从提高官员待遇入手，特别是提高了中下级官员的待遇，为他们争得利益，赢得了绝大多数官员的拥护。

"天地之间有杆秤，秤砣就是那老百姓。"在任何时代，执政者都要把老百姓的利益放在心头，只有这样才能得到老百姓的衷心拥护。在武则天执政的几十年中，有时她和那些权臣的斗争是用了一些权谋，但她之所以能够一直立于不败之地，主要是她有广泛而深厚的群众基础，有老百姓的拥护。正所谓："得民心者得天下。"

高宗对"建言十二事"也相当赞赏，曾下诏褒扬，并要求各衙门执行。"建言十二事"正式成了国策。

东西境再起烽烟

在"建言十二事"中，有一条是"息兵，以道德化天下"。连高句丽这样难啃的骨头都被老将军李勣给拿下了，为什么还要提出息兵呢？容我慢慢道来。

任何一个国家的外部都不可能永远一片祥和，强盛的大唐也是如此。此时大唐四境的局势在安定一段时间后，又发生了新的变化。

首先，东边的高句丽、百济被灭后，昔日的盟国新罗渐渐坐大，开始背叛唐朝。其次，西边的吐蕃逐渐强大起来，连连攻陷唐西部各州。另外，还有早就被灭掉的突厥的残部，也试图卷土重来。

面对边境的威胁，高宗、武后不得不想应对之策。

先看我们并不陌生的吐蕃。

吐蕃原来是许多分散的部落，贞观八年（634年），松赞干布实现了统一，建立了强大的奴隶制政权，建都城于逻些城，即今拉萨市。松赞干布遣使纳贡向大唐求婚，众人熟知的文成公主便被送去与吐蕃和亲，从此唐、土关系密切起来。

不过，这种利用和亲换来的安宁是不保险的，稍有摩擦便没人谈亲戚攀交情了。虽然耳边还回荡着松赞干布与文成公主的那段佳话，但势力渐趋强盛的吐蕃已经有了攻略的雄心，把唐朝也看成了他们的目标。

吐蕃翻脸了。

龙朔三年（663年），吐蕃的实际掌权者丞相禄东赞趁大唐与百济打得不可开交之际，率精兵进攻吐谷浑。吐谷浑可汗战败，狼狈逃到唐地凉州（今甘肃武威）。

吐蕃的进攻明显没有把大唐放在眼里。

为了预防不测，大唐在凉州、鄯州（今青海乐都）屯兵，双方兵锋相对，一场大战已经不可避免了。

此时，大唐内部关于是否出兵打击吐蕃、援助吐谷浑的问题没有形成共识，结果错失了良机。

吐蕃透露出与吐谷浑有讲和的余地，可惜禄东赞在这个关键时刻死了，结果导致局面不可控制。他的四个儿子和于阗部联手，开始大举进攻。

咸亨元年（670年）夏四月，吐蕃攻陷西域十八州，竟然拿下了安西大本营龟兹拨换城（今新疆阿克苏）。唐的安西四镇顿时烽烟四起。

大唐可不是软柿子，这亲家是做不成了，对方已经亮剑，只有开打了。"二圣"怒了，决定用兵，派名将薛仁贵任逻娑道行军大总管，阿史那道真、郭待封为副总管，率领十万之众向吐蕃发动攻势。

阿史那道真，是突厥王子阿史那社尔与衡阳长公主所生，官至左屯卫大将军。郭待封，唐初名将郭孝恪次子，唐高宗时官至左豹韬卫将军。

这次征吐蕃，派出的将领阵容不弱，唐军对拉萨也是志在必得，但问题却出在了将领不和上。

郭待封原来的官职与薛仁贵不相上下，现在要听薛仁贵指挥，心里相当不爽，便对薛仁贵的调遣打折扣地执行。

行军打仗不是儿戏，带着情绪打仗是相当危险的。

果然，当唐军行军到大非川（今青海共和县境）时，被吐蕃军队打得落花流水，一败涂地，几乎全军覆没。只得与吐蕃妥协，率残兵东归。最终，薛仁贵、郭待封等主将都被除名。

此后，吐蕃进一步拓展势力范围，南至印度次大陆北部，西至葱岭，北抵天山山脉以南，有万余里的活动空间。吐蕃在河西地带神出鬼没，唐军一度对此毫无办法。

仪凤元年（676年）八月，吐蕃再次进犯叠州（今甘肃迭部），唐高宗和武则天令宰相刘仁轨出师防御吐蕃。三年，又命中书令李敬玄代刘仁轨镇守。李敬玄毫不知兵，与敌兵初战即溃。幸好百济降将黑齿常之率数百人袭击敌军后路，才化解了危机。

永隆元年（680年）七月，吐蕃再次进犯，结果被已升为武卫将军的黑齿常之在河源打败。黑齿常之因军功被提拔为河源军经略大使，在河源一带屯田，并建70多座烽火台戍所。史载，黑齿常之在河源军前后共七年，吐蕃兵畏之如虎，多年不敢犯边。

再看突厥残部。

在与吐蕃作战前后，突厥的旧众也先后复叛，好在都被唐军迅速平定。在平定东西突厥余部的战争中涌现了一颗新的将星，他就是早年因反对立武则天为皇后而被人告了密的裴行俭，被贬到西州（今新疆吐鲁番）后，很快又被起用。在平定西突厥余部时，他出了个兵不血刃的主意：以护送滞留唐廷多年的波斯（今伊朗）王子回国为名义，假道西突厥。以打猎为名在当地召集众部落头领，结果轻松地擒获了西突厥的两个首领。

最后看新罗。

西边战争不断，东边也不安宁，高句丽余众不断有人反叛。还有新罗，不仅把当年的救命之恩置于脑后，居然还派兵助高句丽余众和唐军作战，同时还占据百济旧地。

你不仁休怪我不义，没什么好说的，开打。

上元元年（674年），唐朝派刘仁轨领兵征讨新罗，把这个昔日的小兄弟狠狠地教训了一顿。新罗畏惧，派遣使者入贡谢罪，东境才算又安定下来。

这一段的边境战火有胜也有败，让人感慨良多。尤其是唐军征吐蕃的惨败，多少大唐将士从此成了他乡的孤魂野鬼。残酷的战争让民间的厌战情绪有所抬头，这给"大唐必胜"的狂热浇了一大盆凉水。武则天的息兵建议，就是在这样的大背景下提出的。

武则天的"息兵"政策并不是主张放弃强大国防，而是在处理问题时多了理性。武则天在后来单独执政时期也一直坚持奉行息兵政策，可见，她不是一个穷兵黩武的统治者。就这样，在用兵问题上，武则天给大唐开了一剂良药。

做女皇的儿女太难

上元二年（675年）春天，唐高宗的病情越来越严重，不仅头晕目眩，而且浑身上下疼痛无比，就连形式上的临朝也撑不下去了，身体基本是彻底垮掉了。

既然自己不能处理朝政了，必须找一个人来代替自己。按理说，太子李弘是不二人选，从史料记载来看，他早年就熟习政务，有主见、敢说真话且体恤民情，是个比较合格的接班人。但唐高宗却倾向于把政务彻底交给武则天来掌管。当唐高宗把自己的想法让众臣进行讨论时，敢于说话的几个大臣不同意这个提议，要让太子李弘摄政。

也许你会问，武则天不是很牛吗，怎么敢有人站出来和她叫板呢？

之所以有人反对武则天摄政，这是有原因的：

一来，儒家传统、男权观念和王朝正朔观念非常顽固，在朝中有正统思想的官员占绝对优势；二来，朝中拥护武则天的重臣许敬宗已于咸亨三年（672年）去世，许敬宗等这些少数由武则天扶持的大臣一死，便无人为她冲锋陷阵，替她说话了。

在反对武则天摄政的呼声中，叫得最响的是宰相郝处俊。他对唐高宗说："礼经云：'天子理阳道，后治阴德。'陛下不能违反此道。以往的魏文帝明令：虽有幼主，不许皇后临朝。才避免了祸乱。这是大唐的天下，陛下难道不传子孙而委重任于皇后吗？"

郝处俊的话音刚落，中书侍郎李义琰又抢着说："说得对，陛下不可不听啊。"

这是朝议，武则天就在高宗的身后，只隔一道帘幕。郝处俊和李义琰就敢发表这种反对武则天摄政的言论，勇气可嘉。

再看武则天，她已经很久没有听到大臣反对自己的声音了，所以她内心无比气愤和委屈。气愤的是，为何政权只能交给李家子孙，丈夫病得上不了朝，亲生儿子比丈夫也好不了多少，自己难道就不能顶一下吗？委屈的是，20年来自己苦力支撑，辅佐丈夫治理大唐，才出现了盛世的好局面，怎么一下子就要把自己踢开呢？这太无情，也太无理了！

谁说女人只配做男人的附属，你们这些男人不要小瞧女人，不要以为你们想把谁踢开就能把谁踢开。想让我退居二线，这不是你们说了算的，还得看我乐意与否。

廷议武则天摄政的事后不久，突发的一件事再次让武则天成了众人关注的焦点。这就是太子李弘偏偏在这个时候突然死亡了。死亡日期是同年四月己亥日，死亡地点在合璧宫，死时唐高宗和武则天都陪在他身边。

老来丧子，白发人送黑发人，这种难以承受的悲痛吞噬着武则天几乎破碎的心。但这还不算完，武则天还没有从悲痛中彻底解脱出来，新一轮的打击便又落在了她的身上。

人是善于联想的，当人们把武则天企图摄政和太子李弘突然死亡这两件事联系在一起时，便得出了一个结论：武则天为了独揽大权，"鸩杀"（毒死）了太子李弘。

苍天呀，大地呀，虎毒不食子！再说，太子李弘是武则天的梦想，她也希望有朝一日自己的儿子能真正坐在皇帝的宝座上指点江山。但毒杀儿子的屎盆子却扣在了她头上，这还让不让人活了？

李弘难道真的是被武则天杀害的吗？这个问题需要来澄清一下。

关于太子李弘的死，史书记载不一。其中，"鸩杀"说来自《新唐书》，后人认为武则天毒杀太子李弘的根据就来源于此。

关于太子李弘的死因，《新唐书》提到了两点：一是武则天妄图摄政临朝，太子李弘在奏请的时候触犯了她，结果惨遭鸩杀；二是萧淑妃的两个女儿义阳公主和宣城公主，因母亲之故被幽禁在掖庭（宫女宿舍），年近四十还未嫁。李弘觉得她们很可怜，请求把她们嫁出去。武则天大怒，把两位公主嫁给了两名当班卫士，李弘从此失宠。

从宋代起，就有人对此提出质疑。因为《新唐书》中提到的"鸩杀"说根本就不能成立，缺乏证据又不合情理。

首先，说武则天在上元年间就想摄政，不可信；其次，太子请嫁两公主之事，有演义的成分：一是两公主的年龄不对，因为此时唐高宗的年龄才不过四十三岁；二是据《唐会要》载，义阳公主的老公权毅、宣城公主的老公王勖，都不是卫士。

所以，司马光在《资治通鉴》中虽然记载了太子李弘见义阳、宣城两公主的事，但他深感"鸩杀"说缺乏证据，便说了一句客观公道的话："按弘之死，其事难明，今但云时人以为天后鸩之，疑以传疑。"

所以，武则天毒死太子李弘只是个传闻而已。但当这个传闻被重复千百遍之后，便成"真的"了，可见流言是多么可怕。其实，李弘是武则天的长子，也是她的梦想，她对这个儿子也是厚爱有加，怎么会亲手毒死自己的儿子呢。如果武则天知道自己死了千年之后还得蒙受这种不白之冤，她会不会从坟墓中跳出来理论一番呢？

武则天是无法平反这历史上的冤案了，只能靠后人一点一点揭开历史的真相。

那么，太子李弘到底因何而死呢？

有人认为死于压力过大。李弘的身体本来就很差，让他做太子，就已经感到担子太重，病情便加重了。唐高宗要把皇帝位让给他时，导致他旧病复发，结果就再也醒不过来了。

不过，大量确凿的史实表明，太子李弘死于肺结核。《旧唐书·孝敬皇帝传》中记载太子李弘"自琰圭在手，沉瘵婴身"。意思是说，李弘四岁当太子后，就染上了肺结核病。我们知道，肺结核是一种很难治的传染病，唐高宗也深受其害。父子俩都染有这种病，太子李弘因此病身亡，也就说得通了。

第六章

挡我者死

我就要临朝称制

李贤的是是非非

一个王朝不能没有储君，万一哪天皇帝驾崩，天下岂不大乱。何况，唐高宗的身体一直不好，所以，太子李弘死后，立新太子成了当务之急。

因为李弘死后无子，根据"兄终弟及"的原则，在太子李弘死后的第二个月，即上元二年（675年）六月，便由他的二弟李贤继任太子。

李贤，字明允，永徽六年，封潞王。龙朔元年，徙封沛王，加扬州都督，兼左武卫大将军。他是高宗的第六个儿子，也是武则天的第二个儿子，此时的他已封雍王，任幽州（今北京）都督，时年22岁。

李贤和他的哥哥李弘不同，一点儿也不柔弱，很像母亲武则天。他的性格刚强猛烈，处理事情果断有胆识，而且不为旧礼所拘。很小的时候，就读了《尚书》《礼记》《论语》等书，且过目不忘，是个很有天赋的少年。他不但文采出众，而且十分留意武功。弓箭、骑马十分娴熟，特别醉心于外出狩猎和打马球，可谓是文武双全。

在新旧《唐书》中记有这样一件事：

当李贤读到《论语》中"贤贤易色"一句时，就翻来覆去地咏诵。高宗问他原因，他回答："性实爱此。"意思是说，我的心性原来就喜爱它。

我们知道，"贤贤易色"出自《论语》的《学而》篇，是子夏说的话："贤贤易色，事父母，能竭其力；事君，能致其身；与朋友交，言而有信。虽曰未学，吾必谓之学矣。"这是儒家教人孝父母、事君主、交朋友的原则，如果按这个标准做到了，就是贤臣孝子信友了。

看到自己的儿子天生聪明好学，举止端雅，唐高宗非常高兴，对这个孩子也是喜爱有加。

唐高宗以前有意让武则天摄政，因为遭到大臣们反对而作罢。如今，李贤当了太子，不论是能力、气魄和资质，还是身体条件，都要强过李弘。唐高宗对李贤寄予了厚望，马上就让他监国，还给他配备了位居宰辅、德高望重的郝处俊、高智周、薛元超、张大安等属官，希望他能顺利地把皇帝这个担子接过去。

刚开始，新太子李贤的确没有让人失望，他的表现非常好。刚监国就留心政事，呕心沥血地治理国事，力求准确处理刑讼，还能理解先辈的治国之道。另外，他的人缘也不错，众大臣都很捧场，说他处事审明、礼敬大臣，是一位很有潜力的太子。

作为储君，李贤的表现非常合格，唐高宗可以放心地把大唐江山交给他了。终于找到一个儿子可以继承帝位了，想必唐高宗非常激动，他对新太子给予了极高的评价：家国之寄，深副所怀！

李贤在监国、处事时常受"北门学士"的牵制。关于"北门学士"我们在前面已经介绍过了。这些人在修撰之余，也参谋政事，间接或直接干预国事，是武则天的智囊团，是她控制朝政的一股中坚力量。

仗着有武则天撑腰，这些人对什么事都要指手画脚。东宫的一帮人很生气，太子左庶子张大安密奏太子："'北门学士'依仗皇后撑腰，对殿下十分不利，望殿下从速修撰自己的著作，借以培养自己的亲信重臣，为日后登基称帝打好基础。"

虽然李贤惧怕自己的母后，但也觉得此事可行。于是，他指示张大安选一本书，搞个注释之类的工作，从而将一批人才网络到自己麾下。

不久，在太子东宫聚集了一帮有才学的人，在仪凤元年完成了范晔的《后汉书》的注释工作，并献给了唐高宗。

看到自己的儿子这么有出息，唐高宗大喜，对学者们"赐物品三万段"以示嘉奖，书交秘阁收藏。直到现在，这个注释本子仍被史家所重视，可见其价值之高。

在唐高宗的表彰和支持下，太子李贤的声望如日中天。他的小集团势力也日益形成并与武则天的"北门学士"相抗衡。

看到自己的儿子日益成熟，武则天心里有些矛盾：一方面她希望自己的儿子能接好班，干好皇帝这份差事；另一方面她又不想就这么放弃手中的权力，因为她已经习惯了这种高高在上握有生杀大权的生活。她真不知道自己还能不能适应那种手中无权的生活。难道自己一生的理想、半世的心血就要付之流水了吗？

如果李贤能这样坚持到唐高宗驾崩，这皇位肯定是非他莫属了。但是，李贤太子的兢兢业业没坚持多久，他让人无法接受的另一面就暴露了出来。他经常在长安四郊飞鹰走马，整日游猎，又在东宫和倡优、奴仆们吹吹打打，放纵自己。他的生活作风更不检点，纵欲无度，更过分的是他还宠爱一个娈童赵道生，动不动就赏赐金帛。

如果说一个二十来岁的青年叛逆一些，这也没什么好奇怪的。皇室子弟，生活奢侈糜烂是很常见的事情。但李贤不一样，因为他有一个太子的头衔，身为准皇帝，是天下人的表率，需要时时刻刻严格要求自己，岂能如此放纵。

对于太子的荒唐行为，大臣们大多缄口不言，都怕碰钉子。只有司议郎韦承庆上书太子，劝谏其注意自己的行为。但太子并不理睬，仍然陷于声色犬马之中。

世上总少不了溜须拍马的人，一班乐户、奴仆见主子如此爱玩，便挖空心思讨其欢心。如太子洗马刘讷言，身为儒学大师的他不仅没有规范太子的礼仪行为，反而还撰写《俳谐集》等下流作品，讨好太子。一时间，整个东宫一片乌烟瘴气，太子李贤基本上可以和无赖画等号了。

看到自己的儿子前后判若两人，武则天很生气。不能再这样继续下去了，否则将来整个大唐江山都不够他挥霍的。武则天屡次下书训诫儿子，并让人撰写《少阳政范》和《孝子传》二书供李贤研习忠孝之道，书中暗寓训斥的意思。她还写信对李贤提出严厉批评。

再看李贤，正逍遥快活着呢，他对母亲的干涉非常不满。对这劈头盖脸的批评，更难以接受。于是，母子间发生了冷战，母子关系开始恶化起来。

不久，宫中流传着这样一条谣言：太子李贤不是武后的亲儿子，而是韩国夫人所生。谣言猛于虎，对李贤来说，这个谣言太可怕了。他隐隐感到危险正在步步逼近。

坐等挨刀，不是李贤的风格，他敢怒敢恨，胆大包天。于是，他开始让自己的心腹准备武器，以防万一。结果，准备了数百套武器，都藏在东宫马房里。

同时，他还准备发动心理战，写了一首《黄台瓜辞》："种瓜黄台下，瓜熟子离离。一摘使瓜好，再摘令瓜稀。三摘犹自可，摘绝抱蔓归。"大意是，一棵瓜蔓，结了四个瓜，一摘二摘三摘四摘，最后便只剩下瓜蔓了。这明显就是写给武则天的。李贤又让乐工配曲传唱，刺痛武后做母亲的心，要从心理上打败武则天。

武则天何等聪明，通过这首歌，她知道了她的二儿子是多么恨她，把她当成了杀人的刽子手。作为一个女人，能坐上让天下所有女人都羡慕的皇后宝座，她是成功的；但作为一位母亲，和儿子的关系处到这种地步，她无疑是失败的。她知道自己已经无法与儿子李贤和解了，她将要永远失去这个儿子了。

就在流言满天飞的敏感时刻，又出了一件大事——一个出自正谏大夫明崇俨之口的关于大唐未来的预言把大唐的政局搅得更乱了。

明崇俨，洛阳偃师人，他的祖先是平原士族，世代在南朝为官。他容貌俊秀，风姿神异，传说精通巫术、相术和医术。入仕途后，最初担任县丞一职，后来因为医好了唐高宗的头疼病而深得唐高宗和武则天喜爱，可以自由出入皇宫。

这个明崇俨会一些符咒幻术之类的迷信玩意儿，和术士差不多。他经常弄些偏方并求神拜佛来给唐高宗治病。武则天也常请他"降妖除魔"。因此，明崇俨成了唐高宗和武则天跟前的红人。身为正谏大夫的他论政事得失时喜欢假借鬼神之言，以便增加自己的神秘感。唐高宗和武则天对他这一套很着迷，基本上对他言听计从。

既然是皇帝和皇后身边的红人，所以不管什么事，他都想插上一杠子。关于李贤的生母是否是武则天他不感兴趣，他感兴趣的是皇位的继承人。他决定火上浇油，在私下里向唐高宗和武则天进言，说太子李贤继承不了帝位。说从面相上看，英王李哲和太宗李世民的模样有一拼，而相王李旦的面相非常富贵，所以李哲和李旦才是继承帝位的合适人选。

质疑太子，难道明崇俨就不怕掉脑袋吗？其实，他之所以这么说是因为他已经看出武则天对李贤的不满，废黜这个行为不检点的太子是迟早的事，所以他才押了这一宝，说出了武则天心里想说的话。

武则天虽然很信赖他，对太子也比较失望，但废立太子毕竟是大事，岂能因为明崇俨的一家之言就把李贤拉下马。

明崇俨拍马屁是为了获得更多的恩宠，但他却忽视了另一个人的感受。这个人就是太子李贤。

没有不透风的墙，虽然是私底下的建议，但李贤还是知道了这件事，所以对明崇俨恨之入骨。

调露元年（679年）五月，明崇俨从东都到京师去办事，这位能"洞悉天机"的人却没有算到自己的死期，在半路上夜遇刺客，结果死于非命。

打狗还得看主人，谁这么大胆，竟然敢对皇帝的座上宾下毒手？唐高宗和武则天大怒，下令追查凶手。虽然逮了不少嫌疑人，却查不出真凶。

这就怪了，会是谁呢？

武则天把朝中官员从上到下过了一遍，也没有想到谁是嫌疑人。因为这些人在平时对明崇俨巴结有加，怎么也不会起杀心呀。最后，武则天想到了明崇俨关于皇位继承人的言论，她一拍桌子，便把太子李贤锁定为最大的嫌疑人。不过，这也仅仅是怀疑而已，她手里没有确凿的证据。

没证据不可怕，只要是被武则天盯上的人，不管是谁，都难逃她的手掌心。

过了一段时间，武则天命太子李贤去洛阳随驾。李贤害怕了，以为武则天要对他下手，所以迟迟不肯动身。没想到，这次真出了大事，他所干的事一下子都被揭露出来。

武则天首先派人向唐高宗告发太子李贤的各种"阴事"，都是声色犬马之类。最让唐高宗受不了的是，太子竟然与娈童赵道生欢狎。这都成问题，还怎么做皇帝管理天下啊。唐高宗大怒，下诏，命宰相薛元超、裴炎，御史大夫高智周，与法司官员共同查办。

真正的清官凤毛麟角，所以，通常朝廷官吏一听到要审查，个个都夹起尾巴做人，生怕自己被揪出来。如今太子也是如此，虽然他也想找个地缝钻进去躲一躲，但这调查的阵容过于强大，而且背后还有唐高宗和武则天撑腰，他已经无处可藏了。

果然，这一查不仅查出太子在长安的一系列沉湎声色的恶行，而且还在太子宫里搜出了最要命的东西——"甲胄数百领"。

藏这些甲胄干什么，难道要谋反不成？虽然这几百套甲胄成不了什么大气候，但居心何在？这不得不引起人们的关注。

按照唐律，严禁个人与机构私藏武器，甲胄也在禁止之列。《擅兴律》规定：百姓私藏盔甲一领，判徒刑一年半；若私藏三领，就处死。

都说，王子犯法与庶民同罪。如今太子犯下如此重罪，他的太子头衔还能保得住吗？

就在李贤已经濒临绝境之际，又遭遇了雪上加霜——娈童赵道生经不住大刑伺候而招供：是太子让他带人去把明崇俨杀了。

明崇俨究竟是不是太子唆使赵道生所杀呢？这个已经无从考证。不过，屈打成招不是什么稀罕事，也许是薛元超等人按武则天的意图用了酷刑，让赵道生做了假证。这也只是猜测而已，如今已经掰扯不清楚了。

真是祸不单行，杀人、谋反，人证、物证俱全。大唐明文规定："太子不德与庶子谋嫡，并弃之。"就是说品德不好或阴谋夺嫡，都要被废除。如今李贤既不德，还阴谋反叛，李贤的结局已定。他已经回天无力，成了待宰的羔羊。

这个聪明机智、身体强壮的儿子曾经让唐高宗看到了希望，没想到他竟然干杀人、谋反这种勾当，病重的唐高宗几乎承不住这个打击了。

人都是会犯错误的，区别只在所犯错误的大小不同而已。只要儿子有悔改之心，还是应该网开一面的，李贤毕竟是自己看着长大的亲生儿子。眼看事情越闹越大，唐高宗的心又软了，想宽恕李贤。

当他向武则天说明自己的意思时，武则天却说："为人子而怀谋逆，天地所不容。大义灭亲，何可赦也！"

面对大义凛然的妻子，唐高宗没的说了。就这样，李贤最后的救命稻草也没了。

于是李贤最终被定罪。八月甲子，被废为庶人，押送回京师，幽禁在一处别院。

与李贤一起的党羽，全被斩杀。赵道生也未能因为招供而幸免，最先被拉出问斩。太子洗马刘讷言因为给李贤编撰《俳谐集》被流放振州。总之，凡是和李贤有瓜葛的人都受到了处罚。

后来，李贤又被迁徙到遥远的巴州（今四川巴中）幽禁。

就这样，一个本来很有前途的太子被拉下马，从此远离京城再也没能离开那闷热潮湿的地方。

虽然李贤被幽禁在偏远地方，但武则天还是怕李贤谋变，因为这个儿子已经和她不是一条心了。于是，在睿宗即位之初，她派丘神勣驰赴巴州，逼令李贤自杀。后来到了神龙二年（706年），才重开墓室，迁回长安，安葬在高宗和武则天合葬的乾陵。唐中宗追封他为章怀太子，他的陵墓也被称为章怀太子墓。

大唐的天要变了

在废掉李贤的第二天，即调露二年（680年）八月乙丑日，立英王李哲为皇太子。为了庆贺大唐有了新太子，高宗宣布改元"永隆"，大赦天下。李哲是唐高宗的第七子，武则天第三子，关于这个人我们后面会详细介绍。

时光飞逝，转眼间已经到了弘道元年（683年），这一年注定是唐高宗无法迈过的一道坎。他全身疼痛，眼睛近乎失明，身体越来越坏，已经无法从床上坐起来了。

病歪歪的唐高宗知道自己大限将至，他要在自己还能呼吸的有限日子里完成自己未完成的心愿。

想想十五年前泰山封禅的荣耀，仿佛是发生在昨天的事。每当想到这些，唐高宗心里就痒痒的，有一种遍封五岳的冲动。泰山已经去过了，接着该封嵩山了。虽然自己不能下床，但就是让人抬也要抬到嵩山。他向武则天说明了自己的意图，明确表示要去嵩山，只有去了嵩山才能死而无憾。

看着被病痛折磨得骨瘦如柴的丈夫，武则天知道唐高宗已经禁受不起这番折腾了。但人活着总得有希望，如果轻易把丈夫去嵩山的愿望给否定了，后果肯定会更加严重。

武则天的内心无比矛盾，便找大臣们商量。大臣们觉得这简直是异想天开，唐高宗的身体这么差，哪里禁得起这番折腾，所以坚决反对去嵩山封禅。

其中，监察御史李善感的上疏直指要害，点出了问题的本质。他说："陛下封泰山，告太平，致群瑞，与三皇五帝比隆矣。数年以来，菽粟不稔，饿殍相望，四夷交侵，兵车岁驾。陛下宜恭默思道以禳灾谴，乃更广营宫室，劳役不休，天下莫不失望。臣忝备国家耳目，窃以此为忧！"

意思是说，这几年来灾害不断，饥荒遍野，又有敌人侵入，交兵不止。陛下却劳役不休，让天下人非常失望，这不得不让人担忧啊。再说，泰山封禅与三皇五帝比隆，已经到了极致，没有必要再去嵩山封禅了。

如果以唐高宗身体状况差为由反对嵩山封禅，不会得罪什么人。而李善感的上疏严厉、尖锐，点明了嵩山封禅是劳民伤财，没有什么意义。难道他就不怕武则天给他穿小鞋吗？这种冒死直谏的精神着实让人佩服。所以，后来的史书评价，自褚遂良死后的二十年来，没有人敢说这种话了，称这个奏折是"凤鸣朝阳"。

李善感的奏折讲的都是实情。上奏折时，正是暴雨连月，全国普遍受灾，水、旱、虫、疫十分严重，病饿而死的人不计其数。而且那两年还发生了日食、彗星、地震，整个大唐人心惶惶。

武则天对此是了解的，所以她这几年特意崇尚节俭，带头捐献"脂粉钱"、穿"七破间裙"，还在宫中号召内外命妇捐资，缓解困境。

按理说，此时去嵩山封禅的确不得民心，有悖常理。但武则天实在是无法拒绝一个病重皇帝的请求，所以，她力排众议，决定去嵩山封禅，实现唐高宗的最后愿望。

为了封禅嵩山，武则天下令在嵩山之南特别筑起了一座"奉天宫"，并命百官做嵩山封禅的准备工作。

奉天宫竣工后，唐高宗夫妇便前去视察。

七月，下诏准备十月封禅嵩山，后来因为唐高宗病重，又改到下年正月。到了八月，唐高宗的身体有了些起色，便又改回十月封禅，并召太子赴东都，诏命两岁的皇孙留守京师。

经过这番折腾，总算是确定了封禅嵩山的具体日期。举国上下，大家都等着皇上登山行封禅大礼的这一天早日到来。

到了十月，唐高宗和武则天再次来到奉天宫，准备登山封禅，但唐高宗病情突然加重，头疼难忍，眼睛几乎看不见任何东西了。

梦想就在眼前，虽然唐高宗贵为一国之君，却难以实现，悲哀啊。虽然唐高宗的封禅嵩山之心很坚定，但他的小身板不给力，在无奈之下，只好下诏暂停封禅事宜。

早晚都可以进行封禅嵩山大典，眼下最要紧的就是先把病给瞧好了。武则天急召御医秦鸣鹤前来诊疗。

秦鸣鹤，籍贯不详，生活于公元七世纪，曾与张文仲同为唐高宗侍医，医术精湛，针灸技术娴熟，是唐代著名医生。

秦鸣鹤的诊断是：风上逆，需要在头上针灸。刺出血，才有望痊愈。

在头上针灸出血，这还了得，这不是要皇上的命吗？

武则天在帘后听到这个主意后，怒不可遏："此可斩也，乃欲于天子头刺血！"

惹怒了天后不亚于惹怒了老虎，秦鸣鹤吓得要死，赶紧叩头求饶。

好在唐高宗说了一句话才把秦鸣鹤从鬼门关拉了回来。

"御医议病，无罪。况且我的头太疼了，出血未必就不好，行医吧。"

看到丈夫被病痛折磨得苦不堪言，武则天也没有办法，只好死马当活马医了。

于是，秦鸣鹤小心翼翼地认穴下针。

刺了几针后，奇迹出现了。

唐高宗脸上的痛苦明显减少了不少，而且还高兴地说："我的眼睛能看见了。"

这让武则天异常兴奋，她再三向秦鸣鹤谢道："这是上天对我的赏赐啊！"然后，她又亲自抱来一百匹彩缎赏给了秦鸣鹤，以表达对这位大胆御医的感激之情。

本以为唐高宗的身体从此会一天天好起来，但唐高宗已经病入膏肓，秦鸣鹤妙手回春的效果终究有限，只能暂缓病情。唐高宗最终还是进入了病危状态。

历代帝王都忌讳死在外面，因为这不利于政局的稳定，很可能会因此引发一场血腥动乱。

于是，在十一月下旬，唐高宗一行便匆匆返回东都洛阳。

本来要封禅嵩山，结果却取消了，人们都料定这是因为唐高宗的身子骨顶不住了。所以，唐高宗病危的消息不胫而走，百官都聚集在天津桥南拜迎。

御医们对唐高宗的病已经束手无策，为了祈求上苍的保佑，在武则天建议下，于十二月四日下诏改元"弘道"，并大赦天下。

唐高宗非常重视这道诏书，他本打算在大赦天下的时日亲自登上宫城的正门——则天门，去向百姓宣读赦令，最终因有心无力而作罢。改为召集则天门前的百姓到殿前听敕。

本来是一份简单的诏书，唐高宗却连吃奶的劲儿都使出来后才宣读完毕。这时，他已经上气不接下气，体力严重透支了。

不过，他没有休息，喘了口气后，问侍臣："百姓们都高兴吗？"

侍臣回答："百姓蒙赦，无不欢欣雀跃。"

高宗叹道："苍生虽喜，吾命危笃！"顿了顿又说，"天地神祇若延吾一两月之命，得还长安，死亦无憾！"

自己的身体状况自己心里有数，唐高宗自知大限将至，去长安注定是他今生完不成的心愿了。

当晚，唐高宗急召宰相裴炎入贞观殿，口授遗诏。在遗诏中最重要的一点是："皇太子柩前即位，军国大事有不决者，取天后处分。"这就是说，虽然让皇太子李哲继承皇位，但大事还得听从武则天的意见。这不是不相信李哲的能力，而是武则天在治理国家方面更有经验。这样，武则天就有了"临朝称制"的权力。

安排好后事后，唐高宗就挺不住了，当晚驾崩于洛阳贞观殿，享年五十六岁，庙号高宗。这一年，武则天六十岁，李哲二十八岁。

身后事也要操心

关于唐高宗的死，有人提出了不同的看法，认为是被武则天迫害致死。论据是唐高宗病危时，"武氏不欲上疾愈"。

其实，武则天当上皇后后，所进行的扶植新贵、参与朝政等活动，大部分是经过唐高宗允许的。这夫妻二人一唱一和，维护了唐王朝的强盛局面。唐高宗病重时，武则天一直守护在身边，尽了一个妻子应尽的义务。只因担心御医在高宗头上针刺出血会有性命之忧，说了句"此可斩也，乃欲于天子头刺血！"便被人抓住把柄，说不给唐高宗治病。其实，这恰恰说明武则天特别在意唐高宗。而且大量资料显示，唐高宗是因病而死的。

唐高宗的死让武则天的内心十分悲痛，一幕幕的往事就好像发生在昨天一样：当她还是太宗才人时，李治热情的目光让她心动；当她在尼姑庵独守青灯时，又是李治拉了她一把；当她面对众多对手手足无措时，李治在背后的默默支持让她逐步当上了皇后并参与朝政。如果没有李治，武则天就不可能拥有如今万人敬仰的地位。

所以，唐高宗不仅仅是武则天的另一半，更是她的知己。武则天特别在意这个在病床上躺了很久的男人。为了报答知遇之情，武则天决定为唐高宗修建一座富丽堂皇的陵墓——乾陵。乾陵，位于陕西咸阳市乾县北6公里的梁山上，是陕西关中地区唐十八陵之一。

乾陵的修建颇费了一番功夫，为了修好这座陵墓，武则天做了大量的工作。

首先，是灵柩去向问题。

我们知道，高祖、太宗都埋在了关中，而唐高宗死在洛阳。是就地埋葬，还是该把灵柩运送到关中埋葬呢？还记得，唐高宗在驾崩前曾说过这样一句话："天地神祇若延吾一两月之命，得还长安，死亦无憾！"可见，唐高宗希望把自己的尸骨埋在故乡。但许多官僚却举手反对，新科进士陈子昂就上书说，关中地狭，又遭饥荒，不能供给千万人食宿，也不能提供凿山采石的劳役；而东都富庶，地灵人杰，是修建陵墓的绝佳之地。

人们都向往大城市，关中已经繁华不再，东都洛阳是新兴的城市。活人都趋之若鹜，想必死人也留恋不已。

其实，陈子昂说的也有几分道理，如果把唐高宗的陵墓选在关中，各方供给难以跟进，势必会增加修建的难度并影响进度。一般人也许会采纳这个建议，但武则天不是一般人，她觉得关中的形势没有糟到那种地步。再说，她打心底不愿意违背唐高宗的遗愿，于是坚持灵柩西返。虽然她治不了唐高宗的病，但完成丈夫的遗愿，她还是能办得到的。

其次，是陵墓的选址。

中国古代帝王极其重视陵墓的选址。这不仅仅关系到皇帝本人死后能否继续享有帝国的荣华富贵和皇帝的威严，而且也是龙脉兴旺的重大事情，所以不得不慎重。这一切都是秘密进行的，所以人们觉得皇帝选择陵墓玄机重重。

一般来说，选择陵墓地址要召开御前会议，宰相、各部尚书必须参加，商讨后由皇帝批准执行。并且请当时最权威的风水大师一起参与勘察，选择几个方案由皇帝最后定夺，尽量追求完美。

武则天对陵墓选址也非常重视，她明确要"因山为陵"，因为这种以山为冢的陵墓高大雄伟、坚固牢靠。接着，便派出卜陵使前往关中看风水，寻找风水宝地。最终之所以选在梁山上，这里还流传着一个神奇的故事。

据传，武则天诏令当时闻名朝野的大术士袁天罡和李淳风为高宗选择风水宝地。二人游遍九州，半年后回来交差，都认为梁山是绝佳的风水宝地。

武则天便派使臣同二人一起前去察看。到了梁山后，二人不约而同地走到了主峰的半山腰，说这里就是选好的风水宝地。

二人选在了同一个地方，这难道是凑巧吗？

使臣便问有何凭证。

袁天罡说他在这里埋下一枚铜钱，李淳风说他在这里钉下了一根铁钉。

使臣刨开土一看，铁钉正好钉在铜钱的方孔之中。

这也太神了，在场的人都惊讶得张大了嘴。

使臣回去后，将所见所闻如实汇报给武则天。武则天大喜，重赏了袁李二人，并决定将陵址选在梁山，并定墓所为"乾陵"。

传说很神奇，事实上，当你登上梁山之巅，就会被梁山的大气所震撼。梁山位于长安西北的"乾"地，是圆锥形石灰岩山体，共有三峰，南二峰东西对峙，为乾陵之天然门户。北峰最高，海拔1047.9米，整个山势挺拔俊秀，确实是形胜之地。

而且南可望太白、终南，东有九宗山，北为五峰山，西接翠屏山。在梁山的顶峰，八百里秦川一览无遗。最妙的是，站在远处眺望乾陵时，就会发现乾陵好似一个惟妙惟肖的"睡美人"。

准备工作就绪后，武则天立即让人发动十多万兵民破土动工，营建乾陵。兵民经过半年的昼夜劳动，基本上完成了巨大的陵园工程。

乾陵是依据昭陵营建的，由地上楼阁和地下宫殿组成。地面建筑供保护陵寝和祭祀之用。陵区仿京师长安城建置，气势雄伟壮观。据史书记载，陵墓原有内外两重城墙，四个城门，还有献殿阙楼等许多宏伟的建筑物，并不比昭陵逊色。至于地下宫殿，目前还不知道详情。据考古专家估计，下面可能有三个墓室，整个隧洞及墓室都有多彩的壁画。

总的来看，乾陵宫阙林立，庄严肃穆，很合武则天的胃口，她对此非常满意。

好一个无私才女

嗣圣元年（684年）五月（即高宗驾崩第二年五月），高宗灵驾西回长安。八月，为唐高宗举行了隆重的葬礼，把他葬在了乾陵（今陕西省乾县）。从此，唐高宗便离开了纷繁复杂的人间世界，进入了富丽堂皇的地下王国。

当时，武则天虽然在洛阳主持大局，但她的心早已随同唐高宗的灵柩飞到了梁山。在高宗灵驾西回长安之前，为了表达内心无比的哀痛之情，武则天亲自为唐高宗撰写了《高宗天皇大帝哀册文》，被放置在唐高宗的梓棺之前。

这个哀册文中的一字一句都出自武则天的肺腑，是她对痛失相处三十多年丈夫的一种真情流露。武则天首先用赞美的语言叙述了唐高宗的伟大功绩，接着叙述了唐高宗病逝后的政局和她的悲痛，最后点明她不能随灵驾西返送别的原因。

全文凄切悲凉，不仅高度评价了唐高宗的功绩，而且还表达了武则天对于丈夫的深切怀念。为了增加说服力，现节录一段如下：

> 俯惟茕恁，荼毒交侵，瞻白云而茹泣，望苍野而摧心。怆游冠之日远，哀坠剑之年深。泪有变于湘竹，恨方缠于谷林。念兹孤幼，哽咽荒襟，肠与肝而共断，忧与痛而相寻。顾慕丹楹，回环紫掖，抚眇嗣而伤今，想宸颜而恸昔。寄柔情于简素，播天声于金石。

字字情真意切，句句饱含感情，寄托的是一个妻子对丈夫的无比眷恋和无尽的哀伤。高宗虽不是一个极有能力的皇帝，但他很爱武则天。有这一点就足够了，对于一个女人来说，能得到一个男人真正的爱，这一生还有何求？所以，武则天很满足，她对这个陪伴了她三十多年已经不在人世的男人很是留恋。

除了撰写哀册文外，武则天还打破帝王陵前不立石碑的惯例，在乾陵朱雀门外为唐高宗立了一块巨大的石碑。据说碑石来自于阗。碑高7.5米，宽1.86米，重89.6吨。碑身分为五段，上有盖，下有座，榫眼扣接，共七节，又称"七节碑"，即日、月、金、土、水、火、木，意为高宗"文治武功"光照天下。因为碑上刻有《述圣纪》，所以又名"述圣纪碑"。

《述圣纪》碑文由武则天亲自撰文，由唐中宗书写，洋洋8000言（一说5500字）。在这里，我们不得不佩服武则天的文采，说她是才女一点儿也不为过。

可惜的是，由于年代久远，风吹雨蚀，再加上人工拓损，大部分字迹已经无可辨认。从留下的文字来看，内容仍然是武则天对唐高宗的赞美和怀念。她甚至把永徽以来唐王朝所取得的成就全部归到唐高宗身上，对于自己所作的贡献只字不提。

好一个无私的女子，大唐有这样的女人真是一大幸事。

管好自己的嘴

即使把葬礼办得再轰轰烈烈也不可能把唐高宗唤回来，唐高宗已经永久地离开了人世，武则天必须要承认这个现实。

虽然唐高宗活着的时候"懦弱无能"，一副病恹恹的样子，但即使这个男人躺在床上，也是顶梁柱，让武则天心里踏实不少。如今，再也看不到唐高宗的身影了，无论在朝堂，还是在后宫，都显得空落落的。一向都比较强悍的武则天好像失去了精神支柱，内心的孤独和伤感仿佛要把她彻底击垮了。

属于唐高宗的时代已经结束了，接下来由谁来挑起大唐的江山呢？都说虎父无犬子，但对于自己剩下的两个儿子——李哲和李旦，武则天真是不放心把大唐的江山交到他们手中。因为他们的气魄和学识都不如唐高宗，实在是拿不出手，根本就不是做皇帝的料。

不过，遵照唐高宗的遗诏，在天皇柩前太子继位，武则天虽然明知道三儿子很难挑起皇帝的重担，但她还是按遗诏宣布李哲即皇帝位，即位时李哲改名为李显，是为中宗。

虽然武则天不看好自己的三儿子当皇帝，但还是助他当上了皇帝，并对他寄予了厚望。之所以这样做，一来，不想违背唐高宗的遗诏；二来，人都是会变的，也许李显缺少的是一个表现的机会，不能从门缝里看人把人瞧扁了。李显的血管里毕竟流淌着是李唐家的血液。

后世有人认定武则天的登基是蓄谋已久的，但我以为这不合情理。如果李显是一位贤君，把大唐江山打理得井井有条，武则天还会大费周折当女皇吗？我想她更愿意"退居二线"当太后享清福吧。毕竟，和自己的亲生儿子抢着当皇帝，这没什么大的意义。

中宗李显的德行如何？他有能力当好大唐的皇帝吗？

李显原名李哲，唐高宗李治第七子，武则天第三子。显庆元年（656年）十一月五日生于长安。次年二月二日被封为周王，授洛州牧。仪凤二年（677年）十月三日，徙封英王，授雍州牧。永隆元年（680年）八月被封为皇太子。弘道元年（683年）十二月唐高宗驾崩后，成为下一任大唐皇帝。

从李显的履历来看，没有什么特别之处，没有能拿得出手的军功业绩。他当上这个皇帝并不是因为他有什么杰出的才能，而是有一定的偶然因素。我们知道，在他之上有两个哥哥——李弘和李贤。不巧的是，李弘死于疾病，李贤因罪被废，而他的弟弟豫王李旦年纪尚小，所以，他是白捡了一个皇帝帽子。

可以说，李显做梦也想不到自己会当上皇帝，毕竟前面有两个哥哥挡着呢。如今，他被推到了前台，坐上了皇帝的宝座，都不知道自己的手该往哪里放了。

其实，做皇帝说简单也简单，手下有一大批臣子可以供使唤，讲话有人给写稿子，做决策有人给提意见。只要做的不出格，虽然不会有什么大的建树，但做个太平皇帝也不是什么难事。

但李显偏偏是一个不让人省心的孩子。他做皇子时，就不学无术、不求上进，无德无才，简单说，就是一个十足的纨绔子弟。

本以为让他当上太子后，会有一些长进，毕竟任何人都是一点一点成熟起来的。让人想不到的是，李显成为太子后，仍然只知道玩乐，终日游猎戏耍。东宫的属官百般劝谏，但他根本就听不进去，依旧我行我素。

唐高宗和武则天真想再换一位太子，但在李显之前已经换了两个太子，频繁更换储君对统治十分不利，因此决定对李显加强教育，让他勤学政务，有些长进。先后派出德高望重、学识渊博、富有统治经验的人当太子的辅佐，比如刘仁轨、郝处俊、田游岩、裴炎等重量级人物。

有句话叫死狗扶不上墙，虽然有众多大人物辅佐，但对李显就是不管用，谏言对他来说就是耳旁风，他依旧喜好游玩，荒于政事。

李显不仅懦弱无主见，而且不干正事，根本就没有资格做皇帝。唐高宗和武则天对这样的儿子大伤脑筋。尤其是唐高宗，他多么希望自己能安心地离开这个人世，但摊上这么一个不争气的儿子，这无疑成了一种奢望。他担心这个不省心的儿子将来可能会把大唐的江山弄丢了，于是在遗诏中强调"军国大事有不决者，取天后处分。"

知子莫若父，唐高宗的担心不是多余的，李显当上皇帝后的表现确实让人非常失望。

都说君无戏言，皇帝虽然拥有至高无上的地位，也有生杀予夺的大权，貌似是万能的，但也并不是完全自由的。比如，皇帝不能说谎，不能信口胡诌，他的话就是金科玉律。

李显虽然穿上了龙袍，坐上了龙椅，但他却没有进入皇帝的角色中，犯了一个致命的错误。

新帝李显把韦皇后的父亲，也就是他的岳父韦玄贞从普通参军提升为豫州刺史。这还不够，他执意要把他提为侍中。侍中是当朝宰相，为朝中首辅之一。而且，还要授予自己奶妈的儿子五品官。想来他和奶妈的关系不错，知恩图报也说得过去。但要提拔碌碌无为的韦玄贞做宰相，这就有些过了。毕竟韦玄贞没给国家立过一点功劳，仅是一个小吏，这种靠裙带关系坐着火箭升官不得民心啊。

刚刚做皇帝，就搞这种勾当，这皇位如何坐得稳啊？

面对皇帝的过激行为，辅政大臣、中书令裴炎站出来劝谏："此事万万不可。"

傲慢的唐中宗李显从嘴里蹦出这么一句话："我以天下与韦玄贞何不可，而惜侍中邪！"

我的娘亲呀，把天下送给韦玄贞都没什么大不了的，所以唐中宗是不会在乎一个宰相的。有人认为这是唐中宗的气话，但"天子口中无戏言"，身为一国之君，怎么能口无遮拦呢？这样的人能做好大唐江山的掌舵人吗？

从表面来看，是出于爱屋及乌的原因，坐上皇帝宝座的李显没想着与武则天同心同德，共同面对困难的局势，而是只想着如何讨好韦皇后，让自己的岳父当上高官。其实，更深层的原因是唐中宗虽然是皇帝，但不能放开手脚办事，因为不仅有受遗诏辅政的裴炎碍手碍脚，而且政事都要武则天点头才能实行。一向自由惯了的李显还真不适应这份差事。为了挣脱这种束缚，他重用韦皇后亲戚，试图组成自己的集团，所以才极力提拔自己的岳父。

但"一口吃不出一个胖子"，搞政治更得注意，唐中宗急功近利的行为，无疑还是太嫩了点儿。

唐中宗的话确实吓坏了裴炎，他赶紧把这事告诉了武则天。

武则天对中宗的举动大为恼火，生出这样的不孝子，真是悲哀啊。看来她退居二线享清福的梦想暂时是无法实现了。

既然唐中宗干出如此荒唐的事来，那么就绝对不能再让他胡作非为下去了。另外，当时唐朝周边的反叛、骚扰的事件经常发生，边患危机不断，而且国内自然灾害也特别严重，迫切需要一位有才能的皇帝应对处理这些危机。唐中宗显然无法担此重任，所以不废他不行了。

结果，嗣圣元年（684年）二月六日，继位才36天的中宗被武则天废为庐陵王，贬出长安。从此，李显过上了心惊胆战的生活，总担心母亲派人来杀他，整天以泪洗面，甚至一度要自杀，一了百了。

早知如此，何必当初。祸从口出，这一点儿也没说错。不管是皇帝，还是平民百姓，都要管好自己的嘴，否则只会惹祸上身，吃不了兜着走。

甘愿做傀儡帝王

唐中宗被废后，豫王李旦奉母命即位，是为睿宗，但居于别殿，不得干预政事，成了名副其实的傀儡皇帝。

唐睿宗是唐高宗的第八个儿子，即最小的一个儿子，也是武则天所生的第四个儿子。睿宗于龙朔二年（662年）六月一日己未出生在长安蓬莱宫含凉殿，同年十一月十八日即封殷王。后来他被封的亲王爵位还有豫王、冀王、相王等。睿宗初名旭轮，后去旭字单名轮。上元二年（675年）五月迁为洛州牧，改名李旦。

李旦少时，聪敏好学，谦恭孝友，擅书草、隶，尤爱文字训诂之书。比如，著名的景云铜钟（今藏于陕西西安碑林博物馆）的铭文和武则天母亲杨氏顺陵（位于今陕西咸阳）的墓碑都出自睿宗的手笔。

可以说，李旦更像一位学者，相对于帝王权谋来说，他更愿意安心钻研学问。他一直为自己是唐高宗最小的儿子而庆幸，因为前面有三个哥哥挡着，他就不用担心皇帝的帽子会戴在自己的头上，他可以安心地在诗词书画中徜徉。

但世间的事从来都没有定数，有时候越是看起来不可能的事情发生的概率就越大。李旦做梦也想不到自己会被推到皇帝的宝座上，满身都是书生气的他对政治一窍不通，这打了他一个措手不及。再说，在这个随时都可能遭遇杀身之祸的多事之秋，皇帝的位子坐着都烫屁股，三个哥哥的下场就是最好的例证。

李旦不是傻子，相对性命而言，皇帝的称号也仅是个虚名而已。虽然他一万个不乐意当这个皇帝，但这个烫手的山芋又不得不接。

既然惹不起，咱躲得起。

不热衷政治权谋的李旦决定用一个"让"字来解决自己眼前的问题，使自己从困境中脱身而出。

据《旧唐书·睿宗纪》记载："自则天初临朝及革命之际，王室屡有变故，帝（睿宗）每恭俭退让，竟免于祸。"

那时的大唐宫廷比较纷乱，该放下的放下，自保平安并得以善终已经相当了不起了。这足以说明睿宗确有过人之处。

人贵有自知之明，既然活着，就要明白自己有几斤几两重，不要猪鼻子插大葱——装相（象），到头来只能是贻笑大方，这一点李旦做的要比李显强多了。

李旦当上皇帝后，改元文明，废原皇太孙李重照为庶人，立自己的长子永平郡王李成器为皇太子，自己只做一个傀儡摆设，把所有政事都推给了母后武则天。

既然李旦不昏庸，还比较精明，他为何就甘愿做傀儡帝王呢？

首先，他对政事不感兴趣，如果可以选择的话，他一定不做皇帝，他更愿意做一个学者；其次，他做皇帝有先天不足，他没有当过太子，也没人教他如何做一个好皇帝，缺乏政治头脑和处理朝政的本领。所以，没有两把刷子，即使临朝理政也不会有什么大的作为，没准还会弄出乱子。

既然没有能力担负扭转局势的重任，何不把天下让给有能力者，所以他把政事一股脑儿，推给了自己的母后武则天，自己则闲散居处，以尽孝道。

再看武则天，让李旦当皇帝也是没办法的事，毕竟国不可一日无君。虽然她不看好这个书生气很重的儿子，但也只能赶鸭子上架，走一步看一步了。

不过，有了前车之鉴，她不会再像放任中宗李显那样，既然儿子没本事治理天下，那就让我来吧。所以，武则天让李旦出面办理唐高宗的丧事，而把军政大权牢牢地掌握在自己手中。

但这江山毕竟是李唐家的，武则天临朝称制，让唐睿宗成为傀儡，这让不少人议论纷纷，反对势力已经有所抬头。所以，为了稳定政局，武则天在废中宗为庐陵王、以睿宗为傀儡的过程中，做了下面的一些工作：

安抚宗室诸王，以防其变。历朝历代宗室诸王为争夺皇位继承权上演了血流成河的惨剧。唐朝也不例外，唐太宗李世民就是通过"玄武门之变"坐上皇帝的宝座。在新旧政权交接之际，这些位高权重的王爷们是最不稳定的因素，只有先把他们稳定下来，才能保证新帝的顺利登基，并让他们成为辅佐新君的重要力量。所以，在高宗驾崩后，武则天给了这些王爷们一些甜头。

比如，诏令以韩王元嘉为太尉，霍王元轨为司徒，舒王元名为司空，滕王元婴为开府仪同三司，鲁王灵夔为太子太师。这是高祖的五位庶子。同时尊太宗的两个庶子越王贞和纪王慎分别为太子太傅和太子太保。武则天毫不吝啬地让这些王爷们占据朝中的高官要职，一下子便堵住了他们的嘴巴，稳定了政局。

确定朝廷中枢。俗话说一朝天子一朝臣，高宗时代的重臣们大多已经亡故或年老退休，朝中迫切需要一些新鲜血液。在朝中重臣中刘仁轨资格最老，另外还有新提的辅政大臣裴炎及从外司四品新进的郭待举、岑长倩、郭正一、魏玄同、刘景先等人。武则天把这些人都作为朝廷中枢予以重用。

加强全国防务。稳定朝纲最重要的是军队不能乱。唐高宗驾崩不久，为了防止不测，武则天便派左威卫将军王果、左监门将军令狐智通、右金吾将军杨玄俭、右千牛将军郭齐宗分别前往并、益、荆、扬四大都督府，与各大都督府负责官员一起主持镇守事务。另外，在唐高宗丧期内，武则天一直坐镇东都洛阳。只要有她在，大唐就乱不了。

武则天处事果断，措施得当，果然是出手不凡。不仅在短短的半年时间内修建了规模宏大的乾陵，而且在她的努力下，很快就稳定了高宗去世后的内外政局，社会逐渐安定下来，大唐这台机器又高速地运转起来。

新人要有新气象

虽然李旦乐意当一个逍遥皇帝，但手下的臣子们有话要说。

先是废中宗，接着又弄个傀儡帝王出来，这大唐江山不能让武则天一个人说了算，大臣们看不惯了。武则天也隐隐感到了这种危机。众怒不可犯，为了把危机消灭在萌芽状态，她决定把李旦推到前台。再说，自己已经是六十岁的老太太了，也该享享清福了。

文明元年（684年）八月下旬，唐高宗的丧事办理完毕后，睿宗李旦闲了下来。斯人已逝，属于李旦的新时代应该开启了。武则天想让睿宗临朝理政，实习一下，看看他能否干好皇帝这个差事，自己则退居到后台进行辅佐。

武则天已经摆出了让位于贤者的姿态，大臣们对此都很意外，这不像武则天的风格。而睿宗李旦除了意外更感到害怕，他太了解自己的母亲了。让位并不是她内心真正想做的事情，如果他顺着这根杆子爬上去的话，一定会摔得很惨。于是，睿宗李旦继续撂挑子，表示自己还没有临朝理政的能力。

不是自己死赖着不放权，而是皇帝还太嫩了点儿。于是，武则天顺水推舟决定继续临朝称制，表示要"励精为政，克己化人，使宗社固北辰之安，区寓致南风之泰"，不辜负高宗的顾托和天下的拥戴。

虽然只有皇帝之名，没有皇帝之实，但睿宗李旦却很开心，丝毫没有因为当一个傀儡而苦恼，因为他知道活着比什么都很重要。至于大唐的江山，还是让母后来扛吧。

对于武则天来说，她也很开心，因为走了一个过场，权力还是牢牢地握在自己的手中。她要接着走下去，用自己的全部才能来治理国家，让大唐出现国泰民安的盛世局面。

新人要有新气象，虽然武则天不算是什么新人了，但既然要继续临朝称制，就要让朝廷上下面貌焕然一新。

第一，改年号。九月六日，武则天宣布大赦天下，改元"光宅"。这样一来，高宗去世的这一年就有了三个年号，即嗣圣、文明和光宅，分别代表着中宗继位、睿宗即位和太后临朝。

我们知道，年号是历代帝王纪年的名号，也是时代的标志。一般新帝登基都会改年号，代表一种美好的祈愿。那么，武则天为何要把年号改为"光宅"呢？"光宅"的意思基本上是使所居住的地方光彩熠熠。在西晋左思的《魏都赋》里有"暨圣武之龙飞，肇受命而光宅"。这里提到了魏太祖武皇帝曹操，武则天取"光宅"为年号是否有一种暗示在里面呢？

一位著名作家认为，改为"光宅"年号这件事足以证明武则天有了想当皇帝的念头。她知道当皇帝这种事必须得从长计议，所以放出这么一个烟幕弹，看看天下人的反应如何。

但从另一个角度来看，也许武则天改这个年号只是希望百姓能在自己临朝称制下安居乐业，至于当不当皇帝无关紧要。在她没有真正称帝之前，一切都是看客的主观猜测而已，在这里不做过多评论。

第二，改变旗帜的颜色。武则天决定把大唐的旗帜颜色从红色改为金色，仍饰以紫，画以杂文。旗帜的颜色及标识，历来是国家的标志和象征，它反映一个国家政治特色和历史文化传统。如今武则天易旗色难道单单是喜欢金色这么简单吗？

第三，改官服的颜色。官服由文武三品以上服紫，四品服深绯，五品服浅绯，六品服深绿，七品服浅绿，八品服深青，九品服浅青，改为八品以下服碧。

第四，改官职和官署的名称。改尚书省为"文昌台"，改门下省为"鸾台"，改中书省为"凤阁"，改御书房为"麟阁"。左右仆射改称"左右相"，侍中改称"纳言"，中书令改称"内史"。另外，六部尚书也以"天、地、春、夏、秋、冬"等六官名之。

第五，把东都改称"神都"，把洛阳宫改称"太初宫"，从而提高新都的政治地位。

第六，改御史台为左肃政台，负责监察在京各衙门、监军和出使。另外新设一个右肃政台，负责对地方州县的监察。

总的来看，这些改革措施除了第六条增加监察力度比较务实外，其他的措施都是皮毛，没有多大的实际意义。不过这表明了武则天治理好国家的雄心壮志。

不管是什么样的改革，大都会遭遇阻力，虽然这些改变没有危及官员们的根本利益，但李唐宗室和官僚士族对此仍然大惊失色。他们认为高宗已经入土为安，睿宗居丧的日子已经结束，现在是时候把政权交给睿宗了，但武则天非但没有退出政坛的意思，反而实行改革，因而他们认为武则天在台上已经对大唐江山构成了威胁。

当初宰相裴炎主张废黜中宗，支持武则天临朝称制，如今他最为失望和愤怒，与武则天开始产生裂痕。

因为裴炎本想在睿宗的治下，谋取更大发展空间，没想到武则天死赖着不退出政坛，依旧吆五喝六、指左指右，忙得不亦乐乎。武氏家族势力急剧增长，朝中格局的变化是他不愿意看到的。所以，他站到了武则天的对立面。

突如其来的叛乱

朝中官员不满的情绪在疯长，任何风吹草动都有可能成为导火索，引发一场大的变乱。武则天已经感觉到了这股强大的怨气，但她不惧，因为她大权在握，牢牢地控制着军队，指到哪里就能打到哪里。

光宅元年（684年）九月中旬，也就是在改元十天之后，武则天的侄子武承嗣上书请武则天追尊武氏祖先，立武氏七庙。

"七庙"指的是什么呢？《礼记·王制》中记载："天子七庙，三昭三穆，与太祖之庙而七。"即四亲庙（父、祖、曾祖、高祖）、二祧（远祖）和始祖庙。后以"七庙"泛指帝王供奉祖先的宗庙，也以"七庙"作为王朝的代称。

武则天如今大权独揽，虽然是皇太后，却扮演着皇帝的角色，只差一个名号，就是真正的女皇帝了。武承嗣的意思很明确，他就是想顺势推一把，鼓动太后迈出最后一步，成为大唐真正的新主。

武承嗣怀有什么心思，做姑姑的岂能不明白？但名不正则言不顺，毕竟武则天是临朝称制，在这种情况下建立武氏七庙是不合法的，属于僭越（超越本分），会引来非议和不必要的麻烦。再说，自己到底是不是真的要迈出最后一步，武则天心中还没有最后的定论。所以，武则天没有采纳武承嗣的建议。

不过，武则天觉得自己贵为太后，临朝称制，劳苦功高，应该进一步提高祖宗的地位，于是她决定追封自己的祖先为王。

至此，政治女强人武则天已经显露出了她的野心。大唐江山，危险了。

裴炎对武则天的提议明确表示反对。他说："太后母仪天下，当示以至公，不可私于所亲。独不见吕氏之败乎？"

这话已经说得很不客气了，但武则天却不为所动，反驳道："吕后以权委生者，故及于败。今吾追尊亡者，何伤乎？"

武则天的意思是武氏先祖都只是死人而已，所以，她觉得自己的所为没什么大碍，不会招致失败。

裴炎却看得很远，坚持道："事当防微杜渐，不可长耳。"

最终，武则天也没有听从裴炎的谏言，追尊自己五代祖以下的祖先，各为国公和郡王，配偶为夫人或王妃。另外，还决定在故乡文水立五代祠堂（这是诸侯之礼，仅逊于天子）。还有，武氏的侄儿一辈也都个个加官进爵，在朝中的势力大增。

裴炎和刘仁轨这班老臣感到了危机在步步加深。结果，立五代祠堂这件事成了矛盾的催化剂和导火索，部分宗室成员和元老重臣暗中联络，准备反击咄咄逼人的武氏势力。

从表面上看，这些人是为了维护大唐的江山社稷，实质上也是一种利益的争夺战，这就是朝廷斗争。

武则天的除旧布新刚刚拉开序幕，就引来了无数的反对之声。有时候这种反对不是针对具体的措施，而是针对武则天个人，因为大唐江山由一个姓武的女人说了算，这让朝中的臣子们很是不爽。

这种反对浪潮在武则天的预料之中，但她没料到的是会发展得如此之快，竟然会演变为叛乱。

就在武则天想着该如何和朝中大臣打嘴仗时，急报传来：徐敬业"据扬州起兵，自称上将，以匡复为辞"。

"匡复"就是要恢复大唐旧制，很明显，这是造反了。

这徐敬业是何许人也，怎么就敢如此大张旗鼓地反武呢？

徐敬业，唐初名将李勣的孙子，祖籍曹州离狐（今山东鄄城）。李勣本姓徐，后被赐姓李，所以徐敬业当时也叫"李敬业"。总章二年（669年），李勣死，徐敬业袭爵英国公，历任太仆少卿、眉州刺史。

虽然生在官僚之家，但徐敬业没有沾染纨绔之气，自幼练武，能走马如飞，曾随李勣南征北战，勇猛过人，是个将才。

自从废掉了中宗李显，又立睿宗李旦继位后，武则天便独揽大权，重用武氏子弟，迫害李唐宗室，引起人们的强烈不满。

这一年，徐敬业因坐赃（贪污受贿）被贬为柳州司马。他的弟弟徐敬猷，原为周至县令，因受牵连也被免职。兄弟二人一道南下，同去柳州。

在路经扬州时，他们遇到被贬的给事中唐之奇、长安主簿骆宾王、詹事司直杜求仁及奉使到州的监察御史薛仲璋等人。

这伙人多为官场被贬职的难兄难弟，如徐敬业由眉州刺史贬为柳州司马，给事中唐之奇贬为括苍令，长安主簿骆宾王贬为临海丞，詹事司直杜求仁贬为黟县令。

这几个官场失意的人相聚在扬州喝酒吃肉，几杯酒下肚，便开始议论国事，都认为武则天"倒行逆施、荒淫横暴"，国人必定有同感。于是决定顺应民意，起兵讨武。

为了确保起兵成功，他们做了一系列准备工作：

首先，争取武则天的政敌尤其是朝臣官僚的支持，与身为宰相的裴炎和左武卫大将军程务挺建立了一定的联系，争取里应外合。

其次，按详细的起兵计划夺取扬州。薛仲璋奉徐敬业密令出使江都并设计以谋反的罪名将扬州长史陈敬之逮捕。数天后，徐敬业乘官驿车驾而来，冒充新任扬州司马，假传密旨讨伐"谋乱的"高州酋长冯子猷。于是，徐敬业等人轻而易举地掌握了扬州都督府的军政大权。接着下令打开府库，取出钱物、武器，释放囚徒，不久便拥兵十余万。

身为皇上的臣民，就应当忠君报国。所以，徐敬业决定起兵勤王，匡扶社稷。他在扬州开三府，即：匡复府、英公府、扬州大都督府。还扬言"李贤未死"，已逃来扬州，接着又说李贤委任他为匡复府上将军，领扬州大都督。一帮同党各有分工，唐之奇为左长史，杜求仁为右长史，薛仲璋为右司马，骆宾王为记室，魏思温为军师，其余党羽也授予了不同的官职。徐敬业大肆招兵买马，迅速建立了一个与武则天分庭抗礼的政权。还有，扬州处在运河和长江交汇处，是控制东南的军事重镇，地位十分重要。这对武则天来说无疑是一个不小的威胁。

另外，这次起兵的二号人物就是名声在外的是骆宾王。他是初唐赫赫有名的大诗人，与王勃、杨炯、卢照邻合称"初唐四杰"。

骆宾王是婺州义乌（今浙江义乌）人，七岁就能诗，有"神童"之称。据说，那首流传甚广的《咏鹅》就是他七岁时所作。他的父亲曾是博昌（今山东博兴）县令，病死在任上。父亲死后，他颠沛流离，日子过得比较拮据和困苦。他尤擅七言长诗，《帝京篇》是初唐罕有的长篇，当时以为绝唱。

他虽然才高八斗，文章有很高的声誉，但时运差了些，在仕途上颇不顺利。虽然很想为国家干一番事业，但因为他的性格比较耿直，敢想敢说，带着一种诗人的浪漫气质，往往同许多人搞不好关系，受到官场排挤，但他用世之心始终不减。他先后担任道王李元庆的属官，又担任武功主簿和明堂主簿。仪凤三年（678年），他好不容易当上了侍御史。又因上书讽刺武后而入狱，被赦免后出任地方官临海（今浙江台州）县丞。在上任途中，路经扬州遇到了徐敬业等人，便一同走上了反武之路。

起兵之始，面对大唐的现状，骆宾王内心波澜起伏。他拿起笔，写下了著名的《讨武曌檄》。正因为这篇檄文，让他一夜蹿红，成为大家张口闭口都要提及的大名人。

这篇檄文成为中国散文名作，秀拔刚劲的文字道出了百姓的真正心思，把儒生、官员平日窃窃私语的话大白于天下，确实过瘾。有些名句，深入人心，时人争相传诵。檄文传到京都时，曾轰动一时。

我们知道，檄文是一种军事文告，是出征前的战书，旨在"贬敌方于不义，扬我军之雄威，为出师而正名"。其目的是鼓舞士气，赢取民心，在战争前为赢得良好的社会舆论做充分准备。

不得不说，徐敬业在短时间内能集中十万军队，这篇檄文无疑起了很大的作用，很有号召力。可见，任何时候都不能低估舆论的力量。

拿朝中大佬开刀

自从唐高宗驾崩后，武则天便做好了军事准备，随时应对不测。所以，当她听到扬州叛乱的消息后，也没有惊慌之色，因为她完全有能力应对这种局面，根本没把这帮跳梁小丑放在眼里。倒是那篇被大家叫好的檄文引起了她的兴趣，便派人找来过目。

"伪临朝武氏者，性非和顺，地实寒微。"第一句话就直指武则天的性情和出身。接着直指武则天的种种恶行，写她先陷害皇后夺得后位，然后"杀姊屠兄，弑君鸩母"，精明简洁、鞭挞无情，把一个狠毒猥亵的毒妇形象刻画得淋漓尽致。

接着写武则天如何阴谋夺取帝位的罪行，用了不少典故，把武则天比作赵飞燕、褒姒红颜祸国。其实，此时武则天已经年过花甲，皇上又是自己的儿子，她有必要夺取帝位吗？这有些不合情理。另外，还写了徐敬业的行动，把这次起兵描绘成正义之举，呼吁前朝老臣尽忠唐室。

武则天看到这里有些气愤：徐敬业自己不思进取，欺世盗名，叛乱为祸，岂能成为正义之举？气愤归气愤，文章的笔墨和气势让她爱不释手。"班声动而北风起，剑气冲而南斗平，暗呜则山岳崩颓，叱咤则风云变色。以此制故，何敌不摧？以此图功，何功不克？"这是谁的大作竟然有如此大手笔。尤其是看到文章的结尾："请看今日之域中，竟是谁家之天下！"如此笔力雄健、行文流畅的文章彻底征服了武则天的心，她急忙问左右此文出自何人之手。

当得知是骆宾王的大作后，武则天叹道："如此人才，却得不到朝廷重用，这是你们宰相的过失啊！"

这片檄文文采飞扬、绚丽多姿，单从文学角度来看，确实是一篇佳作。但文中内容很多歪曲事实，甚至捏造罪名，给武则天脸上抹黑，把她说成了十恶不赦的罪人。当然，这是对敌的一种手段。

在叛乱当头的紧急时刻，武则天还能悠闲地欣赏敌人的檄文，并责备宰相不能识人用人，这种镇定自若让人叹服。

虽然武则天欣赏叛军的檄文，但对叛军毫不留情。谁和她作对，她就让谁死无葬身之地。

对手徐敬业不是什么善茬，他的能量还真不小，大旗一举，北边楚州（今扬州之北）司马李崇福率所部山阳（今江苏淮安）、盐城（今江苏盐城）、安宜（今江苏保应）三县响应。由于鼓动工作出色，起兵叛乱之势是轰轰烈烈。

如今，兵也有了，舆论也造了。只要把这把火烧得旺旺的，一定会成燎原之势，武氏大厦不久便会坍塌！

本来形势大好，但在进军路线问题上，叛军内部出现了分歧，意见不一。

军师魏思温建议："举起匡复唐室的旗号，沿运河直攻洛阳。这样，天下有识之士就会四面响应。声讨武氏的声势就会浩大起来，一举可定大局。"

右司马薛仲璋提出："金陵有王气，以长江为天然屏障，在此站住脚。然后再北图中原。如此，则进可取，退可守。"

如果徐敬业听从魏思温的建议，也许唐朝的历史就将重写，但他却听取了薛仲璋的建议，以金陵为根据地，不取攻势，而取守势。这样一来，偏安金陵一隅之地，错失了进军的绝佳时机。

武则天一向是个善于谋划的人，这次也不例外。她不仅要灭掉以徐敬业为首的叛军，还要借此机会探探朝中大佬裴炎的底。

裴炎，字子隆，绛州闻喜（今山西闻喜）人，是唐朝著名宰相。裴炎在少年时代就勤奋好学，每遇休假，其他同学大多游山逛景，而裴炎仍继续读书。他在学馆努力读书达十年之久，对《左传》《汉书》有很深的研究。裴炎的仕途生涯比较顺利，历任要职，从伏州司仓参军一直做到兵部侍郎、中书门下平章事、侍中、中书令，成为唐朝宰相。高宗崩逝后，受诏顾命。武则天临朝执政后，被倚为股肱，受到重用，以当朝首辅宰相，加爵河东县侯。他还力挺武则天废黜中宗，立睿宗李旦为帝。

裴炎本来是挺武一派的，但在是否归政睿宗的问题上，与武则天产生了分歧。不过，裴炎虽然对武则天的一些做法看不惯，但还没有到要造反的程度。这时，他想起了那首要人命的童谣和骆宾王的言语。事情是这样的：

徐敬业了解到裴炎与武则天的矛盾后，见缝插针决定要把裴炎拉下水，为自己找一个强有力的同盟军。他派骆宾王想办法鼓动裴炎反叛。

骆宾王想，如果采取开门见山的方式，一定会碰一鼻子灰，没准还会搭上自己的性命，于是他想了一个好办法。首先，炮制一首童谣："一片火，两片火，绯衣小儿当殿坐。"接着，派人去裴炎的家乡，教小孩们传唱。这歌谣朗朗上口，很快连洛阳的小孩也都满街唱开了。

裴炎对此也有所耳闻，"一片火，两片火"，就是"炎"字；"绯衣小儿"，就是"裴"字；当殿坐，就是当皇帝。

自己做宰相其实也不错，这是谁造谣自己要当皇帝呢？虽然是童谣，但这也了不得。这可是掉脑袋的事啊。

裴炎想找学者来问问歌谣的玄奥，便把名气很大的骆宾王召唤来，请他解释歌谣的意思。骆宾王却不吭声。裴炎又用侍女和骏马贿赂他，可是骆宾王仍然不说话。

裴炎便拿出古时大臣的图像来，与骆宾王共赏。等看到司马懿的画像后，骆宾王忽然站起，欣然道："这是真正的大英雄，自古大臣执政多能谋夺社稷。"

裴炎大喜。骆宾王请裴炎把歌谣内容说一说。裴炎说了，骆宾王便急忙伏地下拜，说道："大人才是真人主也。"

回想到这里，裴炎笑了笑。自己真的是人主吗？他摇了摇头。

虽然匡复是人心所向，但是作为朝中大佬，与小辈徐敬业谋划这些事，不免要成为天下人的笑柄。说实话，他非常希望徐敬业起兵能达到让武则天还政于睿宗李旦的目的，但他又不想和这件事有过多瓜葛。所以，他的态度是，太后不归政，可以放手起兵。至于他究竟站在哪一边，也许连他自己也说不清。

这种表态相当于没有表态，让徐敬业一头雾水。

可以说，内心无比矛盾的裴炎，对徐敬业的起兵又愁又喜。喜的是徐敬业给他创造了让睿宗执政，他自己从而掌握大权的机会；愁的是，如何能过皇太后武则天这一关，而且将来对付重兵在握的徐敬业也是一个不小的麻烦。

车到山前必有路，走一步看一步吧。

眼下最要紧的是利用徐敬业起兵，迫使武则天归政。于是，裴炎故意拖延时间，迟迟不拿出应对叛军的计谋对策。

徐敬业起兵的事已经闹得如火如荼了，裴炎作为朝中地位最高的辅弼之臣却不着急。难道他还嫌徐敬业闹的事不够大吗？居心何在？足智多谋的武则天注意到了这一点，她觉得裴炎与徐敬业起兵这件事一定脱不了干系。他们之间肯定有不为人知的秘密。为了证实这一点，武则天将裴炎召入宫中，询问平叛之法。

在这种非常时刻，任何一句不过大脑的话都会要了人的命。在事态未明之前，裴炎本应该谨言慎行，但他脑袋一热，不谈如何平叛的事，反而说出了一句足以让他下地狱的话：

"皇帝年长，却未能亲政，这才使贼子找到了起兵的借口。若太后还政，则此贼不讨自平矣！"

以当前危局来要挟武则天，他错了。此话一出，裴炎的结局就已经注定了。

其实，在叛军和太后这两个势力集团之间，选一头，对了会成为功臣，权力荣誉会接踵而至；如果错了，就是一死，死得刚烈，但会落下一个美名。可裴炎偏偏选择坐收渔利，把别人当成了棋子。既然这样，就应该嘴严一点，但他却孤注一掷，说出了一句不该说的话。

好你个老家伙，迟迟拿不出对策，原来是想给叛军时间，待事态闹大后，逼我交权啊。老娘明确告诉你，你的如意算盘打错了。

裴炎暴露了他的真正立场后，倒霉的事便来了。

朝廷中从来不缺乏察言观色的人，监察御史崔察就是这样一个人。他号准了武则天的脉，决定火上浇油，彻底打垮裴炎，便上奏说："裴炎服务先朝二十余载，受遗命顾托，大权在手，若无异图，何故请太后归政？"

崔察的言论简直就是落井下石，裴炎知道后一定会气得肺都炸了。

前面已经烽火连天，后院绝对不能再燃起熊熊大火。

武则天对磨磨蹭蹭的裴炎早已怒火中烧，再经崔察这么一激，便下定决心要除掉这个曾经和自己站在一条战线上的重臣。她下令把裴炎收捕入狱，命御史大夫骞味道、御史鱼承晔严加审讯。就这样，当朝第一宰执一夜之间就沦为阶下囚。

平心而论，裴炎算是一个好官，在朝中的威信很高。他入狱后，朝中炸开了锅，在朝堂上与武则天发生了激辩。

宰相刘景先和凤阁（中书省）侍郎胡元范极力为裴炎辩护，甚至以身家性命担保裴炎无罪，奏道："裴炎乃社稷忠臣，一向廉介忠贞，天下尽知，臣相信他不会谋反。"

武则天说："裴炎有反端，卿等不知耳。"

两人急了，竟然说："若裴炎为反，则臣等也反了！"

武则天一笑，说："朕知裴炎必反，知卿等不会反！"

虽然文武大臣都认为裴炎不会反，但武则天却认定裴炎必反，这样裴炎就没救了。还有在这场辩论中，有一个大臣唱了反调，他就是凤阁舍人（正五品、掌起草诏令）李景谌，他认为他的老长官裴炎一定会反。

官场争斗真是疯狂，为了自己的利益，不惜踩着同僚的肩膀往上爬，完了还不忘踹上一脚。

虽然有李景谌这个人证，但缺少物证，证据链不完整。所以，裴炎到底有没有反，很难定论。但武则天定性的案子，再也没有人能翻得了。正所谓，君要臣死，臣不得不死。本来是一桩"莫须有"的案子，结果就被定性为谋反、通敌。

武则天之所以要给裴炎扣如此大的一个罪名，是因为这是非常时期，若想平定外面的叛乱，朝内必须安定团结，不能有贰臣。裴炎正好撞在了武则天的枪口上，所以他必须得死，这样才能起到杀一儆百的作用。

结果，裴炎被扣上了谋反的罪名下了监狱。命骞味道接替内史之职，取代裴炎的位置。而那个一口咬定裴炎必反的李景谌则升为同凤阁平章事，居然以五品官拜相。武则天之所以这样破格提拔李景谌，就是要让大家明白，只要和她一条心，就会有官做、有钱花，有享不尽的荣华富贵，否则只配坐冷板凳。

就这样，朝议平息了下来，武则天可以全力对付叛乱的徐敬业了。

兵来将挡，水来土掩

武则天任命左玉钤卫大将军李孝逸为扬州道行军大总管，大将军李知十、马敬臣为副总管，殿中侍御史魏元忠为监军，率领集结的30万大军，挥师南下讨伐叛乱的徐敬业。

李孝逸，唐朝宗室，生卒年不详，陇西成纪（今甘肃秦安）人。他是淮安王李神通之子，自幼聪明好学，善写文章，被封为梁郡公。唐高宗末期，历给事中，四迁益州（今四川成都）大都督府长史。武则天临朝，入为左卫将军，受到了重用。所以，这次平乱被任命为大军主帅。

我们知道，扛大旗反朝廷是需要条件的：或是在皇朝末世，皇帝昏聩，老百姓没吃没喝没穿，没了活路才会跟着造反；或是手中握有重兵，有强有力的军事实力做后盾。否则，若想成功，比登天还难。

徐敬业生活的年代，大唐正处于上升期，百姓有吃有喝，不会一哄而起，拿自己的生命去赌那未知的荣华富贵。再者，徐敬业手中没有强大的武装力量，那些临时招募来的"义兵"，战斗力低下，忠诚度更是无从谈起。可见，徐敬业这次起兵缺少强大的民意基础，完全是头脑发热下的冲动行为。

更荒唐的是徐敬业起兵的理由，本来是打着匡复唐中宗李显的招牌，但起兵后又捏造出了一个太子李贤，甚至找了一个和李贤长得很像的人来蒙蔽大家。说李贤未死，逃到扬州来了，并奉其号令起兵。其实，太子李贤半年前已经死在了巴州。扯这种弥天大谎唬一唬目不识丁的老百姓还可以，想唬住朝臣及天下有识之士，那简直就是瞎扯。这样只会降低自己的威信，真不知徐敬业这帮人是怎么想的。

也许徐敬业匡复中宗只是一个幌子而已，真正意图是称帝。在选择进军路线上没有选择直攻洛阳，而是看重"金陵王气"，不取攻势，而取守势，偏安金陵一隅，就是一个很好的例证。

叛军只有得到天下人的响应，才有望获胜。但徐敬业这些人停留在长江以南，徘徊不进，那些有心的人必然要选择观望的态度了。毕竟，造反不是闹着玩的，这在无形中就削弱了徐敬业等人的力量。

确定战略方针后，徐敬业令左长史唐之奇镇守江都老窝，他自己亲率大队人马渡江进攻重镇润州（今江苏镇江）。虽然遇到了顽强的抵抗，最终还是在十月十日攻陷润州。

就在这时，李孝逸的大军已行至临淮（今江苏盱眙）。金陵的"王气"尚未借着，政府军已经打来了。

三十万对十万，这仗怎么打？

面对来势汹汹的官军，徐敬业以李宗臣为润州刺史，令他的弟弟徐敬猷屯兵淮阴（今江苏淮安），遣猛将韦超据都梁山（位于盱眙），自己则率部众在高邮县的下阿溪（位于盱眙与扬州之间）屯兵抵抗官军。

两雄对决，一场恶战在所难免了。

李孝逸派出偏将雷仁智与叛军交战，本以为能把叛军打个落花流水，没想到却败下阵来。叛军气焰十分嚣张，李孝逸心中害怕了，为了稳妥起见，便选择了按兵不动。

这李孝逸虽然有一定的军事才能，但有些胆小，用兵过于谨慎小心。30万正规军岂能怕这10万杂牌叛军！

首战失利的军情很快传到神都，武则天大怒，决定要下狠手了。

首先，斩裴炎于都亭，并削去徐敬业爷爷的官爵、挖徐家祖坟、夺李姓复徐姓，让全天下的人都知道和朝廷作对没有好下场。

接着，重新组织讨叛力量，下诏赦免"匡复军"中被胁从的百姓，来个釜底抽薪。另外，悬赏授官三品、赏帛五千要徐敬业的脑袋；悬赏授官五品、赏帛三千要其他叛军头领的脑袋。

还有，前线征讨军迟迟没有进展让她非常不满，所以派了专人前去联络、施压。

可以说，武则天的这些部署为前线大军造足了势，如果李孝逸再没有什么作为的话，恐怕只能走人了。

当时担任监军的侍御史魏元忠看出苗头不对，便对李孝逸说："天下安危，在此一举。海内承平日久，忽闻变乱，人们都盼着尽快扑灭叛乱。将军却按兵不动，使远近失望。倘若朝廷得知，改派他人取代将军，将军用什么理由解脱逗留不进的罪过呢？最好是从速进兵，以立大功，否则将大祸临头。"

事情往往是当局者迷旁观者清，经过魏元忠这么一点拨，李孝逸明白了事态的严重性，便急令大军进攻。当大军到达都梁山下时，碰到了叛军大将韦超。

其实，胜负乃兵家常事，不能因为一次失败就止步不前。憋了这么久，终于可以与叛军大干一场了。征讨大军的副帅——副总管马敬臣请命上阵杀敌，他一马当先带领唐军奋勇杀敌，在阵前把叛军别将尉迟昭、夏侯瓒斩于马下，对都梁山形成了围困的态势。

这一仗非常关键，从此，征讨军声威大震，战争的形势有了明显的改变，叛军开始走下坡路了。

十一月初，武则天派左鹰扬大将军黑齿常之为江南道大总管（比李孝逸高一个级别），统领诸道援军增援李孝逸。

李孝逸闻讯，心里发毛了：很明显，武则天对自己的表现不满意，否则也不会派这么一个重量级人物来插一杠子啊。自己前线主将的位置会不会被取代呢？必须要抓紧时间再打个漂亮仗，证明自己还是有那么两把刷子的。

此时，从兵力分布来看。叛军的兵力比较分散，主力由徐敬业率领，屯于高邮下阿溪。其他军队由李宗臣、韦超、徐敬猷率领，分别屯驻在润州、都梁山和淮阴。而官军集中在临淮至都梁山一线，围困都梁山，再加上即将到来的黑齿常之的援军，官军占有绝对优势。

为了给朝廷一个交代，也为了证明自己的实力。李孝逸再次发兵攻打都梁山。虽然他非常渴望与叛军交战，但已经败了一次的韦超这次学乖了，惹不起但躲得起。于是，不再贸然接战，仗着山势险要，坚守不出，任你喊破喉咙也没用。

这块硬骨头太难啃了，这消耗战该不该继续打下去？李孝逸又开始犹豫了，便召集诸将，商讨对策。

有人提议："都梁山地势险要，易守难攻。韦超凭险自固，我步卒和骑兵对此都无计可施。且穷寇死战，攻之只会白白牺牲士卒。不如分兵困之，大军则直取江都，覆其巢穴。"

擒贼先擒王，只要先灭了徐敬业，其他小喽啰就不是问题了。但问题的关键是，高邮有徐敬业的重兵把守，不是一下两下就能攻下来的。

主管军资的支度使薛克构觉得这个提议太过冒险，便举手反对。他说："韦超虽然据险固守，但兵力不多。若多留兵在此，则削弱前军实力；若少留兵在此，则后患无穷。不如先攻克都梁山，则淮阴、高邮定会望风瓦解。"

的确，如果舍弃都梁山，而攻江都，很可能会陷入腹背受敌的困境，所以，李孝逸最终采纳了薛克构的建议，先拿下都梁山再说。

但还有一些将领觉得不妥，说："攻击淮阴或都梁山，万一徐敬业引兵来援，我军将两面受敌，如何应对？"

魏元忠说："不然，徐敬业精锐，尽在下阿溪，可凭险死战。若战之不利，大事危矣！而徐敬猷是一个赌棍，根本不懂战事，兵又单弱，易为我克。大军一到，立马可克。徐敬业想救，也来不及了。若舍弱不先攻取，乃下下策。"

避坚攻瑕，是兵家之计。于是，李孝逸当下便确定了作战方案：先灭韦超，再灭徐敬猷，最后攻打徐敬业。

战鼓齐擂，号角齐鸣，激烈的战斗开始了。

李孝逸命令将士向龟缩在都梁山上的韦超一军发动猛烈的攻势。虽然官军在人数和器械装备上占有绝对优势，但由于都梁山比较险峻，官军很难施展，攻打起来相当吃力。战斗非常残酷，都梁山下躺满了阵亡的官军将士，血流成河。在傍晚时分，官军攻占了最后一个山头，终于取得了到达江淮以后的第一个重大胜利，虽然付出了不小的代价，但还是胜利了，将士们无不欢欣鼓舞。

再看韦超，见大势已去，无力回天，便乔装改扮，连夜逃跑了。

胜利如同一针兴奋剂，让李孝逸精神抖擞，他决定乘胜前进，绕过白水塘，向盘踞在淮阴的徐敬猷发起进攻。

淮阴城在淮水之南，城池颇为险固，若是有一员懂军事的大将防守，也够官军喝一壶的。但守将徐敬猷对玩牌很在行，对带兵打仗却是一窍不通。面对兵临城下的唐军，早已被吓破了胆。他自打娘胎里出来，也没见过这种阵势啊，唐军一人一口唾沫也能把淮阴城给淹了。

唐军在李孝逸的指挥下大举攻城，一鼓作气拿下了淮阴城。而徐敬猷也发挥了跑路的特长，从暗道悄悄溜出城去，只身脱逃到了徐敬业的军营。

就这样，唐军轻而易举地拿下了淮阴城，可以集中全部力量对付徐敬业了。

再看徐敬业，被气得鼻子都歪了。自己怎么会有这样一个不争气的弟弟啊，把好好的一座淮阴城拱手送给了别人。

无语了，彻底无语了。

李孝逸的军队已经打上门了，都梁山和淮阴城的失利已经把徐敬业逼入了绝境，气愤的他只得沿下阿溪设防，决心与官军决一死战。

两军隔溪相望，决战的序幕已经被徐徐拉开了。

生死决战，用胜利说话

官军一路砍杀，战果累累，士气高涨。

为了博取头功，也为了给徐敬业一个下马威，在月黑风高之夜，李孝逸的先头部队决定偷袭敌营，为明日的决战开个好头。

晚上，官军的后军总管苏孝祥亲率5000将士悄悄渡河偷袭叛军。本以为会旗开得胜，杀叛军一个人仰马翻。没想到的是，徐敬业已经有所准备，布下陷阱，专等官军往里钻了。结果，官军扑了一个空营，等意识到中计后，已经陷入重重包围之中，想撤退已经来不及了。

结果，渡河的官军大败，苏孝祥也死在了乱军之中，左豹韬卫长上果毅都尉成三郎被俘。其余残兵败将被逼到水边，虽然前无退路，后有追兵，但这些将士宁死也不肯投降，大半选择了投水而死。

这一仗打得太过惨烈，下阿溪的河水都被染成了红色。

由于打了一个漂亮的反偷袭战，叛军不再颓靡，士气又高涨起来。为了进一步煽动士气，唐之奇准备在被俘的成三郎身上做文章。

被俘的成三郎被押送到江都后，唐之奇对部众说："这就是李孝逸。"随后便下令要斩杀这个俘虏。

这是哪儿跟哪儿啊？竟然厚着脸皮用扯谎的方式来鼓舞将士的士气。一支不敢说真话的军队不可能战无不胜，一个不敢说真话的将领也不可能得到绝对的忠诚。

在唐之奇眼中，将被砍头的人也许都会磕头求饶，甚至选择背叛。这个成三郎也应该不会例外，但他想错了。

这个成三郎是个不怕死的人。自选择上战场的那一天起，他就做好了随时为国捐躯的准备，砍头不过碗大的疤，死得光荣，今生何求。

所以，虽然即将临刑，但他仍然高呼："我乃果毅成三郎，不是李将军。官军将至，尔曹破在朝夕。我死，妻子受荣；尔死，妻子籍没，终不及我！"

成三郎一身正气，这种视死如归的临终遗言威慑敌胆，最终不屈而死。这个普通军官能有这么高的觉悟，着实让人佩服。

再看唐之奇，他本想借此鼓舞士气，结果却被反手一击，真是偷鸡不成蚀把米。

次日，李孝逸率领大军赶到。几次交战也没占到什么便宜，他便又有了胆怯之意，想退守石梁。

其实，打仗哪有不死人的，总是互有损伤，谁能坚持到最后，谁就是真正的赢家。

见主帅又萌生退意，魏元忠等再次劝说："现在正是顺风，芦苇干枯，用火攻有利，万万不能退却啊。"

的确，此时官军的位置在叛军西北方向，这是借冬天的西北风放火的绝佳时机。有这样能谋善战的手下，李孝逸想不胜利都难。

于是，李孝逸便用火攻之计，命军士各持火具，强渡下阿溪。官兵借风势纵火烧敌，疲惫不堪的叛军已经失去了斗志，面对熊熊燃烧的大火和蜂拥而至的官军，一下子乱了阵脚，开始溃退。

看到叛军没头苍蝇似的乱撞，李孝逸乐了，便督军疾进。一顿砍杀下来，斩杀叛军七千多人，另外掉进河里溺死者无数。直杀得河水殷红，天昏地暗。

这一仗下来，叛军的主力荡然无存，徐敬业等首脑人物狼狈逃入江都暂避。李孝逸的大军则紧追不舍，要把叛贼一网打尽，一个不留。

成者为王，败者为寇。

已经成为落水狗的徐敬业再也找不到往日的威风。他知道江都也保不住了，于是也顾不得什么尊严和面子，焚去图书册籍，带着妻儿老小奔往润州，希望能东山再起。

此时，叛军已经被打散了，到处都是官军。徐敬业怕在半路上被官军围困，就先在算山（又名蒜山）躲藏，写信让李宗臣发兵前来接应。倒霉的是慌乱中丢失了原定的联系信物，李宗臣看到徐敬业的书信后以为是官军使用调虎离山之计，便不予理睬。

徐敬业在小土坡上望眼欲穿，却久久不见前来接应的大军，以为李宗臣已经投降了，失望至极。

败了，看来是彻底的败了，已经没有地方可以容身了，那么就往外逃吧。于是，徐敬业便乘船潜入长江，妄图顺流出海寻求避难。

十一月十八日，徐敬业等人逃到海陵（今江苏泰州）地界，被大风阻住，无法渡海。

前无去路，后有追兵。这伙人即使插上翅膀也飞不过茫茫大海，已经陷入了穷途末路的境地。当初，这些人跟着徐敬业造反，大多是为了谋个好前程，如今见徐敬业大势已去，便开始为自己留后路了。

徐敬业怎么也想不到，这帮弟兄不能共患难。在黑暗中，一把尖刀悄悄伸向了他，结果徐敬业的部将王那相杀死了徐敬业、徐敬猷，以及徐敬业的妻儿老小，拿着25个首级到李孝逸军前投降。另外，唐之奇、魏思温、韦超等人也被捉住砍了脑袋，传首东都。

于是，这场前后不到四个月的叛乱就此被快速平定，等大将军黑齿常之带领援军来到江都时，已经肃清乱党，不劳他动手了。白忙乎一场，想来让这位大名鼎鼎的将军非常郁闷吧。他除了眼睁睁地看着李孝逸率军凯旋外，什么也不用做了。

在这里，骆宾王的结局值得再说道说道。

关于骆宾王的下落，出现了两种不同的说法：《旧唐书》和《资治通鉴》都说骆宾王被诛杀，成书于北宋的《新唐书》却说骆宾王逃跑了。围绕着骆宾王扬州兵败后的行踪，史学界众说纷纭，而这也成了千古之谜。

其实，本来充满期望的武装起义在转眼间便成了一场流血悲剧，这种惨败让这位传奇才子情何以堪。如果他被诛杀，为这场起兵殉职，也算死得其所；如果他逃跑了，相信壮志未酬的他过得也是了无生趣。

自古以来，成功者都不乏鲜花和掌声。李孝逸凯旋后，武则天非常高兴，立即奖励了这次平叛中的有功之臣：授李孝逸为镇军大将军，转左豹韬卫大将军，改封吴国公；提拔魏元忠为司刑正，不久又升迁为洛阳令；拜徐思文为司仆少卿，赐武姓；其他有功将士都按照功劳的大小给予了不同的赏赐。同时，还处罚了平叛不力的官员和与叛军有密切关系的人，比如程务挺也因为受牵连被杀了。

就这样，这场在大唐内部燃起的战事终于尘埃落定了。

其实，任何的起义都讲究天时地利人和，而徐敬业起兵名不正言不顺，没有群众基础，再加上他在兵力部署、战略方向上犯了许多错误，所以兵败是避免不了的。

武则天在这次平叛中沉着冷静，制定了一系列得当的措施。不仅借机除去朝中掣肘的权臣，而且取得了最终的胜利。如今海内既平，她的声威如日中天，这更加坚定了她临朝称制的信心。

广开言路，防患于未然

虽然徐敬业叛乱被平定了，但武则天的心情却是喜忧参半。喜的是，这些乱臣贼子没成什么气候，对自己的统治没有构成什么实质性的威胁；忧的是，这些权臣竟然敢与她为敌，倒下了徐敬业和裴炎，会不会再出现更多的徐敬业和裴炎反对自己呢？这是个问题，必须得采取适当的措施，敲打敲打手下的这些官吏了。

首先，改年号，这是武则天比较热衷的事情。为了纪念胜利平定这场叛乱，武则天以《尚书·武成》篇中的一句话，即"惇信明义，崇德报功，垂拱而天下治"所表示的意义改元"垂拱"。垂拱的意思就是"垂衣拱手"，形容做事毫不费力。

在中国漫长的封建社会没有一个朝代能真正做到"垂拱而天下治"，所以，这种儒家追求的治国办法仅仅是一个美好的愿望而已。

垂拱元年是公元685年，这一年武则天已经六十二岁了。

其次，好好地训斥一下群臣。这些大臣拿着俸禄，吃着皇粮，在他们中间，不少人表面上言听计从，对自己服服帖帖，暗地里却另搞一套，不与自己同心同德。问题的症结就在于自己是个女人，儒家礼法衡量明君的标准之一就是女人除外，所以，这些男人恨不得自己早日离开政坛，交出手中握有的大权。

既然满朝文武官员不让垂拱而治，那么就不能当甩手掌柜了，要加强对国事的控制。在诛杀了裴炎、程务挺后不久，武则天决定给群臣开个大会。

"朕并没有辜负天下、辜负诸位，你们说是不是？"武则天满脸严肃地发问。

这种场合没有人敢唱反调，除非他是活够了。所以群臣的回答不出所料——

异口同声地肯定了武则天的功绩。

停息片刻后，武则天继续说：

"朕辅政先帝二十多年，为天下操劳到极点！公卿富贵，皆朕所赐；天下安乐，皆朕治理。及先帝驾崩，将天下托付于朕，朕不爱己身而爱百姓。如今叛乱者皆出自于将相，群臣负朕何等之深。你们中有受遗老臣，能倔强难治难过裴炎吗？有将门贵种，能纠合亡命胜过徐敬业吗？有握兵宿将，能攻战必胜赛过程务挺吗？"

一连串的发问让群臣连大气也不敢出，毕竟，谁也不想碰钉子、挨刀子。

见群臣不说话，武则天继续说："这三人一向有很高的威望，因不利于朕，朕乃杀之。卿等有比这三人能力强的，可及早反叛；不然，就安心做官，革心事朕，不要让天下人耻笑。"

这招敲山震虎很见成效。武则天话音刚落，群臣便齐齐跪倒在地，不敢仰视，异口同声地回答："唯太后所使！"

太后，我们坚定地跟你走，你就是我们的方向标。确实，面对武则天的超强能力与高压手段，群臣已经没有了还手之力。至少目前是这样，至于武则天称帝是否一帆风顺，这还不能打包票。

人心隔肚皮，这些大臣今天俯首称臣，谁知道明天会不会举起反武的大旗呢？为了准确把握朝中大臣及地方官们的言行动态，直接听取臣民谏言和冤情，武则天准备充分发挥"登闻鼓"和"肺石"的作用，用公开的手段来监视内外臣子的言行。

登闻鼓，是悬挂在朝堂外的一面大鼓。敲登闻鼓，是中国古代重要的直诉方式之一。我们常在影视片中看到冤屈的百姓在衙门口击鼓鸣冤的场面，所击的大鼓就是登闻鼓。在唐初，依照前代旧规，在西朝堂设有"登闻鼓"，百姓或臣子有谏言或冤情都可以击鼓，以达天听。

在东朝堂还设有"肺石"，也就是在地上立一块石头，因颜色赤红而得名。凡老幼不能击登闻鼓者，可立于肺石之上，所诉的事情由左监门卫负责奏闻，皇帝闻报可以立即处理。

这种直诉方式可以让控告人超出一般受诉官司和申诉程序直达天听。这种直诉制度是中国古代法律的一个闪光补充，不仅能直接解决百姓的难题，对官吏也是一种约束。

但由于朝堂重地日夜有兵卒把守，闲杂人等难以靠近，老百姓即使要上诉，也不是一件容易的事，所以"登闻鼓"和"肺石"一度成为一种摆设，没有起到其真正的作用。

垂拱元年（685年）二月，武则天下令："登闻鼓和肺石无须派人看守，有人击鼓立石，即取状纸交给朕。"

有人认为，这一措施鼓励告密，是为堵住百官之口，从而更好地实现独裁。其实，我们不必过于苛求武则天。另外，这种广开言路的方式在一定程度上起到了很好的监督作用，让各级官员谨言慎行，不仅避免谈论太后专权的话题，其他的言行也都格外注意。

除了广开言路，武则天还扩大仕途，让官吏和百姓毛遂自荐，给有才能的人以做官的机会。另外，她还注重吏治，亲自撰写《臣轨》一书，从同体、至忠、守道、公正、匡谏、诚信、慎密、廉洁、良将、利人等十个方面对臣子提出了严格要求。还有，她还加强法制建设，抗击突厥，赈济灾民，等等。这些内容，史书上都有明确记载，在此我们就不一一细说了。

武则天凭借顽强的毅力和不屈不挠的精神励精图治，一年以后，社会完全趋于安定，形势大有好转。为了缓和内外矛盾，垂拱二年（686年）正月，武则天下诏"复政于皇帝"。

此刻的睿宗已经24岁了，不傻也不呆，如果说不想执政，那是违心的话。但他知道太后并非诚心，如果顺着这个杆爬上去的话，一定会摔得很惨。于是坚决不干，宁死不从。

没想到，自己的儿子还是"没什么长进"，不过，这也正合武则天的心意，于是，继续临朝称制，牢牢掌握着大唐的最高权力。

垂拱二年三月，武则天令人铸了四个铜匦（匣子），放在朝堂的东、南、西、北四角，分别为青、红、白、黑四色，收取天下人的表疏。铜匦类似现在的意见箱，是让广大民众把自己的意见写出来投放在箱内，以供采纳。

具体说来，放在朝堂东面的叫"延恩"匦，这个是用来自荐的，是个求才的好办法；放在朝堂南面的叫"招谏"瓯，"言朝政得失者投之"；放在西面的叫"伸冤"瓯，让有冤屈的人直接向朝廷申诉，避免民怨不得申的事情发生；放在北面的叫"通玄"瓯，"献谋智"，即各种带有迷信色彩的"玄机妙道"和军机秘计都可以投放到这里。

说得再通俗一些，就是武则天在朝堂四面立了四个箱子，分别是"自荐箱""意见箱""检举箱""通玄箱"，让全国官民都来向四个箱子里投信件。武则天通过铜瓯了解了不少人间善恶，对治理国家起到了一定的作用。

对别人狠一点，彰显铁腕本色

虽然武则天在兢兢业业地为大唐消耗着自己的每一滴心血，但反对的声音总是会隔三岔五地出现，接连有人公开表示对她临朝称制不满。对反对她的人，武则天从来都不心慈手软。因为对敌人仁慈就是对自己残忍，政坛上虽然没有硝烟弥漫，但斗争同样险恶，一着不慎，满盘皆输。所以，武则天的处理比较狠辣，尽显她的铁腕本色。

垂拱二年（686年）十月，雍州新丰县（今陕西临潼）东南有山涌出，也许是由地壳变迁引起的，但在古代科技不发达，哪里知道什么地壳变动。昨天还好好的，哪知一觉醒来，就平白无故地冒出一座山，人们对这种"奇怪"的事情无法解释。这没关系，任何事情都有两面性，你可以往好处想，也可以往坏处说。

侍臣们为了拍马屁，便说这是祥瑞，只有在武则天的英明领导下大唐才会出现这种奇景。武则天闻知此事后大喜，下令改新丰县为庆山县，以此纪念。四方的官员也纷纷上贺表，在武则天面前卖乖。

如果大家都顺着这个调调说，则你好我也好，天下太平。但偏偏有脑筋转不过弯的直率者。江陵人俞文俊上书说："天气不和而寒暑并，人气不和而疣赘生，地气不和而塠阜出。今女主处阳位，反易刚柔，故地气塞隔，而山变为灾。陛下谓之'庆山'，臣以为非庆也。陛下应侧身修德以答天谴，不然，殃祸至矣。"

俞文俊认为地上冒出个土山来是因为地气不和所致，而地气不和是因为武则天把持朝政，有违常理。如果不侧身修德以答天谴的话，将祸患不断。

这种赤裸裸的话很露骨地反对女人掌权，这是对武则天权威的挑战，武则天被气得半死，结果，俞文俊被流放到了岭南，最终也没逃过一死。

这就是反对武则天掌权所要付出的代价，不管你是朝中重臣，还是普通百姓，只会落个死无葬身之地的下场。

垂拱三年（687年）五月，被武则天扶植起来的宰相刘祎之也出事了。

刘祎之，字希美，常州晋陵（今江苏常州）人，唐初学者。他少年时与孟利贞、高智周、郭正一都以文藻知名，时人号为刘、孟、高、郭。在上元元年（674年）就被召入禁中，是赫赫有名的"北门学士"。武则天临朝后，被提拔为宰相，所有诏敕都出自刘祎之之手。可以说，他是武则天身边的大红人。

这天，刘祎之与凤阁舍人贾大隐闲聊。不知道刘祎之哪根神经出了问题，反正他心血来潮，说了一句不该说的话："太后既废昏立明，安用临朝称制？不如返政，以安天下之心。"

本来是闲聊侃大山，有些话无非是过过嘴瘾、吹吹牛罢了，但刘祎之千不该万不该拿武则天说事。而更让他想不到的是，他重点培养的骨干竟然转身就把他给卖了，向太后告了密。

武则天一直把刘祎之当心腹来对待，没想到这个人却和自己隔着一层皮，背地里说自己的坏话。武则天自然很生气，准备把这个人处理掉。

恰在此时，有人诬告刘祎之不仅受贿，而且还与许敬宗的小妾私通。武则天便命肃州刺史王本立拘捕刘祎之并审问此事。

王本立见到宰相大人后，要宣读武则天的敕令。刘祎之冷笑道："不经凤阁鸾台，何名为敕？"

凤阁就是中书省，所有圣旨都出自这个地方。刘祎之的工作就是起草诏敕的，所以他认为太后之敕没有权威性。

其实，君要臣死，臣不得不死，武则天的话就是金科玉律，就是圣旨。

没想到刘祎之如此猖狂，武则天痛恨无比，便以抗旨的罪名，将他赐死在家中。

这一年，不仅死了一个宰相，还死了一个徐敬业的后继者。虢州人杨初成自称是郎将，伪造圣旨招募大批义士，准备迎庐陵王于房州，驱逐武氏和睿宗。这种武力造反比俞文俊和刘祎之的反武言论要严重恶劣得多，所以，事情败露后，被武则天毫不犹豫地下令处决了。

第七章

膨胀的野心

让皇位触手可及

做女皇帝的尝试

武则天凭借铁腕手段排除异己，巩固地位，使朝廷趋于安定。接下来，该解决皇帝的问题了，总把睿宗当成傀儡，也不是个事儿。这个皇位也许应该由更合适的人来坐。

其实，武则天当皇后不久，因为高宗比较懦弱多病，她便开始辅政、垂帘，共计三十年。她虽然是皇后，却做着皇帝的事。后来，高宗一死，她废中宗、代睿宗，临朝称制，虽然是皇太后，但基本上已经坐到了皇位上，只差一个称呼罢了。

对武则天来说，治理国家是小菜一碟，她已经轻车熟路，具有做皇帝的能力、经验和资格。至于她究竟是什么时候开始想当皇帝的？这个问题没有明确的答案。只能说她起码在改元"垂拱"之前就已经有了比较清晰的想法了。她完全可以取代傀儡皇帝睿宗，因为她坚信自己是更合适的人选，只不过是缺少时机罢了。

这三十多年，武则天虽然兢兢业业为大唐社稷耗费心血，但反对者却一直认为她要篡权当皇帝。尤其是徐敬业大规模起兵"讨伐"，让武则天更加深信与其被逼得毫无退路挨骂挨打，还不如彻底一点儿，当个女皇帝，看看谁还敢造次。

有时候，人是被逼出来的。武则天当皇帝的一个比较重要的原因就是反对者们的步步紧逼，让武则天迈出了这最后的一步，做了空前绝后的事情。

任何事情都有个过程，不可能一蹴而就。起初，武则天临朝是暂时的并无长远打算，她还是准备要把权力还给自己的儿子。但儿子们一个比一个不争气，为了江山社稷，她有了长期临朝称制的思想，她称帝的野心也在一天天加大。

一方面，她仍然摆出尊崇李唐宗室的姿态，如在垂拱三年（687年），封几个皇子为亲王：将李成义封为恒王，李隆基封为楚王，李隆范封为卫王，李隆业封为赵王；另一方面，不再排斥外戚，而是开始尊崇武氏，大搞武氏崇拜，为自己称帝打基础。

垂拱四年（688年）正月，为了就近祭祀祖宗和先帝，武则天下令在神都建高祖、太宗、高宗三庙，仿京师太庙之例四时享祀。

人不能忘本，武则天在神都建高祖、太宗、高宗三庙的举措无可非议。但武则天还有一个提议，就是在神都建立武氏宗庙"崇先庙"，同时也享受香火。

这就有些此地无银三百两了，武则天虽然大权在握，但她毕竟是太后，而且现在的江山姓李不姓武。如今她公然为武氏修"崇先庙"，实质上就是对李氏的贬抑。李唐宗室的一些人对武则天的所为越来越不满了。

武则天却丝毫没有收敛，她大胆向前，走别人没有走过的路。

这年二月，武则天又搞了个新名堂，她下令毁掉神都的乾元殿，在原地建一座"明堂"。

那么，这"明堂"是干什么用的呢？

相传建造明堂始于黄帝时，是祭祀上天的建筑，《周礼》称之为"明政教"之堂。据说以前皇帝都要修明堂，但明堂的修法慢慢失传了。所以，明堂究竟是个什么样子，即使巨儒硕学也很难说清楚。

汉以后，儒者各立门户，意见分歧，因为明堂的方案不能确定而无从建造。唐太宗、唐高宗都曾打算建造明堂，也因争议而搁浅了。

武则天认为明堂这东西，不仅可以祭祖宗，还可以扬国威、镇邪气，所以把建明堂的事提到了议事日程上来。她没那么多讲究，为了完成唐高宗的遗愿，她力排众议建明堂。是否完全符合失传的明堂修法是其次，只要华丽宏伟就行了。

据史料记载，武则天时期修建的明堂方300尺，为多边形，圆顶；高294尺，分三层，下层布政，中层祭祀，上层是圆顶亭子，上面立有高1丈的涂金铁凤。屋顶铺木胎夹纻漆瓦。中间有上下贯通的巨木中柱，作为主干支撑整个建筑。另外，明堂后建有高五层的天堂，高百尺的夹纻佛像摆放其中。在三层上就可以鸟瞰明堂，真是人间之天堂。

为了修建明堂，动用了万名役夫，薛怀义任总监工头儿。这个宏大的建筑供布政、祭祀、受贺、飨宴、讲学、辩论之用，是唐代著名的大型建筑物。武则天打算在这里祭祀天地、供奉祖先、发号施令。可惜的是，明堂大约在755年以后的安史之乱中被毁。

先是建立武氏宗庙"崇先庙"，接着又修建"明堂"，武则天想当皇帝的野心已经越来越明显了。只要有人在背后推一把，武则天就会顺势成为中国历史上第一个女皇帝。

武则天成为女皇，这是朝中大臣和李唐宗室不愿意看到的事情。而武氏外戚巴不得武则天早日成为皇帝，把李唐的江山改姓武，这样他们就可以得到更多的利益。

在这种情况下，一幕喜剧上演了。

有一个叫唐同泰的雍州人向武则天上表进献一块石头，上面刻有"圣母临人，永昌帝业"八个大字。据称这块奇石是从洛水中打捞出来，所以，他宣称发现了"洛书"。

其实，这一幕完全是武承嗣导演的。先说这块白色卵石是他亲自寻找的；再说字迹，也是他命人把紫石砸成粉末，搅拌上药物，填在白石里，再刻上字，做成了这种"天外之物"；最后进献石头的人——唐同泰，也是他的同谋。

毫无疑问，这出戏自始至终都是由武承嗣一人导演，那么，他为何要演这出戏呢？

先看"圣母临人，永昌帝业"这几个字，很明显是说女皇帝降临人间了，帝业会永久昌盛。

再看，这块石头的出产地——洛水，这可了不得。《周易》上有一句非常著名的话，叫"河出图，洛出书，圣人则之。"意思是说，古代黄河里曾发现图符，洛水里曾发现过文书。虽然后人对"河图"和"洛书"的解释多种多样，但都理解为圣人出世、盛世到来的象征。

汉武帝"罢黜百家，独尊儒术"以来，天人感应学说和谶纬神学成为封建统治思想的重要成分。统治阶级十分重视祥瑞灾异，认为这是上天意志的显示。所以，这块石头引起了朝廷上下的重视。

不管是谁都不会毫无目的做事，武承嗣导演这出喜剧的目的再明白不过了，他要做武则天称帝的背后推手，为武则天称帝制造舆论。

而大臣们还被蒙在鼓里，以为这是实实在在的祥瑞奇观，便纷纷上表祝贺。武则天非常高兴，决定在这块石头上大做文章。

首先，她把这石头命名为"宝图"，还赏了唐同泰一个游击将军衔。

接着，她下诏要亲拜洛水，举行接受"宝图"的仪式。还要在南郊祭天，以感谢上苍。礼毕后移驾明堂，召见群臣。她因此命令各州的都督、刺史、宗室、外戚在拜洛水受图大典之前的十天，都要赶往神都，准备参加大典。

另外，群臣还为武则天加了新的尊号——"圣母神皇"。这个称号虽然没有皇帝那么响亮，但明显向皇帝靠近了一大步。

七月，武则天又大赦天下，下诏将"宝图"改称为"天授圣图"，洛水改称"永昌洛水"，封洛水之神为"显圣侯"。将"宝图"出处称"圣图泉"，在当地特置永昌县。接着又改嵩山为神岳，封其山神为"天中王"，拜嵩山神为太师。另外，还禁止在洛水打渔、垂钓，禁止在嵩山放牧、砍柴、采集野菜。

这一系列的举措虽然让人眼花缭乱，但武则天无非是想让天下人知道，她这个女皇是上天封授的。这下，人们都明白武则天要迈出最后一步，做中国的女皇帝了。

树欲静而风不止

武则天在为做女皇制造诸多舆论，眼看宝剑就要出鞘了。在这期间还发生了这么一个插曲，说明逆向的潮流也在不时涌动。

就在唐同泰献"圣母临人，永昌帝业"瑞石的同时，太子通事舍人（太子的东宫属官）郝象贤的家奴告主人谋反。谋反罪是封建社会的极端罪行，武则天闻知此事后，便命周兴审理此案。

周兴，武则天重用的酷吏之一，他滥杀无辜达数千人，创造多种刑罚，用刑残酷。

郝象贤是郝处俊的孙子。郝处俊是高宗时的中书侍郎，在高宗欲让武后摄政时，曾以"杜祸乱"为由反对武则天摄政，从而挑起朝臣反对武则天的政治风浪。郝处俊死后，官修史书给予他极高的评价。

周兴决定刨根问底，从他爷爷反对武则天摄政这件事上入手，用酷刑把郝象贤屈打成招。最后，竟然问成灭族之罪！

郝象贤做官做得好好的，为何要谋反呢？再说，也没有什么确凿的人证物证啊，总不能因为爷爷有罪，孙子就连带有罪吧。这明显是诬告乱判。

不能让人就这么冤死，咱郝氏家族宗亲在朝中也有做高官的，比如，许圉师是郝处俊舅舅，曾同为朝中高官。所以，郝象贤的家人到朝堂鸣冤喊屈。

明眼人都看得出来，这是武则天授意周兴故意要把这件事搞成这样，来出多年前的那口恶气。如果这时候唱反调，一定不会有好下场的。

但任何时候都有一些正直的人，不惜用自己的前程和性命来揭开真相。监察御史任玄殖就是这样一个不畏强权的人，他称郝象贤没有谋反的事实。但武则天不听，仍维持灭族原判。而任玄殖也因为这件事丢了官职。

郝象贤已经是砧板上的肉，神仙也救不了他。

虽然大刀已经架在了脖子上，但这丝毫不影响郝象贤的表演发挥。

到了行刑的那一天，死囚犯郝象贤出尽了风头。

在被处决前，郝象贤大骂武则天，把人们咒骂、诬蔑武则天的那些事全部翻出来痛骂不止，甚至把武则天与薛怀义的关系都抖搂了出来。原来神圣的宫廷内也有如此龌龊的事情。

凡是能想到的恶毒语言，都滔滔不绝地从郝象贤的嘴里蹦了出来。这还没完，过足了嘴瘾的郝象贤还夺过围观者手中的木棍痛打刑官，整个法场陷入了一片混乱之中。直到金吾卫士把他团团围住乱刀砍死，事态才平息下来。

再看武则天，得知郝象贤恶毒地把她臭骂一顿，还痛打在场的刑官后，异常愤怒。对于这种藐视自己权威的人，必须严厉惩罚，让他死无葬身之地，即使是尸体也不能放过。

于是，武则天下令肢解郝象贤的尸体，还下令挖开他家的祖坟，毁棺焚尸。

难道就这么眼睁睁地看着武则天为所欲为吗？李唐宗室的一些人着急了。绝对不能让武则天再得势了，否则李氏将更加沉沦，大唐江山社稷不保，自身的利益也会受到损害。所以，他们悄悄串通，准备把武则天拉下马来。越王父子的反叛便在这个时候发生了。

李唐宗室诸王是唐高宗的叔辈、从兄弟或侄辈。同历代王朝一样，诸亲王是与朝廷相抗衡的特殊势力，是王朝极不安定的因素。从唐朝建立到现在，李唐宗室已经形成了庞大的队伍，是新兴的豪族地主。他们高高在上，过着奢华靡烂的生活。

这些处在特权阶层的人不允许任何人来侵害他们利益，当然也包括武则天在内。所以，他们成为武则天改朝换代的死敌，必然要同武则天发生正面冲突。

这些密谋叛乱的宗室王公大致有：绛州刺史韩王李元嘉、刑州（今河北邢台）刺史鲁王李灵夔、青州刺史霍王李元轨、金州（今陕西安康）刺史江都王李绪、豫州刺史越王李贞、通州（今四川达州）刺史黄公李譔、申州（今河南信阳）刺史东莞公李融、博州（今山东聊城）刺史琅琊王李冲、范阳王李蔼等等。

其中，具有代表性的是豫州刺史越王李贞和琅琊王李冲父子俩的反叛。

越王李贞是唐太宗的第八个儿子，是燕妃所生。贞观五年被封为汉王，贞观七年加授徐州都督，贞观十年改授原王，后又改封越王、拜扬州都督，赐实封八百户。十七年，转相州刺史。二十三年，加实封满千户。永徽四年，授安州都督。咸亨中，复转相州刺史。武则天临朝称制后，加官太子太傅，兼任豫州刺史。

李贞一路官做下来，不仅仅是靠着李唐宗室的荣耀身份，他还真有那么两把刷子。唐史称，在皇族诸王中，他以"才王"闻名，不仅文武兼备，而且有相当的行政能力，在宗室中有不小的名气。

但人无完人，上天给了一颗聪明的脑袋后，一定还会给一些其他方面的瑕疵。李贞虽然文武兼备，但在品德上差一些，喜欢听信谗言，贬退手下的正直官员，还纵容奴仆欺凌地方。所以，有才无德的他在民间的形象很差，没有什么威望可言。

虽然没有深厚的民意基础，但自我感觉良好的李贞认为只要有李唐宗室的支持，便足以与武则天相抗衡。他便在心底把武则天当成自己最大的敌人。

越王李贞对武则天把持朝政的意见非常大，早在武则天刚刚临朝称制时，他就联络诸王准备造反。幸好武则天留了一手，给他们加官进爵，用高官厚禄俘虏了这些人的心。再加上当时高宗新丧，在丧期也不便起兵，便终止了这次行动。

后来，徐敬业起兵，诸王觉得这个小子不怀好意，就没跟着干。结果，徐敬业没几个月就被灭掉了。徐敬业的败亡让诸王感到武则天的实力不容小觑，便暂时减少了串通。但接着，武则天把"明堂""洛书"都整出来了，如果再等闲视之的话，等武则天成了女皇，那么他们连说话的机会都没有了。于是，便加紧联络，调动军旅，决定联手起兵，把武则天从台上赶下来。

武则天虽然有做女皇帝的意图，但她不希望天下因此陷入内乱，造成生灵涂炭，天下还是太平为好。

但是，树欲静而风不止。垂拱四年初以来，武则天频繁的异常举动引来了不少谣言，在宗室里广为流传，说太后欲废宗室，密谋改朝换代。或说："太后将于洛水受图之日，尽行屠戮李唐宗室。"也有的说，太后将在明堂大会群臣时诛杀宗室。

虽然是谣言，但给李唐宗室带来了不小的震撼。有人恐惧，有人愤怒，也有人撸起袖子磨刀霍霍，准备最后一搏。

的确，虽然是谣言，但也不可能空穴来风。宁可信其有，不可信其无。再说，武则天已经摆出了准备取代李唐王朝的姿态，这已经威胁到了李唐宗室最根本的利益。这些李唐诸王岂会善罢甘休？大唐境内势必再次燃起烽烟战火。

越王父子的反叛

造反这条路，是没有回头可言的。要么成功，获得享不尽的荣华富贵；要么失败，死无葬身之地。所以，既然选择了这条路，就是拿性命做赌注，若想活命，就得全力以赴。

李唐宗室们憋足了劲儿，要把这乱子弄得越大越好。

垂拱四年（688年）七月，黄公李譔给越王李贞写信："内人病浸重，当速疗之，若至今冬，恐成痼疾。"这是暗语联络发动叛乱。韩王李元嘉也有这个意思，他进一步煽动说，太后拜洛受图之时，就是皇家子弟的灭种之际。

不久，黄公李譔又假造了睿宗皇帝的玺书，派人送给琅琊王李冲。玺书说："朕遭幽禁，诸王宜各发兵救朕。"

假造皇帝玺书，为自己赢得有利的社会舆论，这是个好办法。于是，李冲也假造了一份皇帝的玺书，内容是："神皇欲倾李家之社稷，移国祚于武氏。"

说谎并不是什么好事，因为一个谎言需要更多的谎言来圆谎。如今，李唐宗室在这种造反玩命的事中掺杂谎言，这不是什么好兆头。

李冲把两份伪造的玺书分送韩、鲁、霍、越等王，让他们起兵，剑指神都。在这生死存亡之际，不能有半点儿犹豫，所以，各王收到"皇帝玺书"后，都加紧准备起兵。

在蠢蠢欲动的诸王中，最为积极的是越王李贞和琅琊王李冲父子俩。他们一面让心腹招募士卒，一面加紧与诸王和几位驸马联络。宗室诸王厉兵秣马，大有一举把武则天扳倒之势。

其实，宗室色厉内荏，就是一只纸老虎。虽然每个王差不多都拥有一州的行政和军事权，分布于各地，以皇族为号召，应该能闹出不小的动静。但他们各自间地域分散，路途遥远，联络起来比较费劲。很难有统一的指挥和行动，很容易被各个击破。再说，如此重大事变，虽然采取的是使用暗语的书信往来，但也很难保密。所以，李唐诸王还没有起兵，消息便传到了武则天耳朵里，武则天便有了很充裕的应对时间。

还有一点，这些李唐宗室诸王大都生来养尊处优，没有什么真本事，就是活脱脱的一群废物。仅仅因为血统，他们便享有了让人羡慕的便利和尊荣。让这些人拿起兵器上战场，会有什么样的结果，不用大脑想就能猜得出。

不过，造反的架势已经摆出来了，即使是拿着鸡蛋也要和石头去碰一碰。输没什么好丢人的，任人宰割还苟延谄媚才是最可耻的。

既然要反，就得好好谋划一番，必须有统一的口号和统一的指挥，这样才能形成足够强的打击力。

范阳王李蔼就认识到了这一点，他派遣使者向越王李贞父子建议同时行动："若四方诸王一时并起，事无不济。"的确，如果大唐境内遍地都是造反的火苗，武则天即使有强有力的灭火武器，也只能顾此失彼。这样，李唐宗室诸王便有望重掌朝政。

李贞父子也认同这一点，便定了一个时间并通告诸王。

就在此时，却出现了一个小小的变故。

前面提到，为了增加这次起兵的胜算，李贞还联络了几个驸马。其中，他便写了一封信给常乐公主的丈夫赵瑰，要求借道。

常乐公主是唐太宗第七女，其女赵氏为李显的妃子，被武则天所杀。此时随丈夫被贬在寿州（今安徽淮南）。她是一个很有骨气的女人，对送信的使者说："若诸王皆丈夫，不应拖延到今日。诸王乃国之懿亲、宗社所托，不舍生取义，尚何须邪？人臣同国患为忠，不同国患为逆，王等勉之。"

很明显，赵瑰和常乐公主站在了李唐宗室这边。

常乐公主能说出"若诸王皆丈夫，不应拖延到今日"这样大义凛然的话，真是巾帼不让须眉，颇有丈夫气。

本来已经确定好了起兵日期，但让常乐公主这么一说，李贞父子的面子挂不住了。大老爷们岂能磨磨叽叽！琅琊王李冲沉不住气了，还没等到和父亲约好的时间，就抢先于八月十七日在博州起兵了。

李冲天真地认为，一旦点火，就能燎原，关键是要点燃这把火，所以他毫不犹豫地这样做了。但这把火真的能造成燎原之势吗？这还是个未知数。

宗室已经起兵造反，接着看武则天作何反应。

武则天知道宗室造反是迟早要发生的事，但没想到来得这么快。当她在神都得到急报后，便马上命左金吾将军丘神勣为清平道行军大总管，率军前去山东讨伐这帮叛逆。

这个丘神勣，就是在巴州把故太子李贤给逼死的那位。他与周兴、来俊臣等都是有名的酷吏。武则天用这样的人带兵平叛，足见她是下了决心，不会给这些宗室留有好下场。

再看李冲这路五千多人的部队，他们的行军路线是，想渡过黄河，攻占济州，然后向神都进发，与武则天决战。

区区几千人，就敢和武则天叫板。说得好听点儿，这叫勇气可嘉；说得难听点儿，这叫夜郎自大。鲁莽的人最终要为他的鲁莽付出代价。

虽然李冲的计划不错，但计划没有变化大，当大军行至博州本境的武水县（今聊城西南）时遇到了阻击。带兵阻击的竟然是老部下武水县令郭务悌。

真没看出来，关键时刻和我玩这一手。李冲很生气，后果很严重。他决定先拿武水县开刀，便向县城发动进攻。

其实，在一般情况下，郭务悌是不敢违抗上级命令的，但听说李冲造反了，他便与这位上级划清了界限。他可不想做这种随时都会掉脑袋的事情，于是，关起城门拒守。

但郭务悌人单势薄，为了抵挡叛军的攻势，便向魏州刺史求救。魏州刺史派莘县（武水县的西邻）县令马玄素带兵前去支援。

　　马玄素接到命令后不敢怠慢，急忙率领仅有的一千七百人前往武水县支援。他本打算在半路上打一下李冲的大军，但又担心兵力不足，被反咬一口，便率军直接进入武水城，与郭务悌合兵一处闭门死守。

　　此时，武水县的官军兵力已经有小四千人了，再加上动员的城中百姓，大大增强了防守实力。

　　而在李冲的印象中，武水县是一个落后小县，应该不会遇到强烈的抵抗就能轻松拿下。于是，他没做什么战前准备，就下令士兵攻城。结果是一败再败，被一座小小的县城挡住了前进的道路。

　　李冲做梦也想不到，武水县里会一下子冒出这么多士卒，更想不到会遭遇如此强烈的抵抗。

　　造反大业才刚刚起步，难道就要被终结在这座小小的县城前吗？

　　李冲不甘心，相当不甘心。

　　既然强攻无效，只能另想办法了。

　　一阵南风刮过后，李冲想到了用火攻的办法。计划借助风势，火烧武水县南门，进而乘势突入城中。

　　但人若是倒霉，喝凉水都塞牙。在关键时刻，幸运女神没有站在李冲这一边。当士兵们点燃柴草车冲向南门的时候，偏偏天公不作美，南风一下就变为北风，火势倒转回来，烧了叛军自己。

　　这是哪儿跟哪儿啊！李冲欲哭无泪。

　　虽然进攻失利，但这没什么大不了的，毕竟胜败乃兵家常事。只要满怀信心，重整旗鼓，一定会有胜利的一天。

　　火攻的失败让军中士气一落千丈，李冲本该想办法凝聚人心再战，但他却犯了一个致命的错误，再也挽不回败局了。

　　李冲手下有一个叫董玄寂的将领私下里说："琅琊王与国家交战，这是造反。所以上天不佑，出现了逆风。"

　　当时的科技不发达，还没有天气预报，出现逆风这种现象很容易让人有这种想法，关键是想法引导，但李冲却采取了简单而直接的办法，下令杀了董玄寂。

　　本想杀一儆百，没想到却带来了想不到的恶果。

其实，出现逆风是不是上天不佑，这点虽然还是个未知数，但董玄寂至少说对了一点，这就是李冲是在造反。

既然干的是造反的事，还怕人说吗？

结果，这一杀，杀出了大问题。

连一个小小的县城都没攻下来，就开始自己人杀自己人，你当你是谁啊？我们不干了。

这些兵卒本来就是临时招募连哄带骗来的，想什么时候撂挑子就什么时候撂挑子，没什么约束力。结果，便一哄而散，窜入草泽之中，没了踪影。

就这样，五千兵马顷刻间化为乌有，李冲身边只剩下几十个贴身家奴了。凭这几十号人造反，简直就是扯。

到二十三日，起事不过七天，李冲见大势已去，便在无奈之下返回博州。

好歹这块根据地还在，李冲开始做梦如何东山再起。但让他想不到的是，刚一进城门，便被守城将士抓住，砍下了脑袋。

原来，此时博州城的士兵已经知道了李冲是假造玺书，被愚弄的士兵们非常恼怒，便割了反贼李冲的脑袋请赏。结果，李冲落了个被"传首神都"的结局。

七日造反，就此匆匆画上了句号。

李冲起兵之所以失败，准备不足、仓促行事是主因。另外，诸王的贪生怕死也是一个导致起兵失败的不可忽视的因素。

造反是拿自己的性命赌的事情，马虎不得。但李冲偏偏高估了自己，再加上同盟军的隔岸观火，结果只能是落个失败的下场。

等丘神勣率领大军赶到博州时，已经无叛可平，博州的官员和士兵都素服出迎。兵不血刃，天下为安，这本是兵家追求的最高境界。但这位丘大将军却不这么想，他不甘心就这么空跑一趟，以通敌罪为名把这些有功的人全部杀掉，以此邀功。

能干出这样的事，这酷吏的名还真不是虚的。

越王李贞万万没想到自己的儿子会抢先起兵，作为父亲当然不能袖手旁观。必须得做出回应，否则李冲这支孤军很快就会被歼灭。于是，李贞于八月二十五日在豫州仓促起兵。其实，这时候李冲的脑袋已经掉了两天了，因为消息不灵通，李贞还以为父子兵齐上阵呢。

虽然诸王对武则天都心怀不满，但真正要拔刀相向时，这些过惯了奢靡生活的人都当了缩头乌龟，不敢响应。结果，李冲点起的这把火，只得到了父亲李贞这一队人马的响应。本来说好大伙一起干的，结果却言而无信。我想李冲在九泉之下也不会瞑目的。

越王李贞决定攻打豫州上蔡，然后渡过黄河，与儿子合兵一处共同攻打济州。造反的兵力本来就不多，如果再过于分散的话，只会被各个歼灭，所以，越王李贞的军事策略是没错的。

但计划往往没有变化大，当越王李贞率军攻下上蔡时，儿子战死的噩耗传到了他的耳中，这一下子打乱了他的方寸。

本来，造反的目的就是想谋个好前程，没想到却赔上了儿子的性命，这太不划算了。如果可以重新选择的话，李贞一定不会走这条路。但世上没有卖后悔药的，事情已经发生了，儿子和他阴阳两隔是改变不了的事实了。

本以为能和儿子的孤军合兵一处，没想到自己也成了孤军。

是继续干下去，还是迷途知返呢？在这个十字路口，李贞必须得做出一个选择了。

武则天早在越王李贞发动叛乱五天后就派大军进行围剿了。因为这老王爷也有点儿韬略，所以，武则天比较重视，她命左豹韬卫大将军麴崇裕为中军大总管，发兵十万进行讨伐。为了更好地协调将军们的行动，她又派了凤阁侍郎张光辅为诸军节度。另外，还下诏削除了越王父子的属籍，把姓改为"虺"氏。"虺"，是毒蛇的意思，可见武则天对造反者痛恨之深。

面对大军压境和自己势单力薄的处境，李贞害怕了。如果继续造反，铁定是死无葬身之地；如果迷途知返，没准还有一线生机。于是，李贞决定就地解散部队，独自一人前往洛阳负荆请罪，希望用这样的举动换取自己的性命。

在武则天眼中，造反者等同于死囚犯，在她那里岂能活命。这越王李贞真有些老糊涂了。与其为了苟延残喘而送死，还不如轰轰烈烈干一场，即使死了也没什么好遗憾的。

恰巧在这时，他的下属、新蔡县令傅延庆率领两千人前来参加起义，当听到越王要负荆请罪时，大呼不可。理由很简单：造反的行为已经属实，怎么会得到武则天的宽恕呢？只有拼死一战才可能赢得一线生机。

傅延庆的出现和鼓动让李贞重拾信心，决心继续干下去。

还记得电影《锦衣卫》中最后一句台词是：有希望是幸福的。所以，只有活在希望之中，才会信心十足。为了鼓舞士气，李贞决定对兵将撒一个谎。

他对大家说："琅琊王已破魏、相数州，聚兵二十万，朝夕即到，尔宜勉之。"

这谎也撒得太大了些，20万大概是地府的阴兵吧。不过，有希望总比没希望要好。

但画饼充饥解决不了根本问题，若想和即将压境的大军相抗衡，必须手里有兵。所以，李贞又在属县征召兵马七千人，分五营令汝南县丞裴守德（李贞的女婿）率领。再加上傅延庆带来的两千人，共计一万多人马，是李冲起兵时人马的两倍，可谓是人多势众。

另外，为了笼络人心，李贞还大肆封官，他一下子加封五百多人九品以上的官衔。他以为只要许以高官厚禄，手下的人就会为自己忠心卖命。

其实，战争的胜负有很多因素，人心向背是一方面，还有一个比较重要的因素就是部队的战斗力。只有拥有了强大的战斗力，才能掌握战场的主动权。但李贞的这一万多人马，大多数是奔着升官发财才聚到一起的，忠诚度几乎为零，战斗力更是无从谈起。

虽然李贞经常让和尚道士为部队念经祈求胜利，甚至还给将兵们戴上护身符以避刀枪，但这丝毫不能改变早已注定的失败命运。

当朝廷的讨叛大军距豫州城东四十里时，李贞派小儿子李规及女婿裴守德带兵前去迎战，结果，这群杂牌军一战即溃，个个丢盔弃甲，纷纷找路逃命。浑身是血的裴守德狼狈逃回豫州城里。

对于李贞来说，虽然胜利是一种奢望，但这也败得太快了点儿。征讨大军已经到了城下，把豫州围了个水泄不通。被吓得魂飞魄散的李贞已经乱了方寸，不知该如何是好了。

如今，出城逃命和负荆请罪都不可能实现了，属于李贞的只有最后一条路可走，那就是选择如何去死。

看着城下黑压压的征讨大军，李贞不由得连声叹气。造反不容易啊，没想到自己也栽在了这件事上。

昔日诸王信誓旦旦地说与武则天不共戴天，可到了关键时刻，连个人影也看不见，全都躲了起来，生怕和自己有丝毫牵连。事已至此，李贞已经万念俱灰。

一位亲兵进言道："事既如此，王岂能坐等受戮之辱，当须自为计！"

堂堂大唐的一位王爷，如今只剩下选择何种方法结束自己的生命这点儿权力，真是可悲可叹。

最后，万般无奈的李贞和小儿子李规服毒自尽，女婿裴守德也自缢而死，家仆们都放下武器束手就擒。

越王李贞的这次造反前后不过十七天便以失败告终，主要是因为起兵不得人心。百姓能吃饱能穿暖，没有人愿意把自己的脑袋别在裤腰带上，跟着他玩命。再有，就是没有得到宗室诸王的支持，势单力薄，难以形成足够强势的对抗力量。

总的来说，李贞父子的失败说明武则天当权完全符合当时历史发展的潮流，人们已经习惯了这位女强人指点江山。

武则天的春天就要来了。

"狄神探"来了

虽然叛乱已经平定，但还不能就此画上句号。

诸王作乱让武则天非常生气，她要利用这个机会彻底诛除宗室势力。一场穷追诸王叛乱余党的捕杀就此开始，对李唐宗室的血腥大清洗即将来临。

武则天派出监察御史苏珦前去调查这场叛乱中诸王是否暗中有串联。苏珦是个儒者，不是问案的材料，而且不会揣摩主子的意图。他经过调查后，没有查到诸王串联的证据，所以如实复命。

这不是武则天想要的结果。她虽然很不高兴，但对苏珦还是存了宽恕之心，叹口气说："卿大雅之士，朕当别有驱使，此狱不假卿也。"于是让苏珦于河西监军，并改换周兴审理此案。

其实，叛乱罪按唐律都要处以极刑、灭族的，没什么可问的，只不过苏珦不忍心这么做罢了。而周兴是有名的酷吏，这案子对他来说是小菜一碟。

嗜杀的周兴受命后，立刻把韩王李元嘉、鲁王李灵夔、黄公李譔、常乐公主等人都逮到东都洛阳进行酷刑逼供。这些人都是金枝玉叶，哪里受得了这种非人的折磨，结果全部供认不讳，被办成了铁案一桩。

周兴明白武则天的意图，所以，他审完案后就勒令他们全部自杀，然后向太后密报诸王全都参与了谋反。武则天对周兴高效率办案深表满意，下令将参与谋反的宗室之姓改为虺氏，把亲族党羽全部杀掉了。

做任何事情都要把握个度，否则会物极必反。武则天意识到除掉了这么多宗室成员，其他宗室成员肯定人心惶惶，接下来要进行安抚了，否则搞不好会出大乱子。

这些酷吏是不适合做这种事情的，武则天急需一个能够维护稳定的人来收拾这个乱摊子。谁是最合适的人选呢？武则天想到了时任文昌左丞的狄仁杰。

狄仁杰，字怀英，唐代并州太原（今山西太原）人，博通经史。历任并州都督府法曹、大理丞、侍御史、宁州和豫州刺史。武则天即位，任地官侍郎、同凤阁鸾台平章事。后为被来俊臣诬害下狱，贬彭泽令，转魏州刺史，神功初年复相，后入为内史，后又封为梁国公。他任掌管刑法的大理丞时，到任一年便判决了大量的积压案件，涉及1.7万人，其中没有一人再上诉申冤，处事公正可见一斑。

总之，狄仁杰的大名如雷贯耳，是我国历史上以廉洁勤政著称的清官。在武则天当政时，以不畏权贵著称。

豫州是叛乱发动的特别区域，情况比较复杂。武则天便派狄仁杰任豫州刺史，去办理豫州的平乱善后事宜。

这无疑是一个烫手山芋，办起来非常棘手。因为狄仁杰既同情李唐宗室的遭遇，又要执行命令，办轻办重都会让他陷入进退两难的境地。

左右为难的狄仁杰来到了豫州。越王李贞的党羽达六七百家被牵连，抓到监狱的有五千多人，这些人都将被砍头。

狄仁杰是通晓唐朝律法的，他知道这样做没什么错，但真正的叛乱死党就那么几个人。罪魁祸首李贞父子都已经死了，如今叛乱已平，不应该再有人为此送命，杀这么多人只会造成新的仇恨。

鉴于此，接理案子后的狄仁杰给武则天写了一个密奏，说明利害关系，希望武则天能回心转意。密奏是这样写的："彼皆诖误，臣欲显奏，似为逆人申理；知而不言，恐乖陛下仁恤之旨。"

意思是说，这些被判极刑、灭族的人都是受牵连者，现在臣上报奏章，好像是替叛逆申辩，事实上却是为陛下打算。如果明知是这样又不言明，便违反了陛下仁恤爱民的旨意。

的确，这场李贞父子的叛乱已经让豫州成了万众瞩目的地方。如果再来这么一次大屠杀，不仅不能换来豫州的稳定，而且必定会有损武则天的威严。

武则天看过密奏后，觉得言之有理。叛乱已平，当下最需要的就是稳定。所以，她才同意改判，一律减为流刑，让他们到丰州（黄河河套地区）戍边去了。

狄仁杰以一己之力，挽救了众多性命，这种行为值得肯定和赞美。但风云变幻的朝廷，历来少不了明争暗斗。狄仁杰是一个好官，这注定他要成为众贪官的眼中钉。

当时，虽然叛乱已平，但朝廷节制讨伐叛乱诸军的张光辅还留在豫州一时没有走。他的部下仗着有功，大肆搜刮民财。

大唐的军队是保卫国家和百姓生命安危的，岂能如此贪得无厌，这和土匪有什么区别啊。所以，狄仁杰到豫州后坚决制止这种抢劫行为。

我们"流血牺牲"，换来天下太平，如今求些钱财，还这么磨磨叽叽的，岂有此理。张光辅的部下对狄仁杰从中间"插一杠子"的做法大为不满，他们便在张光辅面前大肆诋毁狄仁杰，把这位神探清官说得一无是处。

张光辅这次本来想通过斩杀五千多李贞同党邀功请赏，结果却坏在狄仁杰的手里。本来对他就已经相当不满了，如今让部下这么一说，他火冒三丈，决定找狄仁杰当面问个明白。

来到狄仁杰的住处后，张光辅气势汹汹地质问道："你不过就是一个州官，怎么敢轻视我这个元帅呢？"

狄仁杰从容地回答："乱河南者，只是一个越王李贞。现在李贞已死，难道还要再生出一万个李贞吗？"

张光辅不是傻子，狄仁杰话中有话，这样的谈话已经没有再进行下去的必要了。自己虽然对大义凛然的狄仁杰没有办法，但自有人可以治他。

回到朝中后，张光辅便告了狄仁杰一状，说他"态度不逊"。数日后，狄仁杰便被贬为复州（在今湖北天门）刺史了。

狄仁杰虽然被贬官了，但他行得正走得直，无怨无悔。如果违背自己的良知同流合污，这样的官做得便没什么意义了，还不如不做。

后来的事实证明，上天还是公平和惜才的，之所以让狄仁杰遭受一些挫折和坎坷，只是为了以后让他肩负起更大的责任。

酷吏们的暴行

随着越王李贞父子造反的落幕，再也没有人敢反对武则天临朝称制了。诸王的这一番躁动就此平息了下来。踌躇满志的武则天开始向终极目标迈进，大唐的历史从此进入一个大转折时期。

武则天虽然已经临朝称制，拥有的权势和皇帝无异，但毕竟没有黄袍加身，还差那么一个名号。但是若想真正登上皇帝宝座，不是一件容易的事，会遭遇来自多方的反对。只有把这些反对派彻底打倒，武则天才能平稳地坐在皇帝的宝座上。所以，当武承嗣建议"尽诛皇室诸王及公卿中不附己者"时，武则天没有表示反对。

前面已经提到，高举反对大旗起兵造反的有徐敬业、越王李贞父子等人。虽然武则天用铁腕打败了这些公开的反叛者，但对于那些分布在朝廷内外、全国各地的潜藏政敌，该采用什么样的手段对付呢？

武则天决定重用酷吏，就这样，酷吏们的"春天"来了。

酷吏是残暴酷烈、滥用刑罚的官吏。这种官吏的存在是中国古代社会的普遍现象，早在西汉时期就曾出现过不少酷吏。自从司马迁在《史记》中为酷吏立传以来，《汉书》《后汉书》《魏书》《北齐书》《隋书》等正史中都列有《酷吏传》。

可见，酷吏虽然作法残暴，影响也很恶劣，但皇帝需要用这种办法来维护统治，所以酷吏就有了存在的必要和市场。

其实，武则天内心对酷吏是反感的。从她的《臣轨》一书以及她参与朝政以来的所作所为都能强有力地说明这一点。

武则天平息徐敬业的叛乱后，改元"垂拱"，仍表示要一如既往无为而治。但严酷的社会现实使她的理想无法实现。为了稳定政局并迈出最后一步，武则天开始实行铁血政策——重用酷吏，打击潜在的政治敌人。

垂拱初年，酷吏兴起，来俊臣、索元礼、周兴、万国俊、郭霸等纷纷现身，造成了恐怖气氛。提起这些人的名字，当时的人都会不寒而栗，因为这些人比魔鬼还可怕。但垂拱四年以后，随着政治形势的转变，酷吏的活动就大大减少了。

索元礼，籍贯不详，是位胡人。他曾参加过科举考试，并取得进士及第，是薛怀义的义父。薛怀义是武则天的情夫，因为有这层关系，他最得武则天的信任，并被多次召见赏赐，是第一位显赫的酷吏。索元礼最大的本领是，只用几天工夫，就可以从一个被告牵引出一千个被告。凡是他看不顺眼的，都会被罗列罪名下狱。

在刑讯手段上，索元礼就是一个"天才"。他发明了一种特制的铁笼——里面钉满了铁针，让被告把头伸到里面刑讯逼供。有时把铁圈套到被告头上，在缝隙中打入木楔，直到招认或脑浆崩裂而死。有时还把被告倒悬起来，在头部系上石头，活活把人吊死。类似的酷刑举不胜举，只要落到他手里，往往生不如死或百死一生。

周兴，雍州长安（今陕西西安）人，少年学习法律，长大后混了个司法小吏。他虽然熟悉法律制度，在唐高宗时代也受到赏识，但由于出身低微，没有得到提拔。在武则天时代，他的司法才能终于有机会发挥了。他经手的第一件大案，就是前面讲过的宗室谋反案。从此，一路青云直上，累迁司农少卿、秋官侍郎，执掌刑狱。

周兴滥杀无辜竟达数千人，创造多种刑法，用刑残酷，以发明火瓮拷讯法以及判词中有"被告之人，问皆称枉；斩决之后，咸悉无言"而臭名昭著。由于他能"上体天心"，曾上疏要求取消李唐宗室属籍，所以深得武则天的赏识，受到重用，擢任尚书左丞。不仅如此，周兴还被赐姓武，这在当时是一个了不起的殊荣，他俨然成了酷吏中的大哥。

来俊臣，雍州万年（今陕西西安）人，少时凶险，不事生产。因告密得武则天信任，历任司仆少卿、侍御史、左御史中丞等职。他生性残忍，手段毒辣，是武则天镇压反对派、推行"酷吏政治"的主要罪魁之一。

来俊臣是一个典型的迫害狂，被他定罪冤杀的有一千多家。按当时一人治罪牵连几十人或上百人来推算，被他冤杀的人有几万到十几万人。

来俊臣整人不只是为了排斥异己、打击政敌，他除了是一个史上有名的酷吏外，还是一个好色之徒。他有一个恶癖，最感兴趣的是别人的妻妾。如果看上了哪个女人，就下黑手，先将所看中女人的丈夫构陷入狱，然后取而代之。他的正妻就是这样逼娶过来的。

在用刑上，来俊臣什么损招、狠招、坏招都使得出来，有不少恶毒的"发明创造"。他以逼供为趣，以施暴为勇，以杀人为乐，毫无人性可言。他就像一条疯狗，四处咬人，十分嚣张。如果有人落在他手里，如同下了地狱一般，往往九死一生。

来俊臣还是一个"理论家"，著有《罗织经》一书，实际上就是"整人经""害人经"，教他的门徒如何编造罪状陷害无辜的人。这是人类有史以来第一部制造冤狱的书，更是酷吏政治中第一部由酷吏所写的赤裸裸的施恶告白。据说宰相狄仁杰阅罢此书，全身颤抖，冷汗直冒。武则天看过此书后叹道："如此机心，朕未必过也。"来俊臣一经武则天提拔，即专理制狱，后来居上，成为最有名的酷吏。

一朝权在手，便把令来行。随着酷吏的兴起，各种滥用刑罚的残暴行为便接二连三地发生。在审理案子时，只要不合他们的心意，就会诛灭犯人九族。往往一个微不足道的小案件就可以诛杀上千人。

一般来说，酷吏办案时有诬告、逼供、诛夷三个步骤。

首先是诬告。自从垂拱初年开告密之门以来，能抓住把柄的毕竟是少数，对于没有"露出马脚"的大多数反对派该怎么办呢？酷吏的办法是诬告。在这方面最具代表性的人物是来俊臣。为了诬告成功，他与朱南山、万国俊等人编写了《罗织经》一书，教人如何陷害诬告，让被告者有口难辩，"认罪伏法"。

其次是逼供。在众多的"谋反"案中，铁证如山的只占很小的比例，大多数"谋反"案都是被酷吏们诬告出来的。既然是被冤枉的，被告者自然不服。对于这些人，酷吏的办法是严刑逼供。他们为此制造了许多让人汗毛倒竖的刑具。与其活活受罪，还不如来个痛快。所以，被告者往往挨不了几下，就被屈打成招了。

再次是诛夷。由于告密和逼供，不但真正的谋反者被送上了断头台，而且一些无辜的人也被扣上了谋反的帽子。结果，被酷吏杀掉的李唐宗室和"皇唐旧臣"数不胜数，尤其是李唐宗室遭到了毁灭性的打击。

结果，朝中大臣别说见到酷吏，就是听到酷吏的名字都要抖三抖。满朝文武大臣朝不保夕，噤若寒蝉。朝官们人人自危，晚上脱下鞋子，都不知道第二天还能不能有机会再穿上。早上去上朝更是忧心忡忡，他们每次入朝前，都要和家人告别一番，因为分别后能否再次相见是个未知数，没准儿就再也回不来了。朝中内外都笼罩在一片恐怖的气氛中，国人道路以目。

武则天重用酷吏，对付政敌，手段是残酷的，因而有人认为武则天残忍无道。其实，这是封建统治阶级内部斗争的需要，武则天用酷吏诛杀政敌的手段未必是最残酷的。

再说，重用过酷吏的不止武则天一人，汉武帝、唐玄宗等人都是如此。仅西汉一代，著名的酷吏就有18人，其中张汤、赵禹等12人都是汉武帝的臣子。在此就不一一细说了。

必须说，用酷吏铲除政敌过于残酷，这是极黑暗的。但这一手段对武则天极为重要，这是她走向皇帝宝座的重要一步。

舆论很给力

武则天在利用酷吏打击政敌的同时，也不忘大力搜罗人才。通过完善科举、创立殿试等措施得到了地主官吏（主要是庶族地主）的支持。这样，为走向皇帝宝座，武则天在朝廷内外都创立了非常有利的条件。但做女皇毕竟没有先例，为了证明自己这样做是"天意"使然，就需要制造强大的舆论。武则天并没有忘记半年多前计划的那件事——祭拜洛水，所以，她决定在洛阳举行一场规模宏大的拜洛受图活动。

垂拱四年（688年）十二月二十五日，武则天率领一支浩浩荡荡的队伍前往洛水。在这支长长的队伍中有皇帝李旦、皇太子李成器、文武百官、各部酋长等随驾同行。各种羽扇、车辆、侍卫、宫娥等组成一条色彩斑斓的人流。队伍中各色的鸾卫仪仗让人目不暇接，齐奏的雅乐丝丝入耳让人陶醉其中。这空前盛况引来了众多百姓前来围观。

本来，按照宫廷旧规，皇后不得与大臣直接面对面。所以，武则天处理政务或离开宫殿出外活动，与臣民间总有帷幕遮挡，即使到泰山封禅，也是在帷幕内行礼。但她向来不向传统低头，当洛河"宝图"出世，她有了要做女皇的念头后，便决定走出帷幕，不再躲躲闪闪。要直接与臣民对话，让万民敬仰，向天下万邦展示自己的非凡风采。

所以，在这支队伍中，最出风头的非武则天莫属。她走出帷幕端坐在辇车之上，不断向道两旁的百姓挥手致意。早就听说独掌大权的皇太后不简单，如今见到了这位强悍女人的真面目，老百姓自然欢声雷动。

因为路程不远，所以这队人马很快就到达了目的地。在洛水岸边，已经搭建起了一座高大的祭坛。

拜典的各项工作准备妥当后，丝竹声动，太常（官名，掌宗庙礼仪）高声歌唱出自武则天之手的十四章《唐大飨拜洛乐章》。

在歌乐声中，神采奕奕的武则天在众人的拥护下缓步走上拜洛祭坛。举目四望，嵩山、北邙银装素裹，洛河如带，从脚下缓缓流去。在大自然面前，人类是多么渺小。如今自己要做人中之皇，希望老天能护佑自己。

拜洛台下，旌旗如画，人山人海，大家都在等待着武则天神圣的祭拜。武则天定了定神，便伴随着乐章拜祭起来。

首先是"拜洛"，即朝拜洛水。武则天在宫娥的搀扶下缓缓地跪了下去，进行拜祭。接着便是受图仪式，即接受武承嗣等人伪造的"宝图"。至此拜洛受图仪式算是礼成，武则天便率领众官返回宫中。

我们回过头来再看，武则天为何如此隆重地拜洛受图呢？表面上是因为洛出"天符"，昭告世人：圣母临人，永昌帝业。其实，武则天已经知道这块瑞石是伪造的，并不是什么天符，但她还是要冒着严寒，毕恭毕敬地拜洛受图。这是因为天人感应学说有利于古代统治者愚弄人民，拜洛受图能证明自己以女主临朝，是老天爷同意的。

这样一来，武则天将要称帝的意图就明显地表现了出来。这如同是一次火力侦察，看看天下人的反应如何。武则天打着"天"的招牌，为自己长期执掌政权大造舆论，她的努力达到了预期效果。因为仪式过后，朝野内外都开始热议"天授圣图"，种种离奇的传闻和说教开始改变着人们固有的思想。强有力的舆论在人们脑海中形成了这样一种共识：当皇帝不仅仅是男人们的事，女人照样可以穿龙袍做皇帝。

据史料记载，武则天拜洛回宫后，神都父老在拜洛坛前立碑，号曰"天授圣图之表"。可见，他们对于武则天此举没有什么异议，对武则天的政绩还算比较满意，所以，对于武则天是否要做女皇并不是十分介意，关键是让百姓吃饱穿暖了，女子当皇帝也一样。

所以，武则天戴皇冠做皇帝是合乎天意顺应民心的。万事俱备，改朝换代的时刻就要来临了，一个崭新的时代即将开始。

名不正则言不顺

纵观天下，已经没有任何力量能阻止武则天黄袍加身了。人们以为武则天马上就要做亘古未有的大事——做女皇，但武则天却认为还欠些火候，不能操之过急。因为名不正则言不顺，言不顺则事不成。现在，武则天还缺一样东西，那就是女人做皇帝的根据。

武则天的个性是，要么不做，要做就要做得圆圆满满，力求完美。如今做女皇更不能马虎，要踏踏实实一步一个脚印，绝不给对自己有成见的人留下借口和把柄，把自己说成是窃国大盗。

垂拱四年（688年）十二月二十七日，即拜洛受图后的第二天，薛怀义主持修建的明堂竣工了。这无疑是喜上加喜。这座金碧辉煌的建筑远眺如仙山琼阁，气势宏伟，工艺高超，让人赞叹不已。

自古帝王都以明堂布政为美，然而修建明堂却不是一件容易的事情。如今，这座富丽堂皇的明堂摆在了人们面前，这个功劳自然记在了武则天的头上。明堂的建成，不仅实现了唐高宗的遗愿，而且也显示了武则天的权威和国家的实力。

虽然一些礼官学士认为明堂修得太富丽，违反古制，而且公然把武则天比作商纣和夏桀，但武则天忙着准备明堂朝会大典，没工夫搭理他们。再说，建好明堂是一件大喜事，岂能因为几个人的闲言碎语坏了兴致。

如今，有了瑞石，也建好了明堂，但武则天还觉得欠一个名正言顺做女皇的好理由。因为靠瑞石不行，大多数人心里都知道那不过是一块哄人的石头罢了；靠建好的明堂也不妥，明堂只不过是一个标志性的建筑物而已。武则天需要引经据典找到一个可以做女皇的绝佳理由。

　　先看儒家思想，它是由孔子创立，最初指的是司仪，后来逐步发展为以尊卑等级和仁为核心的思想体系，是中国影响最大的思想流派，也是中国古代的主流意识。如果能从中找到强有力的理由，那事情就好办多了。但儒家的《诗》《书》《礼》《易》《春秋》等经典著作重男轻女，主张男尊女卑。根本找不到丝毫女子可以称帝的条文，反倒告诫女子不许参政。

　　这儒家经典不能用了，接着看道家经典《道德经》。

　　道家与中华本土文化紧密相连，深深扎根于中华沃土中，具有鲜明的中国特色。遗憾的是，同样没有找到女子可以君临天下的说法。而且唐室以老子后裔自居，经常做一些奉祀尊崇的事情。所以，道家经典也用不上了。

　　既然儒家和道家经典都用不上了，那么只好从佛教中找了。

　　武则天与佛教有着不解之缘。她出生于奉佛世家，母亲杨氏乃是信佛的居士。武则天入宫后，时运不济，又被发落到感业寺，削发为尼，与佛经、木鱼朝夕相伴。后来做了女皇帝，重修白马寺，组织翻译佛学经书，促使佛教进一步兴盛。所以，对于佛和佛学，武则天的涉猎还是较多一些的，虽然没有儒学多。她隐约记得读到过女人可以做皇帝的类似记载，便派薛怀义去找。

　　关于薛怀义这个人，我们已经多处提到过，这个人受到武则天的宠爱。男女间的事是很难说清楚的。只要是你情我愿，年龄不是问题，身份也不是障碍，武则天肯定是这么想的。

　　薛怀义，原名冯小宝，陕西鄠县（今陕西户县）人，是酷吏索元礼的干儿子。他精通建筑和雕塑、医术，还会武功，多才多艺。用现在的话说，在女孩子心目中他的卖相很好。

　　薛怀义和武则天是经过千金公主的推荐认识的。武则天是什么人啊，一般的男人她是看不上眼的，独对薛怀义赏识无比，说明这薛怀义在某种意义上一定是个出类拔萃的男人。

　　武则天很喜欢这个多才多艺的男人，赐名怀义。让他与驸马薛绍合族，薛绍和太平公主就把他叫"季父"（叔父）。就这样，冯小宝就摇身一变成了薛怀义。

　　据说，武则天为了让薛怀义更方便地出入禁中，便让他当了和尚，随洛阳大德僧法明等在内道场念诵经文。

薛怀义不仅要改名改姓，还要做和尚，这也是无奈之举。不过，有失便有得，相对于失去的，薛怀义得到的更多。梦想着能得到武则天青睐的男人都是怀着羡慕嫉妒恨的心情来看待薛怀义的际遇的。

垂拱元年，武则天修白马寺，以薛怀义为寺主。垂拱四年，令薛怀义设计修建明堂，这明堂可不是随便找一个人就能设计的，所以，薛怀义因功被封为左威卫大将军，封梁国公。永昌元年，突厥侵犯边境，薛怀义以清平道大总管的身份出征杀敌，刻石纪功而还。被加封辅国大将军，进右卫大将军，改封鄂国公。

可见，薛怀义能得到武则天的宠爱，不是靠着小白脸，他还真有两把刷子。不仅能设计已经失传的明堂，而且还能上阵杀敌，可谓是文武双全。

薛怀义如同及时雨，总是在关键时刻挺身而出，为武则天排忧解难。如今又要在佛典上找女人做皇帝的根据，薛怀义不敢有丝毫怠慢，回到白马寺后便立即组织最有学问的高僧查找，即使找不到，编也要编出来。

功夫不负有心人，找了几天后，薛怀义等在《大云经》中发现两段关于女人当国王的经文。大意是女人做皇帝不是个新鲜事儿，女人不仅可以当皇帝还可以成佛。

这还不够，如何把佛经中女人可以为王的说法和武则天联系起来，还需要下一番功夫。于是，薛怀义找到法明等高僧，重新释注《大云经》，在释文中加上疏解，附以新说。内容无非就是诸如佛已经授命于圣母神皇，让她来改朝换代，统治东方世界；佛意不可违，违必丧灭，等等。目的就是为武则天问鼎社稷制造舆论。

终于在佛典里找到了女人做皇帝的根据，武则天非常高兴。她重赏了参与注疏的法明等高僧，都赐县公爵位，赐尊贵的紫袍袈裟。她下令把重新释注的《大云经》颁行天下，让诸州兴建寺院珍藏《大云经》，并让高僧登座讲解。结果，《大云经》和《大云经疏》像雪片一样飞向四面八方，"圣母受命"成了人们谈论的最热话题。

既然佛意如此，谁敢违抗"佛旨"，谁还能阻挡武则天改朝换代的脚步呢？各方条件已经具备，武则天应天之命、应佛之命做女皇的时机已经成熟了，登基当女皇只是个时间问题。

女人称帝，不再是梦

得民心者得天下，这是颠扑不破的真理。那么，武则天登基做女皇有足够的人支持吗？答案是，有。接下来发生的声势浩大的请愿活动就是一个很好的例证。

载初元年（690年）九月三日，御史傅游艺率关中百姓数百人汇聚到神都洛阳，叩阙向皇太后武则天上表，说"天无二日，土无二王"，请求武则天顺应天意民意自己当皇帝，改唐为周，赐皇帝武姓。

这是武则天盼望已久的事情，但如果仅凭这区区几百人，就宣布做女皇，不仅掉面子，没准还会有人说三道四。火候还未到，不能操之过急。所以，武则天没有答应这次的请愿，不过她却提拔傅游艺当了正五品的门下省给事中。说明武则天还是赞成傅游艺的请愿行为的。

朝廷中人都善于察言观色，何况武则天做得这么明显。请愿能升官发财，这种好事并不是天天都能碰到的。很快，便发生了大规模的请愿活动。

上一次是以关中父老为主，这次以洛阳百姓为主，再加上番人胡客、和尚道士，一共汇聚了一万二千人，上表请求武则天登基为帝。

这一次请愿不仅人数多，而且代表性也比较广泛。按理来说，武则天应该顺势登基了吧，但她还是"谦虚"地否定了。

看来，规模还是不够大，这没关系，组织几万人请愿，这不是什么难事。

第三次请愿的规模比第二次更大。请愿的人不仅有远近的百姓、部族酋长、僧人、尼姑、道士，还有文武百官、帝室宗亲乃至睿宗皇帝本人，达到了六万多人。这群人聚在宫外，摆出一副不达目的誓不罢休的架势，请求武则天登基做皇帝。

他们说："今天命陛下以主，人以陛下为母……陛下不应天，不顺人，独高谦让之道，无所宪法，臣等何所仰则？"陛下做皇帝是天意使然，如果一味谦让，我们该怎么办？

许多人还嚷嚷，有只凤凰朝宫里飞去了。还有人附和说，有几万只赤雀聚集在朝堂上。这些都是新皇帝登基的瑞兆。万民欢呼，百鸟朝凤，武则天登基已经势不可当。再加上睿宗李旦也请求母亲当皇帝，自请降为皇嗣，还要求改姓武，所以，武则天登基再无障碍，已经是板上钉钉的事了。

谦让是中华民族的美德，但如果过分谦虚就是骄傲了。三次请愿，民心向背已经不言而喻。面对六万多人的苦苦哀求，武则天知道不能再装下去了，到了迈出这一步的时刻了。

做女皇顺应天意又合乎民心，这样让人拍手称快的事岂能不做？既然大家一致请求，那就不客气了。于是，武则天兴奋地说："俞哉！此亦天授也！"并下令让人着手准备改朝仪礼。

九月九日，适逢重阳佳节，武则天在这一天举行了隆重的登基大典。

这天，秋高气爽，晴空万里，洛阳宫阙焕然一新，处处洋溢着喜庆的氛围。

经过精心梳妆的武则天在万众的欢呼声中健步登上则天门楼，只见她头戴皇帝的冠冕，身穿龙袍，佩十三环金玉革带，神采飞扬，精神无比。

迎着初升的朝阳，武则天向万民颁诏：改唐为周，洛阳为都城，改元天授，尊号为"圣神皇帝"。同时宣布大赦天下，全国大宴七天，以李旦为皇嗣，赐姓武氏，皇太子递转为皇孙。

站在则天门上的武则天向万民挥手，朝阳映着她依旧美丽而生动的面庞。谁能相信这位新女皇已经是六十七岁高龄了。至此，武则天终于登上了皇权的顶端，成为中国的第一个也是唯一一个女皇帝。就这样，中国历史上独一无二的女皇帝便诞生了。

六十七岁的武则天在那些日子极度兴奋，她好像一下子年轻了许多，陶醉在歌舞和美酒中。毕竟，这一路走来，饱尝苦难，太过艰辛。她十四岁心怀梦想进宫，经历了数不尽的坎坷后三十二岁才当上了皇后。接着，在四十岁与唐高宗并称"二圣"，五十岁晋升天后，六十岁成为皇太后。如今，经过了半个多世纪的奋斗，终于君临天下。其中的心酸甘苦除了武则天，相信谁也体会不到。

为了实现自己的理想，她运筹帷幄，机关算尽。在宫廷的残酷斗争中，战胜了无数劲敌，闯过了无数风险。如今在接近古稀之年，她终于成功了。但武则天知道在歌舞升平的背后还隐藏着无数的危险。

如今，这仅仅是个开始。前方的路能否走得顺当还是个未知数。若想让这个帝国继续正常运转下去，还需要做更多的工作，付出更多的努力。

登基大典结束后，武则天在神都立武氏七庙，追尊周文王为始祖文皇帝，作为自己最早的祖先，姒氏为文定皇后。接着追封自己的五代先人皆为皇帝和皇后。

原来，史料记载：周王朝乃姬姓建立。到周平王时，他最小的儿子出生时，手掌心的纹路很像个武字，故平王赐幼子武姓。所以，武则天以平王幼子为自己的始祖，不仅改唐为周，还大封五代先人为皇帝和皇后。

追封祖先之后，她又封了一些王，如立侄儿武承嗣为魏王，武三思为梁王，武攸宁为建昌王。又立从侄都为郡王，诸姑姊皆为长公主。

一人得道，鸡犬升天。一个人的飞黄腾达，往往能有一批人跟着吃香喝辣。不难想象，武则天成了当时所有父母教育孩子的典范。在这里，我觉得，彻底根除重男轻女的痼疾，不是只凭喊几句口号就能解决，关键是要培养出一批有足够代表意义的女性。

接着，武则天又提拔奖赏了改朝换代涌现出来的有功之臣。值得一提的是最先带领民众为武则天登基请愿的傅游艺，又被任命为鸾台侍郎，加以同平章事的官职。

可以说，傅游艺是一个投机分子，他在正确的时间和正确的地点做了正确的事，赢得了武则天的欢心，终于跻身宰相之列。他这种犹如坐着火箭的升官速度，说明了这一点。

庆功宴也摆过了。武则天能否谱写"大周"辉煌的历史呢？这段由女人主宰的历史能否再现传奇呢？我们接着往下看。

第八章

谁说女子不如男

做女皇的那段日子

从意识形态下手

"大周"政权的横空出世，打破了千百年来男子当政的格局。任何新事物被人们接受都要经历一个曲折的过程。虽然不少士大夫冲破传统观念的羁绊，坦然接受了武则天的统治。但还有许多士族官僚抱残守缺，对"大周"政权心怀不满。

正所谓，得天下难，治天下更难。为了巩固武周政权，武则天采取了一系列措施。

只有统一思想，才能步调一致，所以，武则天准备用儒、佛、道来维护统治。

儒家思想在中国古代一直占有统治地位，虽然它反对女人当政，但它提倡的"君君、臣臣、父父、子子"的伦理和仁义道德正好能被当上女皇的武则天所用。所以，武则天利用对自己有利的儒家思想来调整统治阶层内部的矛盾，维护自己的统治。另外，儒家还重视礼乐制度，认为"国家无礼则不宁""上好礼，则民易使也"。所以，武则天大力提倡儒家的礼乐，开展了许多制作礼乐的活动。关于这部分内容，史书上有明确记载，在此就不一一罗列了。

除了儒家思想，武则天还推崇佛和道。

我们知道，宗教是人类社会发展到一定历史阶段出现的一种文化现象，属于社会意识形态。在封建社会，宗教往往被统治者利用。武则天不仅崇佛，也是玩政治的高手。她深知宗教的社会作用。

唐高祖、唐太宗尊崇道教，对佛教有所抑制。武则天与佛教有着不解之缘，她非常重视佛教的发展，大力提倡佛教，不仅提高佛教的地位，修理和保护寺院，而且还翻译了大量佛教经典和筑雕了许多塔像。可以说，武则天修习佛经，半是机缘巧合，半是被逼无奈。前期多是消遣，没有什么杂念，但到了后来，她热衷佛教则有了谋求权势的意味。不管怎么说，武则天让佛教为我所用，维护统治。

有人认为器重佛教的武则天，对道教的态度是压制。其实不然，武则天对道教的压制极其有限，她巧妙地采取了一些措施，引导道教发展，使道教与佛教相互制约，为大周政权服务。

总之，武则天很聪明地利用儒、道、佛宣传了武周地位的正统性，这有利于武周统治的社会意识的形成和道德规范的建立，从而更好地巩固武则天的统治地位。

贤才掌中枢

武则天明白，若想治理好大周，仅靠制造舆论是远远不够的。一个国家若想健康地发展，必须有一个合格的掌舵者和一大批忠心的臣子。

先看武则天，她无疑是一个好皇帝，日理万机，勤政爱民，以67岁的高龄尽量做到了"政由己出，明察善断"。

若想国家稳定，就得让百姓吃饱穿暖、安居乐业，所以武则天经常探问民间疾苦。久视元年（700年），她询问鸾台侍郎同平章事陆元方"外事"。陆元方认为一国之君掌舵把握方向就可以了，没有必要因为百姓的事情烦恼，于是回答说："人间细事，不足烦圣听。"

有时候自作聪明会把自己带到沟里去，这话的确不假。陆元方本意是不想让武则天过于劳心，没想到他的回答让武则天很不高兴，结果丢了宰相的职务。

其实，皇帝关心民间疾苦，这是国家之福、百姓之福。但陆元方却没有从这个角度看问题，说了不该说的话，结果自讨苦吃。

武则天还善于听取大臣的意见，不独断专行。尤其是关系到政权巩固和国计民生的大事，她更要广泛听取大臣们的意见，然后才做出最后的决定。

武则天还有一个值得称道的地方就是除了每日早朝外，还特令宰相轮流值宿，以应对突发事件。武则天虽然是一个女子，但她对朝政的重视和勤奋程度让朝廷内外都竖起了大拇指。

再看武则天手下的臣子们。

都说，一朝天子一朝臣，这话不假。武则天开创了新时代，需要新的人才为她服务。老一代的治世大臣不是死了，就是被流放，剩下的也是阳奉阴违，消极怠工。这种局面对国家的稳定团结非常不利。

也许你会说，武则天登基做女皇后，不是有不少新人因为拥立之功被授予重任了吗？让这些人发挥光和热，还不够吗？其实，在新政权里，诸如宗秦客、傅游艺等人既无能力，品质也很差，让他们拍拍马屁、投机倒把很在行。如果让他们经邦治国，管理国家大事，只会祸国殃民。

这些人虽然能力有限，人品也不怎么样，但在关键时刻毕竟是站在自己这一边的，也出过不少力。所以，只要不出现什么大乱子，武则天不打算做过河拆桥的事。但江山易改本性难移，这些人上台不久便凶相毕露，贪赃枉法，严重影响了新政权的声誉。

自己辛辛苦苦建立起的政权，岂能允许这些人抹黑，武则天决定拿这些不知天高地厚的人开刀。

宗秦客，河东（今山西运城）人。武则天从姊子，宗楚客兄。垂拱时，暗劝武后代唐称帝，累迁内史，复迁凤阁侍郎。

因为有亲戚这层关系，武则天本没打算动宗秦客，但武则天做女皇还没一个月，就有人告发宗秦客贪污受贿。武则天在一怒之下便把他贬为遵化县尉，他的弟弟也因犯奸赃罪，被流放岭外。

再看如同坐着火箭般升官的鸾台侍郎傅游艺，他既没能力又骄傲自得。后来被罢为司礼少卿，但他仍然梦想着升官。

有一次，他做了个梦，梦见自己登上了湛露殿，自以为这是升官的吉兆，便把这个梦讲给亲信听。本来这不是什么大事，但偏偏有好事者状告他谋反。傅游艺便被投入监狱，最后吓得在狱中自杀而死。

自己提拔的新人很不争气，不能委以重任。在这种情况下，若想让大周政权健康发展，就必须破格选才、破格用人。武则天在这方面确实下足了功夫。

为了让贤才居要职，任宰相，掌中枢，她起用了朝中和地方上能力强和威望高的大臣入阁。天授二年六月，起用左肃政大夫格辅元为地官尚书，起用乐思晦、任知古为鸾台侍郎。九月，起用被贬为洛州司马的狄仁杰为地官侍郎，起用裴行本为冬官侍郎。

这些能臣被武则天视为梁柱，但仍嫌不足，她接着又破除旧制，不拘一格选用人才。为了寻找更多的人才协助自己治理大周天下，求贤若渴的武则天不仅进一步发展科举制，而且还经常要求臣下自荐并推荐人才。

因为选荐人才没有门第高低、富贵贫贱等条条框框的限制，只要够有才、够称职，就能被任用。一时间，大批谋臣猛将和文苑俊杰涌现了出来，不仅满足了治理大周的人才需求，也为后来开元盛世的出现奠定了一定的基础。

另外，在发展经济方面，武则天重视农业生产，采取了奖励垦辟、广开屯田、兴修水利、推行均田制等措施。在她统治的21年中，户口显著增加，粮食储备丰富，农业生产总体来说得到了比较大的发展。还有，手工业、商业和交通业都得到了一定的发展，从而维护了国家辽阔版图和强盛的局面。

酷吏的下场

在史学界有这样一种比较流行的观点：武周时期是酷吏、外戚和男宠的天下。真的是这样吗？从表象来看，武则天曾经给酷吏、外戚、男宠一定的特权，但实质上只是把他们当成了自己手中的工具而已。当达到目的后，便开始限制甚至剪除，并不像有些人说的那样重用这些人。

我们在前面已经介绍过让人毛骨悚然的酷吏，代表人物是索元礼、周兴、来俊臣、丘神勣等人。那么，曾经"风光无限"的酷吏落了个什么样的下场呢？

俗话说："善有善报，恶有恶报，不是不报，时辰未到；善恶到头终有报，只争来早与来迟。"

酷吏们残暴酷烈，滥用刑罚，他们的每一笔血债都被记得清清楚楚。当朝局趋于稳定后，酷吏便不能对武周政权发挥积极作用，反而成了社会动荡的不安因素。

任何对大周政权有威胁的因素，武则天都不会放过。这样，酷吏们的恶报便如期而至，降临到他们头上。

天授二年（691年）正月，御史中丞李嗣真上书点明了酷吏的重大危害，奏折说："今告事纷纭，虚多实少，恐有凶恶阴谋离间陛下君臣……以九品之官专命推覆，操杀生之柄，窃人主之威，按覆既不在秋官，省审复不由门下，国之利器，轻以假人，恐为社稷之祸。"

的确，酷吏固然是开创和巩固自己地位的重要工具，但要稳固江山，仅凭暴力威慑是行不通的，不能再听任酷吏随意杀戮了。现在的"大周"政权不需要搞得人心惶惶，而需要群臣合力维护，整顿刑狱势在必行。武则天心里跟明镜似的，她知道到了向滥杀无辜的酷吏下手的时刻了。虽然这些酷吏在关键时刻帮助过武则天，但当他们威胁到她的统治时，她会毫不留情地拿这些酷吏开刀。

当武则天琢磨着找个好理由下手的时候，早有人嗅到了这种气味。不久，便有人状告左金吾大将军丘神勣陷害无辜，在平息琅琊王李冲叛乱时残忍杀害数千无辜官民向朝廷邀功，罪大恶极，死千百回都不为过。

丘神勣是武则天身边的红人，如果他倒台的话，那么酷吏们的"春天"便结束了。群臣都在等待着结果，看武则天如何处理这件事。

其实，关于丘神勣的恶行，武则天心知肚明。之所以迟迟没有动手，是因为时机还不成熟。如今，若想整顿刑狱，首先便要扫除酷吏这个障碍。

虽然丘神勣是自己的心腹大将，武则天打心眼里想让他活，但形势所迫，她必须摆出一个对酷吏下手的姿态，所以她当即下令将丘神勣斩首示众。

俗话说"人无千日好，花无百日红"，酷吏的末日到了，朝野无不欢欣鼓舞。

既然有了风向标，下面的人就好办事了。

接着，就有人告发酷吏周兴与丘神勣通谋，武则天决定让酷吏办酷吏，于是派酷吏来俊臣前去审理。

周兴是酷吏之首，官衔是文昌右丞。而来俊臣是酷吏里的后起之秀，和周兴一块儿审过案子，也一块儿吃过饭，关系还算不错。但他梦想着能顶替周兴的位置，所以对老上级毫不留情。

据说来俊臣接到命令后宴请周兴，准备在饭桌上解决问题。酒过三巡后，来俊臣说："现在的一些犯人无论怎样施刑都不肯招供，老前辈可有什么好办法吗？"

让犯人招供，这是周兴的拿手好戏。他眯着双眼说："这不是什么难题。你找一个大缸来，在四周围点上炭火，请他进去坐一会儿，还怕他不招吗？"

来俊臣拍手叫好，马上叫手下人搬来一口缸，并把四周的炭火烧得旺旺的。

周兴心里有些犯嘀咕，这小子玩的是哪一出啊。

就在这时，来俊臣站起身，很客气地说："奉圣旨查办老兄谋反一案，烦请老兄入此瓮。"

周兴一下子蒙了，这不是把自己给套进去了吗。他亲眼见过许多人被这种酷刑折磨得死去活来，打死他也不愿意亲身体验那种生不如死的感觉。被吓得屁滚尿流的周兴扑通一声跪倒在地，叩头服罪，连连哀求道："我什么都招，千万不要让我入瓮啊。"这便是"请君入瓮"成语的出处。

就这样，来俊臣没费吹灰之力便圆满结案，赶紧前去邀功请赏。真是可悲，如果来俊臣明白唇亡齿寒的道理，还会如此积极审理周兴一案吗？也许不会，但酷吏这一棋子注定要被武则天丢弃，即使换别人审理，相信也是这个结果。毕竟，这是大势所趋，区区几个酷吏岂能阻挡得了。

按理说，谋反罪按律当斩，但武则天念及周兴有功，便免了他的死罪，流放岭南。虽然不再有荣华富贵，但好歹捡了一条命，这对周兴来说，是够侥幸了。

不过，多行不义必自毙。如果让作恶多端的周兴逃过此劫，我想老天爷也不会答应。结果，结怨颇多的周兴在流放途中被仇人碎尸万段。

天网恢恢，疏而不漏，有什么样的因就会有什么样的果。若想有个善报，就努力做个好人吧。

接着，武则天又把目标对准了索元礼。在未经举报和状告的情况下，就下令处死了这位酷吏。索元礼杀了数千名无辜者，他的残暴是有目共睹的，民愤极大。武则天的这一举动是众望所归，是对酷吏又一沉重打击。

就这样，在人们要求"省刑尚宽"的情况下，武则天连出重拳，先后杀掉了丘神勣、周兴、索元礼、傅游艺、王弘义等人。为了消除酷吏在全国造成的恐怖气氛，甚至下令禁止天下屠杀。万岁登封元年（696年）十月，武则天还颁发了一道诏书：减大理丞，废秋官狱，要求官员崇德简刑。

可见，为了消除酷吏带来的不良影响，武则天下足了功夫。在大部分酷吏都进了阎王殿的情况下，还有一个大酷吏来俊臣却还活得好好的。要知道，来俊臣前后让千余家家破人亡，冤死者成千上万，他自己又两次犯赃罪。种种不法，武则天都加以庇护。武则天为何不斩草除根，要留这么一手呢？

大体来说，原因有二：其一，武则天知道来俊臣得罪的人很多，但那都是自己让他干的，虽然做了过河拆桥的事，但她不想做绝；其二，来俊臣是个美男子，武则天对他有好感，想保住来俊臣这个人。

如果来俊臣能汲取前车之鉴的教训，就此收敛恶行，也许还能多活几年，但狗改不了吃屎，整人以及杀人成了他的癖好，结果得罪了武氏诸王及太平公主。

于是，以魏王武承嗣为首，这些人拉帮结伙联名上奏，控告来俊臣。

大部分朝廷官员都怕被审查，因为多多少少都有些不干净。退一步讲，就是干净的官员，这一审往往也会审出一些莫须有的罪名来。普通官员尚且如此，酷吏来俊臣更不用说了。

结果，这一审，罪名可就多了，行贿受贿、欺男霸女这是小意思了，一条天大的罪状扣在了来俊臣的头上——他自己要做皇帝。证据是来俊臣曾经自比为十六国时期的后赵皇帝石勒。这是谋反啊，按律当斩。

被扣了这么大的罪名，按理来说，来俊臣难逃一死，但武则天却迟迟没有答复。明眼人都看得出来，武则天这是要保来俊臣啊。这可麻烦了，万一让来俊臣翻身了，这些控告来俊臣的人将会有天大的麻烦。

不行，一定要弄死来俊臣，于是众多人开始游说武则天。说来俊臣收受大量贿赂，迫害众多贤良，是国贼，是公害。如果让这样的恶人存活于世，将会寒了大臣和百姓的心，会动摇社稷的根本。

武则天开始动摇了。

神功元年（697年）六月，武则天最终听从王及善和吉顼的劝说，把最后一个大酷吏来俊臣送进了坟墓。她还亲自写了《暴来俊臣罪状制》，列举了来俊臣的种种罪状。就这样，武则天一个华丽的转身，由酷吏的指使者变成了替天行道、为民申冤的好皇帝。

至此，武周酷吏退出了政治舞台。接着，又相继平反了酷吏制造的冤假错案，恢复了死者及家属的名誉。此后，朝中再无大狱，君臣关系融洽，共同治理天下。

可见，从任用酷吏到结束酷吏统治，始终都在武则天的控制之中。酷吏不过是她的鹰犬，手中的棋子罢了，何时起用，何时舍弃，她都心中有数。

酷吏没有达到专权的地步，外戚也是如此。

虽然武则天掌权对外戚武氏家族有所依赖，登基后，其势力也有所发展，但也是有限度的。即使武周"外戚"被封王，也只是"宗室"一般荣誉，而且很少担负军国重任，身居宰辅要职的也只有武承嗣、武攸宁、武三思三人。

毕竟，武姓人算是自家人，上阵父子兵，武则天要统领群臣，治理大周，还真离不开这些自家人。所以，她任用武氏，除了扶植"宗枝"外，还有一个更主要的目的就是监视群臣。不过，武则天也并非完全信任他们。

有一次，武承嗣为文昌左相时，李昭德向武则天密奏，大意是：武承嗣是亲王，又身居要职，这是个危险信号。自古父子间为了帝王之位还拔刀相向，何况是姑侄。这摆明了就是说武承嗣的存在是对大周政权的一个潜在威胁。

既然武则天能用大周取代大唐，就保不准武承嗣也会效仿，来个取而代之。虽然这有些空穴来风，但武则天宁信其有，不信其无，不久就撤销了武承嗣的宰相官职。

除了在政治上限制外戚的权限外，武则天还限制外戚的经济特权。比如，唐初诸王封邑之租，都是王家自己征集，为了防止诸王额外敲诈百姓，武则天改令州县征送。这样就从经济源头控制了武氏诸王，避免出现外戚控制朝纲，专政祸国的局面。

女皇的男宠们

接着，我们看男宠。当时的男宠是武则天的面首、卫士和监视贵戚大臣的工具。自古以来，一个帝王可以有大老婆小老婆无数，那么，一个女皇帝可否有无数男人呢？

在中国几千年以男人从政为主的社会，一个女政治家能依靠自己的努力书写一段辉煌的女皇历史，这是极其不易的。登基称帝之后的武则天有男宠早已是一个不争的事实，不管是从一个女人的角度来看，还是从一个政治家、女皇的角度来看，拥有男宠这没什么好奇怪的。

只是，自古以来，皇帝拥有宠幸的女人被视为天经地义的事。若一个女人拥有男宠，在重男轻女的封建社会便会遭到人们的唾弃。冒天下之大不韪，不仅仅需要勇气，还需要能力。当一个女人手执大权，统领万民，她便有了拥有男宠的能力。

其实，在威风八面的背后，武则天也不过是一个正常的女人，有着一个正常女人的需要。她拥有不少男宠，下到和尚，上至士大夫，只要能博得她的欢心，能够让她尝到快乐，就已经足矣。据史料记载，在众多的男宠中，佼佼者有薛怀义、沈南蓼及张易之、张昌宗这几位。

关于薛怀义这个人，前面已经有所提及。在武则天登基前，就得到了很大的信任，出入宫禁如同回自己家一样随便，被人们尊称为"薛师"。每当率队入宫，驰马扬鞭，好不威风。进宫后，朝贵都匍匐礼谒，武家诸王也要执童仆之礼，为他牵马认鞍。

薛怀义其实就是一个大和尚，为何能享受如此高的礼遇呢？这自然是得益于他和武则天的关系不一般了。那时，武则天宠爱薛怀义，宫内宫外无人不知，这已经不是什么秘密了。

薛怀义曾护修白马寺，督建明堂，为清平道行军大总管远征突厥，与高僧法明等撰《大云经疏》为武则天做女皇造势。毫无疑问，有些才智的薛怀义为武周政权的建立立下了汗马功劳。

一般来说，人的忘乎所以恰恰出现在有了些微功劳的时候。当武则天登基后，薛怀义的尾巴翘得越来越高，变得不知天高地厚，在朝野内外骄横跋扈，甚至对御史、宰相都有些不敬。久而久之，武则天对他的这种行为越来越不满，开始慢慢疏远他了。

在薛怀义眼中，武则天虽然风采不减当年，依然风情万种，但毕竟是一个老女人。如今，武则天开始疏远他了，他觉得一身轻松。

所以，薛怀义入宫没有那么勤快了，他大多数的时间都居住在白马寺里，剃度上千个壮士，整天舞枪弄棍。

一群假和尚舞枪弄棒，不会有什么好事。侍御史周矩怀疑有奸媒，便上疏弹劾薛怀义。虽然武则天疏远了薛怀义，但薛怀义毕竟是她的男宠，曾是她生活中不可或缺的一部分，便为这个大和尚辩护说："此道人病风，不足诘，所度僧，唯卿所处。"意思是说，薛怀义就是个疯和尚，不用搭理他，可以处置他所度的僧人。

周矩接旨后，立马把那一千多和尚都流放到远方。武则天因此提升周矩为天官员外郎。

俗话说，打狗看主人，拿薛怀义的千余名手下开刀，还因此升官。这明显就是没把薛怀义当盘菜，

薛怀义有一种被遗弃的感觉。的确是这样，就在武则天开始疏远他的时候，御医沈南蓼走进了武则天的私生活。

沈南蓼就是一个给武则天看病的医生，没有什么政治活动。已过中年的他温和有加，却身心虚弱，武则天对这位御医不会有太大的兴趣。所以，大多数人认为，武则天对沈南蓼没有什么感情，只不过是填补薛怀义的空白，打发老迈寂寞的时光罢了。

薛怀义虽然厌恶入宫，但沈南蓼的出现让他醋意大发。武则天是他的衣食父母，他不敢想象，没有了武则天这个后台，他的生活会变成什么样。所以，他尝试着挽回武则天对他的情意，但武则天根本不领情。

证圣元年（695年）正月十六日，薛怀义在气急败坏之下一把火烧了天堂，又殃及明堂。一夜之间，两座辉煌的宫殿，全部化为灰烬。

对于武则天而言，明堂是她得天命的标志，是她号令天下的场所，是武周王朝的象征。如今被烧毁，这不是要她的命吗？按照她的脾气，手刃了薛怀义才解气，但接下来发生的事就有些耐人寻味了。

武则天本想严惩肇事者，但当有人前来报告这场大火是薛怀义蓄意所为时，她耻而讳之，说是工徒不慎烧了佛像，才延及明堂。当然薛怀义负有管理不善的责任，也受到了武则天的责备，让他重新修建宫殿。这足以表明武则天对薛怀义还是心存不舍的。

本来是足以杀头的罪名，结果只是被责备一番。薛怀义没有珍惜武则天的网开一面，反而更加飞扬跋扈，谁都不放在眼里，简直成了"大周"的老大哥。

面对不知悔改的薛怀义，武则天很失望，对这个曾经对自己言听计从的大和尚彻底绝望了。于是，对薛怀义起了杀心。

二月，武则天密选数百体健的宫女布置在宫内，接着传旨宣薛怀义进宫。薛怀义遵旨入宫，被众宫女逮住，捆在瑶光殿前的树下。

虽然被五花大绑，但薛怀义依然很嚣张。他大吼："我是薛师啊，你们竟然如此对我，我非把你们全杀了不可。"

这些平日见了薛怀义像老鼠见了猫一样的宫女，现在却硬气得很，任凭他喊破了喉咙，也没人搭理他。

不久，建昌王武攸宁领几名卫士奉命前来，薛怀义像见到了救星一样大喊救命。他万万没想到来的人不是他的救星，而是前来要他命的。结果，薛怀义被活活打死，尸体被送到白马寺焚烧造塔。

关于薛怀义的死，还有一种说法是被太平公主暗杀。不管是被谁所杀，像薛怀义这种被视为天下公敌的人一定死得很惨。

这一年武则天七十二岁，薛怀义已经身首异处，而沈南蓼唯唯诺诺，养成了看眼色行事的习惯，没有丝毫的男子汉气概。最要命的是他身虚体弱，成全不了武则天的美意。终于在某个良宵，这位医好无数患者的御医，却医不好自己，暴死宫中，把身家性命丢在了石榴裙下。

没有了得力的男宠，七十多岁的武则天又陷入了寂寥烦闷之中，喜怒无常，脾气暴躁。后宫一度陷入了清寂落寞之中。

眼见母亲郁郁寡欢，女儿着急得不得了。在万岁通天元年（公元696年），太平公主终于物色到了合武则天心意的新男宠——张昌宗。

张昌宗，定州义丰（今河北安国）人，排行老六，出生在一个大官僚家庭。他有副美姿容，人称六郎美如莲花，不仅是个标准的大帅哥，而且还通晓韵律、能歌善舞。

自从张昌宗入侍禁中后，这个有着贵族血脉的二十出头的小伙子果然不负公主所望，凭着俊朗的外表、年轻的活力和弹琴赋诗的才艺，很快就博得了武则天的欢心。

张昌宗的兄长张易之做尚乘奉御，专司皇帝的行幸车驾。这兄弟二人都会音律诗词，又善于乐器。不久，张昌宗又向女皇推荐了自己的兄长张易之。

诸史书和小说之类都认为推荐的原因无非就是满足女皇的欲望。其实，客观地说，武则天已经是七十四岁的高龄了，已经没有过多生理欲求和精力。之所以让"二张"入侍，无非是让他们弹琴赋诗，用美妙的音乐来打发长夜漫漫的寂寞时光。

如果从另一个角度来看，张昌宗凭着脸蛋和音乐才艺博得了女皇的宠爱，而他的兄长也有这方面的天赋，于是，张昌宗把他的兄长也拉上，享受被人尊重的感觉和荣华富贵。

武则天对给她带来无数欢乐的"二张"颇为倚重，封张昌宗为云麾将军，行左千牛卫中郎将；张易之为司卫少卿，赐住宅一处、物五百及奴婢驼马等。有武则天做推手，兄弟俩不到一个月就红遍大江南北，成为普天之下的贵人。

武则天贵为女皇，养了几个男宠，当时的人认为这是冒天下之大不韪，是无比荒淫的行为。为了消除这种不好的影响，掩人耳目，武则天便让张易之兄弟做点文化方面的工作，让他们编书。编的书叫做《三教珠英》，实际上是一个诗歌集，表现的是儒、释、道三家的思想。

我们知道，编大部头的书不是一两个人能完成的，再说张易之兄弟也就是挂个名，大量的实际工作需要别人来完成。还有，诗歌集需要有一些诗人参与，所以当时好多文人就汇聚到了"二张"兄弟麾下。因为有许多文人在身边，所以"二张"的人脉越来越广，权势也越来越大。

能在皇帝身边说上话的人，有不小的威力，何况这种枕边风，威力更是不可小觑。朝廷百官无不惧怕张易之兄弟，所以，诸武都登门拜访，看"二张"的脸色行事。有的大臣卑躬屈膝，前来阿谀奉承，拍马屁。

比如，当时有一个叫杨再思的宰相也想巴结张昌宗。他听别人夸六郎长得像莲花一样，便跟人家急了，说人家不会说话。他认为话应该这样说："是莲花长得像六郎一样，不能倒着比。"可见，"二张"当时在朝廷的势力确实很大。

虽然武则天比较信任男宠，但并没有让他们执掌朝廷大权。从他们担任的职务就可以清楚地看出这一点。而且一旦他们犯了众怒，武则天也会从大局出发，抛弃他们。薛怀义被杀就是一个很好的例证。

这"二张"的命运如何，会得一个善终吗？我们后面会详细道来。

皇位继承是个问题

武则天虽然精力充沛、思想活跃、日理万机，仿佛有使不完的劲儿，但"人到七十古来稀"，说不准哪天就两腿一蹬，撒手归西了。这个庞大的国家该交到谁的手上呢？所以，皇位继承问题提到了议事日程上。

自古以来，皇位继承都是个大问题，它关系到皇朝的前途和命运。所以，历代帝王在选择接班人问题上都谨慎有加。封建社会一般都是立嫡以长，父死子继，这已经成为一种金科玉律，但到武则天这里出现了一个让人头疼的问题。因为她是女皇，如果让儿子做皇位的继承人，等自己百年之后，江山就不会姓武了；如果让侄儿做皇位的继承人，虽然"大周"不会垮，武氏不会倒，但自己的儿孙就要遭殃了。

武则天既想让武周的天下能代代传下去，又不想让儿孙们吃太多苦头。手心手背都是肉，这个棘手的问题把聪明睿智的她给难住了。

在"大周"建立之初，武则天的身体还很硬朗，对于皇位继承的问题没怎么在意，她把精力都放在了巩固新政权上。只是封诸侄为王，享受特权，同时以第四子睿宗李旦为"皇嗣"，一方面提高武氏"宗室"的政治地位，另一方面给李姓儿子一个接班人的空名。从而让各方势力相对平衡，互相制约。

皇位继承人的问题没有彻底解决，还被悬在半空，一些图谋不轨的人对此觊觎已久。眼见武则天的年纪越来越大，说不好哪天就会驾鹤西去，武承嗣坐不住了。他是武氏嫡长，最先继承武士彟的爵位，如今以亲王出任宰相之职，帝国的继承人应该非他莫属。于是，他趁姑姑还没有"老糊涂"，想要把皇位继承权夺过来。

姑侄再亲也比不了母子，如果公然和姑姑讨要皇位继承权，胜算不大，若惹怒了武则天，没准还会吃不了兜着走。所以，武承嗣没打算自己出面，他要找个枪手来看看姑姑的态度如何。

于是，武承嗣密令后党凤阁舍人张嘉福让洛州人上书请立自己为皇太子。结果，就有了洛阳人王庆之率领市民数百人请愿另立武承嗣为太子的新闻。请愿书递到武则天手中，武则天神色淡然，不置可否。但她心里知道，在请愿背后一定是武承嗣在捣鬼。

这种事情捂是捂不住的，既然已经见了光，就要光明正大地处理。武则天特意召见了老百姓的"代表"王庆之。

"皇嗣李旦是朕的儿子，你们为什么想废掉他？"

"如今周朝是武家的天下，为何要以李氏为嗣呢？"

绕来绕去，又回到了起点。这是一个让人非常头疼的难题，武则天暂时也是无解。既然无解，就先放一放吧。

武则天让王庆之先回去，并保证一定会很好地解决这个问题。王庆之却不肯走，他知道过了这个村就没这个店了。最好能在今天解决，否则不知道要等到猴年马月了。所以，他表示如果不立武承嗣为太子，宁愿死在这里。

这种以死泣请的精神让武则天很是感动。毕竟是为大周的未来着想，不能为难这样的人，于是，武则天就给了他一张"印纸"，说："今后想来见朕，以此出示守门者。"

毕竟，这种选立接班人是王朝的大事，需要慢慢磋商。如果再闹下去，没准就会惹怒了女皇，到时候就要吃不了兜着走了。

王庆之很识趣地离开了，但他却把"印纸"当成了自己升官发财的筹码，多次去面见女皇并提及此事。即使脾气再好的人也会有厌烦的一天，何况是武则天。王庆之得寸进尺，就像一只苍蝇挥之不去，武则天终于被惹怒了，命凤阁侍郎李昭德杖打王庆之。李昭德对王庆之的行为早已看不惯，便命侍卫们扑打，一直打到眼睛耳朵出血为止，最后又将其杖杀。就这样，王庆之因此丢了小命。

人的忍耐都是有一定限度的，王庆之突破了武则天的忍耐极限，结果，即使他是"为了大周的千秋万代着想"，也免不了遭受皮肉之苦，并丢了性命。所以，做人不能惹人嫌，做事要注意度的问题。

此时，武则天还没有立武承嗣为皇太子的意思，任何的风吹草动都会让她的天平有所倾斜。明智之举应该是以静制动，不要在这种关键时刻玩花样出乱子。但接下来发生的事偏偏触动了武则天敏感的神经。

长寿二年（693年）一月，前尚方监裴匪躬及内常侍范云仙等人"私谒皇嗣"。也许他们是想声援一下，以李氏为皇太子，但方式不对，这样只会增加武则天的疑心。果然，当武则天知道这件事后，便对皇嗣的忠诚产生了怀疑。她心里开始打鼓：这些人在打什么主意？难道要谋反不成？

结果，裴匪躬、范云仙的厄运便降临了，双双被杀。不仅如此，公卿大臣也被禁止与皇嗣相见，而且还降低皇孙以下李氏的爵位。

本来想挺李，结果却性命不保，还被极力压制，真是赔了夫人又折兵。

只要有一丝风吹草动，武则天便会绷紧神经。这也不难理解，本来她的皇位就是篡夺来的，自然害怕李氏再夺回去。她一直将自己的儿子视为政敌，因为他才是李唐帝国合法的皇帝。所以，除李弘病死外，武则天杀死了一个，贬谪了一个，留在身边的儿子是非常听话的一个。但武则天还是不时地予以打击，给儿子敲警钟，不要步其他兄弟的后尘。

当有人诬告皇嗣有异谋时，武则天便下令严审皇嗣身边的人。直到有人实在是受不了了，剖腹明志，武则天才下令停止审查。但她仍然对皇嗣谋反的问题疑虑重重，变相地软禁了皇嗣。

这娘儿俩的斗争一浪高过一浪，让武承嗣和武三思看到了希望，便又频繁地活动起来，妄图夺得皇太子的位置。

对于自己的侄儿，武则天心中有数：一来，她知道武承嗣没有统御之才，不是皇位接班人的最佳人选；二来，对武承嗣、武三思也是心有忌讳的。因为武则天当权后，将他们的父亲流放于偏远地带，结果都忧虑而死。可以说，武则天迫害他们父亲致死。虽然二人对姑姑表现得无比忠诚，但人心隔肚皮，武则天不得不对他们怀有戒备之心。

关键的砝码

在武则天举棋不定的情况下，大臣们的倾向成了最关键的砝码。在皇位继承人的问题上，谁能赢得大臣们的投票，谁便是最后的胜出者。

关于储君问题，是挺武还是挺李，到了该表态的时刻了。武则天手下的将相大臣，绝大多数都是武则天的铁杆粉丝和忠实拥护者。但这并不表明他们就是挺武派。他们支持的是由太宗开创、武则天接手的事业，并不希望武氏子侄继位。所以，他们是货真价实的挺李派，相继上书，请求以李氏为皇太子。

天授二年（691年）十月，李昭德站了出来。他是京兆长安（今陕西西安）人，武则天临朝称制时，因为得到武则天的信任而升任宰相。他力图维护李唐宗室对皇位的继承权，是保护皇嗣派的骨干人物。

关于这个人，我们在前面已经提到过，挺武派王庆之就是被他杖杀的。在除掉王庆之后，他觉得还不过瘾，便趁热打铁向武则天进言："天皇是陛下的丈夫；皇嗣是陛下的儿子。陛下应该传位于子孙，才能让帝国千秋万代。自古以来，从来没有听过侄子成为天子后为姑姑立庙的。再说，陛下受天皇顾托，如果让武承嗣做皇太子，岂不是对不起天皇？"

好个李昭德，这一番话不仅点明了立侄为皇太子的不利因素，而且还把已经死去的天皇搬出来，增强了说服力。

虽然话说得有理，但武则天最终也没有拍板。李昭德的趁热打铁没有什么大的实效。

这没什么，一次不行，咱来二次。只要咱还有口气在，就要把此事进行到底。

长寿元年（692年）六月，李昭德又向武则天秘密上奏："魏王武承嗣权太重。"臣子权势太重，必将震主，这不是个好现象。武则天对这个密奏非常重视。

这一番折腾下来，到底是立儿子为皇太子，还是立侄子为皇太子，还是没有定论。既然问题依然棘手，那么就只能先放放吧。结果，这个问题依然无解，让人垂涎三尺的皇太子之位还是空缺着，等待着关键人物的关键解答。

大约时隔六年之后，也就是圣历元年（698年）春，这个老生常谈的问题又被提及。武承嗣、武三思对皇太子之位觊觎有加，只要一天不选定接班人，他们就像饿狼一样盯着皇太子之位不放松。他们多次派人对武则天说："自古天子未有以异姓为嗣者。"也就是说，武氏才是最合适的接班人。

此时，武则天已经是七十五岁的高龄了，一生好强的她奈何不了无情岁月的索取，以前那个动作敏捷的年轻妇女成为美好的回忆，代之的是动作迟滞、脚步踉跄的老妇人。虽然威严犹在，但已经没有了以前那种逼人的锋芒。

虽然早日选立储君，对国家的安定有莫大的好处。但人们不忍心逼迫一个老人去做出抉择，所以，女皇不说，大家也不问。这个问题就一直被搁置下来。

武承嗣和武三思的心思和行动瞒不过朝中大臣，他们消息灵通，对此一清二楚。既然二武又把这个问题提了出来，那么，大家就得再议一议了，绝对不能让武承嗣成为未来的接班人。

这时，已经身为宰相的狄仁杰站了出来，从容地对武则天说："文皇帝栉风沐雨，亲冒锋镝，以定天下，传之子孙。大帝以二子托陛下。陛下今乃欲移之他族，无乃非天意乎！且姑侄之与母子孰亲？陛下立子，则千秋万岁后，配食太庙，承继无穷；立侄，则未闻侄为天子而为姑立庙者也。"

武则天已经听腻了这种论调，好不容易平静了这么多年，没想到又是老调重弹，所以有些厌烦了，便对狄仁杰说："此朕家事，卿勿预知。"

很明显，武则天嫌狄仁杰多管闲事了，如果继续进言的话，很可能会踩雷，惹怒女皇。都说伴君如伴虎，这话不假，如果换作别人，也许会就此止步，毕竟拿自己的前程冒险，这很不划算。但狄仁杰不是一般人，他认准的事就会坚持到底，即使丢官也在所不惜。再说，如果能用自己的前程换一个稳定的王朝，这也值了。

狄仁杰继续说："王者以四海为家，四海之内，孰非至亲，何者不为陛下家事！君为元首，臣为股肱，义同一体，况臣备位宰相，岂得不预知乎！"

在狄仁杰看来，君臣为一体，没有国事和家事之分。既然他身居宰相要职，这件立储君的事情就是分内事，所以他管定了。

接着，狄仁杰又劝武则天召还庐陵王，使母子相见。与此同时，王方庆、王及善也接连劝说。

这些臣子都是国家栋梁，为了储君一事尽职尽责。武则天虽然心里有些厌烦，但她也不忍心责怪这些真心为国家着想的人。

也许自己真的老了，近来思想懈怠，身体也似乎大不如前，这储君问题是回避不了的，也该解决了。想想这些大臣的言论，不无道理，武则天的脸色渐渐好转了。

他日，武则天突然召狄仁杰说："朕梦大鹦鹉两翅皆折，何也？"

狄仁杰略一思索道："武者，陛下之姓；两翼，二子也。陛下起二子，则两翼振矣。"

都说周公解梦厉害，这狄仁杰也不差。他能由一个梦境联系到棘手的储君问题，并巧妙解梦，阐明自己的政治主张，绝了。

从这件事上，武则天了解了大臣们的良苦用心。他们虽然拥立自己做女皇，但他们终究还是李唐的大臣。虽然自己建立了武周政权，但在他们眼中只不过是唐室的第四代皇帝而已。虽然杀掉这些人轻而易举，但自己铁定会成为一个真正的孤家寡人。再说，她实在是举不起那把杀戮自己子孙的刀。

人不服老不行，武则天终究要去寻找在另一个世界的丈夫李治。在那里，她将是李治的妻子。如果不能留给后世子孙一个稳定繁荣的国家，她将无颜面对她的丈夫。就这样，久违的亲情把武则天的好强心融化了。

与此同时，宰相吉顼以及张易之、张昌宗也多次请武则天以李氏为储。吉顼是股肱之臣，他拥立李氏为储君不难理解。而张易之、张昌宗之所以也拥立李氏，无非是见武则天已老，为了自己的前程，想搭顺风车，积累一些人脉关系罢了。

不管是自己的亲信大臣，还是心腹，都统统拥立李氏为储，武氏诸王不得人心已经是不争的事实。所以，无论为自身考虑，还是遵从天意人愿，都应该立自己的儿子为太子。至此，武则天彻底打消了立武氏兄弟为太子的想法，准备把庐陵王接回神都洛阳。

圣历元年（698年）三月九日，武则天以庐陵王李显有病为借口，派遣职方员外郎徐彦伯前往召被贬在房州的庐陵王李显回都治病。

按照封建时代的惯例，皇太子被废后，要么被诛杀，要么被贬为庶人，很少有翻身的机会。李显被废后，虽然有"庐陵王"的封爵，但也只是个虚名而已。对于重新进东宫，登皇位，他连想也不敢想。如今，当他听到召自己重回神都的消息后，喜极而泣。这绝对是一个好兆头，李显开始梦想皇太子之位，甚至皇帝之位了。

七月，庐陵王到神都，再次踏上这片熟悉的土地让他心中感慨万千。繁华依旧的景象让他有些目不暇接了，人生就是如此，充满了让人意想不到的变数。不要因为挫折而气馁，也不要因为胜利而忘乎所以，随意随心就好。

庐陵王李显重返神都已经有些日子了，却迟迟没有被册封为皇太子，这是何故？其实，武则天之所以没有马上册封李显为皇太子，是因为这个位置本该是属于李旦的，结果冒出个李显。这手心手背都是肉，她实在有些不好意思和李旦提这档子事。

李旦很聪明，已经揣摩到了武则天的意思。他不想成为宫廷斗争的牺牲品，连皇帝都能让，何况是一个皇太子。半年以后，李旦用绝食的办法坚决请求"逊位于庐陵王"。

事情做到这个份儿上，真是不容易。不得不说，李旦确实是个"可怜"的好孩子。

于是，武则天顺水推舟答应了李旦的请求，改立庐陵王为太子，复名李显，李旦被册封为相王。太子太保魏王武承嗣见大势已去，心情抑郁，结果被活活气死了。而武三思顺应形势，向新皇太子靠拢。就这样，棘手的皇位继承问题算是初步得到了解决。

默啜的野心

在立嗣期间，选谁当皇太子，已经够烦人的了。国内让人焦头烂额，边疆也不安宁。与突厥的关系仍然时有起伏，此时突厥的首领是默啜可汗。

默啜，姓阿史那氏，名环，骨咄禄弟。天授二年（691年）立，称阿波干可汗。证圣元年（695年），受封为迁善可汗。

万岁通天元年（696年），默啜助唐平契丹，受封为立功报国可汗。但他的领地人口的目的没有达到，在神功元年（697年）正月，对灵州、胜州（今内蒙古托克托）地区发动进攻，结果被击败。三月，默啜遣使再次索求丰（今内蒙古五原）、胜、灵、夏（今内蒙古乌审旗）、朔（治今山西朔县）、代（今山西代县）六州降户与单于都护府（今内蒙古和林格尔）之地，以及谷种、铁等物资。

面对贪而无信的默啜，应加强军备防其进攻。来一次，打一次，吓破他们的胆，这样才能保证边境的安定。

但武则天考虑到契丹边患未除，内部不安等因素，便将六州降户数千家以及大量谷种、杂彩、农器、铁等交给默啜，并允其婚。默啜许诺其女嫁于唐，建立姻亲。通过联姻来暂时维护一方的安定，让老百姓免于战火，这不是一件坏事，没想到却发生了变故。

圣历元年（698年）六月，武则天命武承嗣子武延秀入突厥，纳默啜女为妃。武延秀，淮阴郡王，他在突厥数年，通晓当地语言和舞蹈。

同时，命右豹韬卫大将军阎知微摄春官尚书，右武卫郎将杨齐庄摄司宾卿，以二人为使，携金万两、帛万匹为聘礼，送武延秀前往迎娶默啜之女。

凤阁舍人张柬之进谏，自古未有这样的先例，这事比较悬。但武则天不听，自己都能当女皇，难道皇亲国戚还不能娶默啜女吗？她不信这个邪，认为张柬之是有意忤旨，便把他外调为合州（今四川合川）刺史。

八月，武延秀一行到达黑沙南庭（今呼和浩特北）后，默啜一看来的是一个姓武的王，不是李氏子孙，便拉下脸不高兴了。他说："我欲以女嫁李氏，安用武氏儿邪！此岂天子之子乎！我突厥也受李氏恩，闻李氏尽灭，唯两儿在，我今将兵辅立之。"

读到这里，默啜的险恶用心总算是大白于天下了。他嫁女是假，想借机拥立李旦或李显为傀儡，进兵中原才是真。这位在大漠风沙中摸爬滚打的可汗胃口着实不小。

本打算空手套白狼，结果失算了。没关系，李唐子孙没来，咱还可以立别人。出兵是关键，至于借口，找个差不多的就行了。

于是，默啜下令拘武延秀于别所，以阎知微为南面可汗，说是让他主使唐民，借口"奉唐伐周"，出动十万（一说十多万）骑兵，攻袭静难、平狄、清夷等军，继犯妫（今河北怀来）、檀（今北京）等州。接着又攻飞狐（今河北涞源），陷定州（今河北定州），围赵州（今河北赵县），肆意劫掠。

默啜不仅兵锋直指河北，还列举了朝廷的五大"罪状"：一、给他们的种子是熏熟的，种下后长不出庄稼；二、给他们金银器都是粗制滥造之物，不是真物；三、丝帛是粗劣的，不是精品；四、可汗的女儿应当嫁给天子，武氏是小姓，门不当户不对，以此冒充婚姻，侮辱了他们；五、为了洗刷屈辱而起兵，欲取河北。

简直是胡说八道，无理取闹。你对我不恭，就别怪我对你无情。异常愤怒的武则天下令发兵三十万征讨。还准备了十五万的后援部队，随时应对前方战场的不测。

朝廷大军的阵容已经非常庞大了，不过武则天还嫌不够，又以李显为河北道元帅以讨突厥而招兵。人们听说太子为帅，应募者云集，几天内便招兵五万。又以狄仁杰为行军副元帅，右丞宋元爽为长史，右台中丞崔献为司马，左台中丞吉顼为监军使，帮助太子征讨。

当时，虽然李显为河北道元帅，但他不随同大军前去讨伐突厥，而是命狄仁杰知元帅事。在大军出发前，狄仁杰、薛仁贵子薛讷等将领，都再三向送行的女皇说，要让新太子在百官面前听政和谒见皇上，我们就是战死疆场也在所不惜。

对于将领们的请求，武则天都给予了答复。

默啜的十万人马虽然不及朝廷的征讨大军，但一路杀来，攻城拔寨，让人心惊胆寒。当默啜人马尽杀所掠赵、定等州男女万余人，从五回道离去时，狄仁杰将兵十万追击，结果没有追上。默啜还漠北，拥兵四十万，据地万里，西北诸部都归附于他，对大周政权抱有轻视的态度，认为自己才是中心。

突厥杀掳一番后扬长而去，被战火洗礼的百姓急需安抚。狄仁杰被任命为河北道安抚大使，他不仅严格禁止属下侵扰百姓，犯者必斩，而且还把被默啜军驱掠的百姓都送回原籍，又运粮赈灾，接济贫困的百姓。经过一系列的安抚，河北又恢复了安定。

女皇也做和事佬

皇位继承人确定了，边境也安定了，从表面上看，大周一片和气，国泰民安。其实，李氏子孙与武氏诸王的矛盾依然没有从根本上得以解决。这就如同一颗定时炸弹，如果不能合理解决，随时都会有爆炸的危险。

本来，当武则天对于储君问题举棋不定时，李氏子孙与武氏诸王的较量可谓势均力敌。后来，武则天倾向于李氏，结果，李氏的势力大增。武氏诸王中最有希望得到皇太子之位的武承嗣落了个竹篮打水一场空的结局，结果被气得一病身亡。

虽然武氏诸王在争夺皇太子之位中败下阵来，而且还损失了一员大将，但其他诸王还在，还有能力与李氏子孙拼上一拼。

自古以来，为了争夺皇位，诸王拼个你死我活发生流血惨剧不是什么新鲜事。为了能让李氏顺利继位，也为了让武氏免受灭顶之灾，武则天必须要站出来做些事情。所以，武则天决定做一个和事佬，企图化解太子兄弟与武氏诸王间的矛盾。

虽然誓言有时候就是一句屁话，但毕竟对矛盾双方来说，都是一种约束。所以，武则天首先想到的就是让子、侄在明堂立誓，永言和好。据史料记载，圣历二年（699年）四月的一天，武则天命太子、相王、太平公主、武三思、武攸暨等人在明堂向天神地灵保证他们永远和好，并铭之铁券，藏在史馆。

誓言虽然立了，但在皇权利益面前，往往是靠不住的。为了进一步缓解矛盾，武则天想到了联姻。在封建社会，婚姻关系在朝廷中常常带有政治色彩。比如西汉以来的和亲，就是通过婚姻关系来缓和矛盾，在一定程度上起了很好的作用。所以，武则天便想通过李武联姻来达到一家亲的目的。于是，便出现了一系列的姑表婚姻。

武则天不仅通过立誓和通婚来约束李武两派，还严禁李武之间发生摩擦，如果有人敢踩这颗雷，那是不要命了。据记载，皇太子的长子郡王李重润到妹妹永泰郡主家做客。当谈到武则天的男宠张易之兄弟时，与妹夫武延基发生了争执。再加上本来就有旧怨，结果一发不可收拾，事情越闹越大。武则天很生气，认为这是不拿自己的话当话，公然违背明堂誓约，有伤李武和气，责令皇太子严加处罚。结果，皇太子大义灭亲，让自己的子女都自杀了。

另外，为了从根本上解决问题，武则天决定从思想上进行教化，提倡忠孝谦让和友爱，警告王公百官不要在李武之间挑拨离间。

为了缓解李氏子孙与武氏诸王之间的矛盾，武则天可谓是费尽心机，但谁也不知道自己百年以后会发生什么事。虽然武则天活着的时候，李武之间还算比较和气，但当她离开人世后，李武间还会这么一团和气吗？武则天无从知晓，她唯一能做的就是在自己晚年多创造一些机会，想法化解李武之间的矛盾。

第九章

突来的政变

黯然走下神坛

"二张"乱政

虽然武则天立庐陵王为皇太子，她也到了该退休的年纪，但却没有退位的意思。不过，武则天的一些举动已经显示出她在试图与儿孙们接近，这是一个好现象。比如，她召回李显立为太子，又以诸子为王，诸女为郡主。还解除对李旦的软禁，封他为相王，委派了重要军职，让他担任知左右羽林军事（北衙禁军最高统帅）。

而且每次出游宴请，都让太子、相王伴随左右，吟诗作赋，谈天说地，一派和睦。这无疑向世人传达了一个重要信息：我武则天和儿子的关系好着呢，这大周的江山一定会传给儿子。

大足元年（701年）十月，武则天率领太子、相王以及诸子西返长安。武则天在神都已经住了快20年了，为何以78岁的高龄率子孙到长安呢？我们可以从下面两个方面来进行分析：

一来，长安是武则天的出生地，有童年的美好回忆以及当皇后的惬意，当然也有在感业寺的辛酸记忆。另外，这里也有李氏的宗庙和高宗的陵寝。这里注定是武则天最后的归宿。

二来，进一步融洽与李显、李旦的关系，毕竟，这位女皇和儿子们的隔阂很深，不是一天两天就能抹平的。

回到长安后，武则天大赦天下，而且改元长安。这意思就再明显不过了，她要在这儿实现政权交接了，让武周王朝回归李唐王朝。

对于李显来说，这绝对是一件让他无比舒心的事情。忙乎了那么久，付出了那么大的代价，如今总算是看到了希望，接班的这一天总算是快要盼来了。

本来气氛非常好，等武则天走下神坛后，新皇帝就可以继位了。但偏偏在这种关键时刻出现了两个捣乱分子，他们就是武则天的男宠"二张"兄弟。

我们前面已经提到过这"二张"兄弟，他们仗着有武则天这个大后台，十分嚣张，是朝中不可忽视的一股政治力量。

武则天在竭力拉近和子孙之间的距离，李武之间的关系也渐渐有了好转，但武则天的年事日高，再加上积劳过度，身体吃不消了。虽然在如意元年（692年）"齿落更生"，圣历二年（699年）生"八字重眉"，但岁月不饶人，武则天无法逃避年老多病的现实。

在这种情况下，有人建议武则天传位太子，既能卸下治国的包袱，又能颐养天年，可谓是两全其美。但武则天却认为不妥，因为她仍然感到李武之间的矛盾没有真正消除。万一交权后，李氏集团和武氏诸王来个兵戎相见，那就糟透了。

为了子侄和睦、江山永固，武则天以张昌宗等人为助手，继续拖着病体处理朝政。

长安三年（703年）九月，张昌宗向武则密报：宰相魏元忠与太平公主的情夫司礼丞高戬私下议论，说皇帝已经老了，不中用了，侍奉太子才能为官更长久些。

武则天虽然老了，但权力还牢牢地控制在她的手中，再说，越老的人越忌讳别人说她老。所以，她对此反应比较激烈，就问张昌宗是否亲耳听见？张昌宗说，没有亲耳听见，不过张说听见了。张说是当年武则天殿试的时候录取的第一名，是武则天的心腹。

既然有人证，那么，这个案子就得审理了。于是，武则天下令把两个被告魏元忠和高戬都给抓起来。

这魏元忠是何许人也？为何张昌宗要告他的状呢？

魏元忠，本名真宰，宋州宋城（今河南商丘）人。早年是太学生，志气偶傥，不屑于官场运作，长年无法升迁。仪凤年间，吐蕃侵扰，他向朝廷投密信言事，长篇数千言表现出他的雄才大略。得到高宗和武则天的赏识，授秘书省正字之职，入值中书省，以便随时寻唤。不久，迁任监察御史、殿中侍御史。在平灭徐敬业的叛乱中，魏元忠凭着非凡的军事天才也立下了汗马功劳。

圣历二年，武则天提升他为凤阁侍郎、同凤阁鸾台平章事，并命他检校并州长史，任天兵军大总管，以阻突厥。再迁升为左肃政台御史大夫，检校各州长史、同凤阁鸾台三品。

就这样，魏元忠成了朝中数一数二的有名臣子。他历仕高宗、武后、中宗三朝，两次出任宰相，并兼具一定的军事才能，在唐代众多的宰相中是比较有作为的一位。

魏元忠这个人性情刚烈，疾恶如仇，敢说敢为，缺乏机智和通融。也就是说这个人比较直，不会拐弯抹角，不会给任何人留情面。

由于女皇以"二张"为近侍，宴游玩乐，他义愤填膺。天子本该亲君子，斥小人，清心寡欲，为天下立德。如今女皇却逆行之，宠幸小人，所以魏元忠认为罪魁祸首是"二张"，一有机会便劝谏女皇要远离小人，勤于政务。

其实，女皇虽然近"二张"，但也亲和、尊重大臣，从来没有让男宠们过多干预朝政。所以，朝中政务也没有荒废。可以说是生活和工作两不误。而且晚年女皇的性格大变，大小事任你劝谏，不再动气发火。即使是关于"二张"的劝谏，虽然很让她丢面子，但也不发火。

一般来说，正直的官员都会遭到奸臣小人的陷害，魏元忠也没能幸免。

耿直的他看不惯武则天宠"二张"的行为，多次进谏，以致与"二张"的关系逐步恶化。

有一次，武则天本来已经内定张易之的兄弟、岐州刺史张昌期为雍州长史。不过，也得走走过场，于是在朝廷上征求宰相们意见。众宰相都明白是怎么回事，便纷纷表示同意。

武则天很满意，她正要下旨，魏元忠却站出来投了反对票。

"张昌期不能胜任长史！"

武则天有些不高兴了，便问原因。

"张昌期不懂政事，连岐州都管理不好，何况是京畿地区雍州，薛季昶精明强干，应当由他担任此职位。"

武则天虽然心里不乐意，但魏元忠的话不无道理，于是打消了让张昌期为雍州长史的念头，并重用了魏元忠推荐的薛季昶。可见，武则天还是比较信任和看好魏元忠的。

此事过后不久，魏元忠又向武则天面奏："自先帝以来，臣蒙受恩泽，今身为宰相，不能尽忠死节，使小人在侧，这是臣的罪啊！"

你这个人也管得太多了，总是进谏"二张"的事，有意思吗？

武则天心里虽然不高兴，但知道这位宰相是为了大周的江山社稷着想，便打发他离开了。

魏元忠几次阻挡"二张"家里兄弟当官，而且还总给武则天灌输这哥儿俩是小人，这哥儿俩受不了了。

最终，张易之兄弟急眼了。武则天已经八十岁了，一旦女皇驾崩，魏元忠肯定会拿他们开刀，便萌生了利用女皇之手杀掉魏元忠的念头。结果，就发生了魏元忠被抓的事情。

张氏兄弟急切想把魏元忠置于死地，所以刚抓起来就开始审理。

这是赤裸裸的诬陷，魏元忠当然不承认了。

无奈之下，武则天决定第二天上朝时，当堂对质。

张昌宗和张易之兄弟是原告，魏元忠和高戬是被告，关键是张说这个证人，他的证词将决定魏元忠和高戬的前途和生死。

对于武则天的这个决定，张氏兄弟举双手赞成，毕竟证人是他们的人。张氏兄弟认为魏元忠这次铁定是要垮台了，甚至提前摆起了庆功酒。

第二天上朝时，气氛相当紧张，因为这个案子涉及的面太大了。不仅涉及宰相魏元忠的去留问题，而且被告魏元忠还是太子左庶子（东宫的官僚），跟太子关系不错，所以，也牵涉太子的利益。

这娘儿俩的关系好不容易进入了甜蜜期，没想到闹出了这么一档子事，真是多事之秋。

自古都是邪不压正，虽然张氏兄弟很嚣张，但总有些有良知的大臣敢于站在魏元忠一边。

这场宫廷对质的关键人物是张说。若想帮魏元忠脱离险境，就得争取张说这个人。

在张说就要进朝堂时，凤阁舍人宋璟一把拉住他，语重心长地说："名义至重，鬼神难欺，不可党邪陷正以求苟免！若获罪流窜，其荣多矣。若事有不测，璟当叩阁力争，与子同死。努力为之，万代瞻仰，在此举也！"

意思是说，一个人的名节最重要，鬼神是不会被欺骗的，你做什么事，鬼神都看着呢。你千万不能助纣为虐，帮奸佞之人陷害忠臣。如果你因为这件事得罪了皇帝，即使被流放边疆，也是很荣耀的事啊。如果事有不测，我宋璟当据理力争，与你共进退。能否完成让万代瞻仰的壮举，就在今天了。

这是在激励张说，你不是一个人在战斗，不要为了所谓的权势而丢掉了做人的根本。

宋璟刚说完，大名鼎鼎的史学家刘知几也走上前来说："毋污青史，为子孙累！"意思是说，千万不要在青史上留下骂名，让子孙后代跟着挨骂。

这些官员你一言我一语，都是在帮魏元忠说话，这让张说大为震惊。他开始质疑和张氏兄弟站在一条战线上的决定是否正确。

张说就这样忐忑不安地进入朝堂。

魏元忠一见证人是张说，就知道凶多吉少，因为张说平时同张氏兄弟的关系不错，也是女皇喜欢的人物。看来，这是要往死里整自己啊。

他未等张说开口，就大声说："张说欲与昌宗共罗织魏元忠邪？"这明摆着就是告诉世人，自己是被冤枉的。

一听这话，张说急了。自己只想升官发财，可没想害人啊。于是，大声斥责魏元忠说："元忠为宰相，怎么像个小人那样听风就是雨，说这样的话呢？"

张昌宗示意张说不要废话，快点儿说魏元忠谋反的罪证。

张说清了清嗓子说："陛下啊，这张昌宗在您面前尚且如此逼臣，可见他在背后就更加嚣张了。其实，臣从未听到魏元忠说过什么不该说的话，臣是被张昌宗逼着作伪证啊。"

此话一出，众臣哗然，这张氏兄弟太不地道了，竟然诬陷忠良，该重重处罚。

张说临时反水打了张氏兄弟一个措手不及。

几分钟前还是朋友，转眼间便变成了敌人。既然天堂有路你不走，地狱无门你偏行，那好吧，连你也一块儿整了。

经过短暂的慌乱后，张氏兄弟齐声说道："张说和魏元忠一块儿谋反。"

这可真是闻所未闻，本来是证人，结果却被原告打成了被告，这案子还怎么审？

当着这么多文武百官的面，你张氏兄弟说话也要靠点儿谱啊，总不能把理让你们全占了。

武则天对于张氏兄弟的滑稽表现也极为不满，便问："为什么说张说和魏元忠一块儿谋反啊？"

张氏兄弟说张说和魏元忠一块儿谋反，本来是对张说反水的应急处理，一下子找不到合适的理由来回答武则天的问题。好在，这两个人有点儿小聪明，在慌乱之中想到了一个理由。

张氏兄弟说："说尝谓元忠为伊、周。伊尹放太甲，周公摄王位，非欲反而何？"意思是说，张说曾经说魏元忠是伊尹、周公。伊尹流放了自己的主君太甲，周公长期摄政把主君抛到一边，这明摆着不就是要造反吗？

没文化真可怕，与这样的人同朝为官，真是一种耻辱。

张氏兄弟的话让张说又可气又可笑。他反驳道："陛下，当年魏元忠初为宰相时，我作为他手下的郎官前去祝贺，确实勉励他要向伊尹和周公学习。这是因为伊尹辅佐商汤成就商朝的霸业，而周公也辅佐周朝的几个王成就周朝的霸业。这都是做臣子最忠心的人，人人都仰慕他们啊。陛下任命宰相，难道不让他们向伊尹和周公学习吗？臣知道依附张昌宗便可升官发财，如果附和魏元忠则会有灭族之灾，但臣不能诬陷忠良啊。"

好一番肺腑之言，激起了群臣的怒火，恨不得把张氏兄弟大卸八块才解气。

再看张氏兄弟，怎么也没想到伊尹和周公还有这么一回事，一时语塞，不知道该怎么说了。

武则天在一旁看得很清楚，知道自己的两个小情人被张说给耍了，觉得自己的权威受到挑战，便以张说反复无常为由关押起来一起审讯。

其实，这个案子已经很明了了，就是一个诬陷整人案。但武则天为何还要继续审下去呢？因为她生怕案子里仍有见不得光的阴谋存在。

第二天，武则天再问张说，张说仍然坚持说是张氏兄弟诬告魏元忠。武则天的态度让人琢磨不透，几位宰相不敢公然替魏元忠说话，想看清形势后再做定夺。

虽然大多数人都闭口不言，但总有不顾及自己前途命运而主持正义的人。正谏大夫、同平章事朱敬则就是这样的人，他勇敢地为魏元忠鸣冤喊屈。

另外，当时冀州名儒苏安恒，曾多次投书武则天言事，武则天很重视他。当他听说魏元忠遭陷害后，便上疏说："陛下革命之初，人以为纳谏之王；暮年以来，人以为受佞之主。自元忠下狱，里巷恟恟。皆以为陛下委任奸凶，斥逐贤良。忠烈之士，皆抚髀于私室而箝口于公朝，畏迮易之等意，徒取死而无益。方今赋役繁重，百姓凋弊。重以谗慝专恣，刑赏失中，窃恐人心不安，别生他变。争锋于朱雀门内，问鼎于大明殿前，陛下将何以谢之，何以御之？"

虽然苏安恒的出发点是好的，妄图洗清魏元忠的冤屈，但他的奏折说得太过严重，把问题扩大化了。不仅说武则天听信奸人，陷害忠良，而且还指出赋役繁重，百姓饥寒交迫，都有造反的心了。这其实就是从根本上否定了武则天的统治。

张氏兄弟见到这样的奏折，都劝武则天杀死苏安恒。虽然武则天没有动杀心，但她也开始反思，自己的统治真的这么差劲吗？不是。

那么，唯一的合理解释就是，魏元忠等人除掉张氏兄弟只是个幌子而已，他背后的一帮人是对武周王朝不满，是对自己的统治不满。

所以，苏安恒的奏折不但没有起到好的作用，反而把问题复杂化了。可以说，是好心办坏事吧。有些话不能说过头，否则会适得其反。

结果，武则天在一怒之下把魏元忠贬到南方当县尉去了。这就是古代官场，起伏不定，昨天还是一人之下万人之上的宰相，转眼就被贬为七品芝麻官，心理素质差的人岂能禁受住这种落差？

再看张说和高戬，这两人也被流放到岭南去了。只要做个伪证，张说就有享不尽的荣华富贵，但他最后还是选择站在真理这一边。虽然被贬，但他问心无愧，这种品质难能可贵。

可以说，张氏兄弟是这场争斗的胜利者，实现了借助武则天之手铲除异己的目的。但有得必有失，虽然扳倒了魏元忠，但张氏兄弟却得罪了一帮人，不仅有太子和大臣们，还包括太平公主。

每天生活在仇人中间，这种胜利不要也罢。但张氏兄弟却不在乎这些，他们的态度是，谁不服就整谁。

突来的政变

倒下一个魏元忠，千万个魏元忠站了起来。

因为张氏兄弟仍然被女皇宠爱，群臣与张氏兄弟依旧争斗不止。

长安四年（704年）七月，张同休和汴州刺史张昌期、尚方少监张昌仪一起坐赃下狱，这些张姓人士都是仗着有张易之、张昌宗做靠山才贪赃获罪的。张氏兄弟自然也从中获得了不少好处。

官员贪污受贿，就像蛀虫一样，慢慢啃噬着国家的基石。对于贪污犯理应严惩不贷，否则国家迟早会毁在这些蛀虫手里。

所以，司刑贾正言、御史大夫李承嘉等人集体上奏，要把牵入赃案的张昌宗一同治罪。御史中丞桓言范也上奏，主张免去张昌宗的官职。

张昌宗已经犯了众怒，这次又牵涉赃案，这种人是朝廷的祸害，众臣打算借这个机会把这个奸佞小人从朝堂之上赶出去。

张昌宗却狡辩说："臣有功于国，所犯不致免官。"

武则天便问宰相们："昌宗有功吗？"

明眼人都看得出来，武则天还不想舍弃张昌宗，她在找台阶下。

善于察言观色和溜须拍马的杨再思说："昌宗曾炼神丹，陛下服用后大有效果，这实在是莫大之功！"

武则天很高兴，于是免除了张昌宗的罪过，官职照旧。虽然保住了张昌宗，但其他的罪犯就要严惩了，结果，张同休、张昌期、张昌仪都受到了相应的处罚。

到了年底，天气隐晦，雨雪频繁光顾，一百多天看不见日月。武则天病得很重，一直住在长生院修养。她下令不让子侄、宰相供奉，病床边只许张氏兄弟陪侍。

　　按理来说，女皇病重，应该由太子侍侧、大臣视疾，随时掌握女皇的病情，以做好必要的应对准备。但武则天却只许近侍陪侍，把太子和大臣们支得远远的，这很容易发生祸乱。所以，大臣们心中非常不安，唯恐发生什么不测。

　　张氏兄弟能得到女皇这样的宠信，感到很幸福，但女皇病重，一旦有变必然会被大臣们杀害。于是，暗自联系同党，准备伺机谋乱。

　　天下没有不透风的墙，再说，在这种关键时刻，大臣们早已密切关注张氏兄弟的行踪，所以发现了他们的不轨行为。

　　于是，有人便写出招贴，警示大家。同时，大街小巷都在疯传"易之兄弟谋反"的消息。如果是谣言，说的人多了，也会变成"事实"。何况这不是谣言，有足够的理由让人相信，但武则天仍然不相信，对此也不加理睬。

　　决定权在武则天手中，大臣们对女皇的态度无语至极。试图谋反的事还没有消停下来，又一则爆炸性的消息把张昌宗牵了出来。

　　同年十二月十九日，许州人杨元嗣上书说："张昌宗曾召术士李弘泰看相，弘泰言昌宗有天子相，劝于定州造佛寺，则天下归心。"

　　好小子，想抢老娘的饭碗，武则天本欲严惩张昌宗，但转念一想，这杨元嗣的话也未必都是真话，还是稳妥一些好。于是，命宰相韦承庆、司刑崔神庆、左御史台中丞宋璟共同审理这个案子。

　　审理的结果是确有其事，但对于如何判定张昌宗的罪行，出现了分歧。

　　宰相韦承庆认为虽有其事，但张昌宗已经自首了，可宽大处理，免治其罪。其实，谋反罪本该处斩，诛灭九族，韦承庆的判定明显有拍马屁的嫌疑，毕竟武则天处处护着张昌宗。这样判定既顺应了女皇的心思，又不得罪张昌宗，可谓是一举两得。

　　在大是大非面前还玩圆滑的手段，不坚持原则，韦承庆的做法不可取。

　　宋璟就不一样了，他坚持站在法理一边，认为张昌宗虽然自首，但始终包藏祸心，法当处斩破家。如果法外开恩的话，会寒了大臣们的心，更会失去民心。

　　一个要张昌宗活，一个要张昌宗死。

　　武则天有些犯难了，她想做和事佬也做不了，毕竟，这是事情的两个极端，无法中和。但她心底里还是想保住张氏兄弟，于是，就采纳了宰相韦承庆的判定，打算救张昌宗一条命。

本以为这件事就此平息了，但其实还没完。

司刑少卿桓彦范上奏："如果不诛逆臣，社稷亡矣！请付鸾台三司定其罪！"接着，崔玄暐等也一起上奏要严惩罪犯。

众怒难犯，武则天没有了退路，只好让法司审议张昌宗的罪行，结果，有司决定处以死刑。

武则天实在是舍不得杀张昌宗，想让宰相们法外开恩，却被坚决抵制。万般无奈之下，只好让张氏兄弟去御史台受审。

大家都以为张昌宗这次难逃一死，但武则天又派来使者宣布赦令，命特赦张氏兄弟。就这样，武则天又把张氏兄弟从鬼门关拉了回来。

张氏兄弟这次大难不死，全靠武则天的鼎力支持，但武则天能保他们一时，保不了他们一世。相信有一天当武则天无力伸展她的羽翼时，就是张氏兄弟的灭亡之日。

神龙革命

神龙元年（705年）的大年初一，女皇武则天已经病卧不起，还下令赦天下，改元。这是她一生最后一次以皇帝身份下达诏令。即使重病缠身，武则天还想进一步改善子侄的关系，避免血案发生。但她怎么也想不到，就在自己病重时，一些朝臣正在酝酿着一场可怕的宫廷政变。其中，代表人物非张柬之莫属。

张柬之，字孟将，襄州襄阳人。少年时补进太学，涉猎经史，尤精三礼。后擢进士第，以六十三岁的高龄补青城县丞。永昌元年（689年），武则天征召贤良，65岁的他从千余人中脱颖而出，被女皇授以监察御史，后迁凤阁舍人。接着，因为不赞成武延秀娶默啜女而被女皇外放远州刺史。后来又迁为荆州都督长史。

狄仁杰生前，称赞他有将相之才，并一再推荐他做宰相。后来，武则天把他调回朝中，历任司刑少卿、秋官侍郎。长安四年九月，宰相姚崇出任灵武道安抚大使，临行前也推荐他做宰相。

如果一个人说好，未必就真的好，如今这么多重臣都说张柬之能担当重任，看来，这位老臣真有那么两把刷子。于是，武则天当天便召见张柬之，不久便拜他为相。此时，张柬之已经是八十岁的老人了。

其实，张柬之久有复唐之志，当了宰相后，便迅速进行政变的准备。如果武则天知道这位老臣有复唐之意，肯定不会重用他，无奈武则天也没有预知未来的能力。

为了提高政变成功的概率，张柬之开始大量寻找志同道合的帮手，他首先从兵权上入手，大量安置以匡复唐室为志的人。

张柬之做宰相后不久，就推荐杨元琰为右羽林军将军。因为张柬之早年在外地担任刺史时，曾与任荆州长史的杨元琰一同泛舟，谈起武周的乱象，以匡复唐室为志，意气相投。接着又以桓彦范、敬晖和右散骑常侍李湛为左、右羽林将军，让他们控制了禁军。当羽林军被控制后，又策动羽林卫大将军李多祚参与政变。这样一来，张柬之等人便迅速掌握了神都禁军的指挥权。

另外，张柬之等人还争取到崔玄暐、太子弟相王李旦、妹太平公主以及洛州长史薛季昶等人的支持。

政变者日夜谋划，准备乘武则天重病，一举成功匡复唐室。武则天没想到手下的臣子有如此大的胆子，而张氏兄弟也不出宫苑，缺乏警惕，所以对于政变的事毫无所知。

同年正月二十二日，神都依然笼罩在一片阴寒之中，张柬之与桓彦范、敬晖等人准备以"二张"谋反为借口发动政变，匡复唐朝。

政变者们计划兵分两路，一举把女皇拉下马。

一路由张柬之、崔玄暐率领左、右羽林卫将军带兵拥太子李显直逼禁苑；一路由相王李旦、司刑少卿袁恕己统南衙军、薛季昶统洛州兵马在皇城警戒，控制神都，以防不测。

张柬之等人向玄武门进发，遇到皇帝卫队的阻隔。当看到太子也在叛军中间时，卫队便不再阻隔，所以，张柬之等人得以顺利过关，直扑武则天居住的迎仙宫。

当时，张易之、张昌宗正在宫中侍奉，听见动静出来看时，才知道叛军已至。毫无准备的张氏兄弟，来不及躲避，被张柬之命人拖到庑下（宫门外小屋里）杀死了。

杀死了乱政的小人，真是解气。

接着，张柬之等立即包围了武则天养病的住所，然后众人拥着太子进入女皇的卧室长生殿。

面对黑压压一片带着刀剑的人，武则天才知道发生了兵变。在她统治期间，竟然会发生这样的事，这大大出乎她的意料。她一骨碌从床上爬起来厉声问道：

"乱者谁耶？"

武则天虽然已经成了病重的老太太，但余威犹在。这一厉声责问，还是让人不寒而栗。

谋乱者回答："张易之、昌宗谋反，臣等奉太子令诛之，恐有漏泄，故不敢以闻。称兵宫禁，罪当万死！"

回答倒算客气，但这都是借口。武则天知道，这些人来者不善。当她看到李湛（李义府之子）也在其中时，很不高兴地说："朕待你们父子不薄，岂料汝亦为诛易之将军耶。"

李湛心中有愧，无话可说。

当看到宰相崔玄暐时，武则天摇头叹息，质问道："他人皆因人而进，唯卿朕所自擢，亦在此耶？"

崔玄暐答道："此乃所以报陛下之大德！"

连自己亲手提拔的重臣都背叛自己，看来自己真成孤家寡人了。

当武则天的目光落在太子身上时，非常痛心地说："乃汝耶？小子既诛，可还东宫？"

自己的儿子造反，这是武则天最不愿意看到的事情。

桓彦范说："太子安得更归！昔天皇以太子托陛下，今年齿已长，久居东宫，天意人心，久思李氏。群臣不忘太宗、天皇之德，故奉太子诛贼臣，愿陛下传位太子，以顺天人之望！"

面对逼宫，武则天感叹：一向都是自己主宰着别人的生死，说一不二，没想到，自己也会有今天。

说了这么多话，武则天累了，便又躺下沉沉睡去。

武则天已经失势，张氏兄弟也被斩杀。没有了保护伞，张氏兄弟的党羽自然也不会有好下场。就在政变当日，张易之的兄弟张昌期、张同仪、张同休也被抓住斩首示众。

政变之后的第二天，武则天就下令让太子李显监国，第三天又下诏传位太子，第四天李显就正式即位当了皇帝。第六天唐中宗李显率百官拜见女皇，给女皇上尊号为"则天大圣皇帝"。

至此，政变才宣告结束。

女皇之后再无女皇

神龙政变成功，这次政变的功臣个个都加官进爵：

相王为安国相王，拜太尉、同凤阁鸾台三品；太平公主为镇国太平公主。

张柬之任夏官尚书、同凤阁鸾台三品，崔玄暐为内史，袁恕己同凤阁鸾台三品，敬晖、桓彦范皆为纳言，皆赐爵郡公；李多祚赐辽阳郡王爵，李湛为右羽林大将军、赵国公。其余参加政变的人也都获得了赏赐。

另外，李姓皇族被发配为奴的，子孙都酌量叙官。

再看武则天，退位后独居上阳宫的观风殿，由李湛守卫。上阳宫坐落在洛阳皇城的西面，南临洛水，西距谷水，北连禁苑，里面有数不尽的各式大小宫殿。本来是一个非常适合休养的好地方，现在却变成了幽禁之地。武则天将在这里度过她最后的300个日夜。

武则天虽然已经失势，但昔日的官员仍然对这位曾经叱咤风云的女皇恋恋不舍。

宰相姚崇就是其中的一位，他一时接受不了这种巨变，痛哭流涕。

张柬之说："今日岂是啼泣时？恐公祸从此始！"

这话中明显带有威胁的成分，意思是，你要看清形势，不要站错了队。

姚崇却是一个性情中人，他回答道："事旧主岁久，乍此辞违，情发于衷，悲不能忍。且日前从公诛凶逆者，是臣子之常道，岂敢言功；今辞违旧主悲泣者，亦臣子之终节，缘此获罪，实所甘心！"

结果，当日，他便被贬为亳州（今安徽亳州）刺史。

张柬之这样做无非是杀鸡给猴看，告诉同僚，属于武则天的时代已经结束了。谁若还站在武则天一边，就会落个和姚崇一样的下场。

但武则天的倒台，损害了一些人的利益，这些人不会善罢甘休，吓是吓不住的。以武三思为首的武氏诸王联络武则天的同情者和附会者，采取种种手段，与张柬之明争暗斗，妄图挽回败局，"复行则天之政"。

张柬之等人与武三思一伙的斗争越来越激烈，所以，武则天退位月余，朝廷上下纷乱不堪。

也许你会问，唐中宗李显呢？难道他就是个摆设吗？中宗李显是一个平庸的皇帝，无力扭转困局，结果让国家政治陷入了混乱之中。比如，官员日益增加，人员臃肿，百姓负担加重，吏治逐渐废弛，贪污腐化严重。尤其是由于大量平反所谓的武周冤假错案，崇优宗室，扩大封户势力，大修寺观，一度造成了财政困难。

国家陷入了困境，那么，被幽禁的武则天呢？

武则天为国事操劳，晚年积劳成疾，再加上在病重之际遇宫廷政变并遭软禁，一向好强的她岂能承受这种屈辱，所以，这一连串的打击彻底击垮了她的身体。

据史料记载，在上阳宫的武则天心情坏到了极点，不再梳头洗脸。虽然被尊称为"则天大圣皇帝"，但这没有任何实际意义的虚名又有何用？最让她伤心和担忧的是，中宗复位后的动荡政局。她最忧心的就是这种情况的出现，没想到还是不可避免地发生了。这就意味着她在位时的所有努力都打了水漂。

人要有希望，这样才能活下去。如果没了希望，那么就如同行尸走肉。找不到活着的意义，就离倒下不远了。

武则天在孤寂和忧愤中打发着日子，容颜越来越苍老，满头白发的她已经病入膏肓。虽然她还忧心王朝未来的走向，还想多些时日为解决王朝的问题出谋划策，但岁月无情，她离生命的最后一刻越来越近了。

神龙元年（705年）十一月二十六日，凛冽的寒风刮得天昏地暗，武则天在上阳宫的仙居殿缓缓闭上了眼睛，走完了她富有传奇色彩的一生，终年八十二岁。

女皇时代结束了，女皇之后再无女皇，武则天就这样不甘地走了。

在弥留之际，武则天叫来中宗、相王、太平公主以及武三思，叮嘱后事，还留下了一份完整的"遗制"。遗憾的是，这个遗制原文没有流传下来。据《旧唐书》记载，《遗制》是："祔庙、归陵，去帝号，称则天大圣皇后。其王、萧二族及褚遂良、韩瑗、柳奭子孙亲属当时缘累者，咸令复业。"

可见，武则天要带着皇后的身份去见唐高宗李治，对自己曾经迫害过的人也心生悔意。将死之人，其言也善。对权力博弈中牺牲的无辜之人，武则天想补偿。

神龙二年（706年）正月二十一日，唐中宗"护则天灵驾还京"，准备为武则天举行一个隆重的葬礼。五月十八日，在庄严肃穆的梁山上，在哀乐和阵阵哭声中，武则天的灵柩被放入到乾陵地宫中，长随高宗于冥宫。

中国帝后陵寝向来没有立碑的先例，李显及其臣子们却在神道东侧对面为武则天树立了一座高大的石碑，碑上并无一字，人称"无字碑"。从此，为何要立一座无字碑，成为一个难有定论的谜。

最后还想说一句，武则天虽然有太多的是是非非，但她无疑是封建社会为数不多的好皇帝之一。而且，单单从她能迈出做女皇这一步来讲，就足以让后人竖起大拇指。